同志社大学人文科学研究所研究叢書 LIV

国境を越える
ラテンアメリカの
女性たち

松久 玲子 編著

ジェンダーの視点から見た国際労働移動の諸相

Latin American Women
Crossing Borders

The Aspects of International Labor Migration from a Gender Perspective

晃洋書房

i

目　　次

序　章　ラテンアメリカにおける国際労働移動とジェンダー……… *1*
　　　　　　　　　　　　　　　　　　　　　　　　　　松久玲子

　　は じ め に　　(*1*)

　　1　国際移民に関する理論枠組みと先行研究　　(*3*)

　　2　ラテンアメリカ地域における国際移民の動向　　(*6*)

　　3　ラテンアメリカにおける移民の女性化　　(*12*)

　　4　本書の構成　　(*16*)

```
┌─────────────────────────────────────┐
│                 第 I 部                   │
│          ラテンアメリカ域外移民            │
│     ──「南」から「北」への労働移動──     │
└─────────────────────────────────────┘
```

第 1 章　女性が移民を決意するとき………………………………………*22*
　　　　　　──エルサルバドル系女性の移民動機と家族──
　　　　　　　　　　　　　　　　　　　中川正紀・中川智彦

　　は じ め に　　(*22*)

　　1　対米エルサルバドル系移民の増加　　(*24*)
　　　　──1960年代から1970年代にかけて──

　　2　内戦期の女性移民　　(*26*)
　　　　──1979年～1992年──

　　3　内戦以後の女性移民　　(*31*)

　　4　男性移民の移民理由の特徴　　(*38*)

　　お わ り に　　(*42*)

第2章　ニューヨーク大都市圏におけるメキシコ移民女性のアクティビズム……………………………………………48
　　　　──トランスナショナルな社会空間におけるエンパワーメント──
　　　　　　　　　　　　　　　　　　　　　　　　北條ゆかり

　　はじめに　（48）
　　1　対米メキシコ移民の推移と調査対象地域　（52）
　　2　アクティビズムを通じたエンパワーメント　（56）
　　おわりに　（67）

第3章　メキシコからアメリカ合衆国への「正規」国際労働移動の動態……………………………………………74
　　　　　　　　　　　　マルタ＝イレネ・アンドラデ＝パラ
　　　　　　　　　　　　　　　　　　　　額田有美　訳

　　はじめに　（74）
　　1　経済のグローバリゼーションとメキシコ人労働移民　（76）
　　2　移民労働者向けビザプログラムにおけるメキシコ人移民の流れ
　　　　（78）
　　3　H-2A・H-2Bビザプログラムによるメキシコ人の移民動態
　　　　（85）
　　4　期限付き移民労働者向けプログラムのなかでの労働仲介
　　　　（91）
　　おわりに　（94）

第4章　「革命の子どもたち」が親になるとき …………………………98
　　　　──バルセロナで生きるキューバ人の戸惑い──
　　　　　　　　　　　　　　　　　　　　　　　　田沼幸子

　　はじめに　（98）
　　1　先行研究　（99）
　　2　「革命の子どもたち」　（104）
　　おわりに　（117）

目　次　iii

第5章　ラテンアメリカからスペインへ‥‥‥‥‥‥‥‥‥‥‥‥ 121
　　　　　──家事労働分野における女性移民労働者──

深澤晴奈

は じ め に　（*121*）
　　　──ラテンアメリカからスペインへ──
　1　スペインのラテンアメリカ出身移民　（*125*）
　2　家事労働分野におけるラテンアメリカ女性移民労働者　（*126*）
　3　移民初期の手段としての住み込み家事労働業　（*128*）
　4　家族再統合と女性移民労働者の雇用機会　（*131*）
　5　経済危機と女性移民労働者の雇用機会　（*136*）
お わ り に　（*140*）

第Ⅱ部
ラテンアメリカ域内移民
──「南」から「南」への労働移動──

第6章　「トランジット」移民の再定義‥‥‥‥‥‥‥‥‥‥‥‥ 146
　　　　　──遠隔母親業と家族再統合のプロセスからの考察──

浅倉寛子

は じ め に　（*146*）
　1　中米移民　（*151*）
　　　──メキシコ北東部における特徴──
　2　トランジット移民とは　（*155*）
　3　トランスナショナルな家族の構成　（*157*）
　　　──遠隔母親業と家族再統合の経験──
　4　家族再統合　（*163*）
　　　──夢の実現，または悪夢の始まり──
お わ り に　（*169*）

iv

第7章　コスタリカにおけるニカラグア女性移民と新自由主義政策
·· *177*

松久玲子

はじめに　（*177*）

1　ニカラグアにおける国際労働移動　（*179*）

2　コスタリカの移民政策とニカラグア移民　（*183*）

3　コスタリカにおけるニカラグア移民労働の再配置化とジェン
ダー　（*189*）

おわりに　（*197*）

第8章　南米域内の国際労働移動·· *203*
──コロンビアからチリへ──

柴田修子

はじめに　（*203*）

1　コロンビア移民の傾向　（*205*）

2　マクロ要因とミクロ要因　（*208*）

3　チリに向かう人々　（*212*）

おわりに　（*219*）

第9章　アルゼンチンにおける女性移民労働者の社会保障········ *224*
──国際人権レジームの観点から──

宇佐見耕一

はじめに　（*224*）

1　分析の視点　（*225*）

2　社会保障に関する人権レジームと移民労働者　（*228*）

3　移民労働者に関する国際的・地域的人権レジームのアルゼンチ
ンにおける反映　（*231*）

4　女性パラグアイ移民への就労と社会保障　（*238*）

おわりに　（*244*）

結　　び　（*249*）

謝　　辞　（*253*）

序　章　ラテンアメリカにおける国際労働移動とジェンダー

松久玲子

は じ め に

　21世紀における経済のグローバリゼーションに伴い，人の移動は拡大し加速してきた．国連移民報告書（UN 2017）[1]によれば，移民の数は今世紀はじめの2000年には1億7300万人であったのが，2017年には2億5800万人となり，国際移民は急速に拡大してきている．この数字は正規移民のみを対象としたもので，非正規移民を加えるとより多くの世界規模の人口移動が見られる．この傾向は，1990年代以降，特に著しく見られる現象である（Massey 1998；S. カースルズ，M. J. ミラー 2010）．また，ILO 移民統計の2013年のデータは，労働を目的とした国際労働移動が15歳以上の移民人口の72.7%，約1億5030万人と推計している．この内，男性は55.7%で約8370万人，女性は44.3%で6660万人である．移民労働者のほぼ半分の48.5%が北米と西ヨーロッパに集中して移民している（ILO 2015）．

　国際移民の労働移動は，「南」の中・低所得国から「北」の高所得国への移動と，低所得国から中所得国への「南」から「南」への流れが見られる．国際移民全体の64%にあたる1億6500万人が高所得国に，36%にあたる9200万人が中・低所得国に居住している．地域別に国際移民の移動先を見ると，アジアに7960万人，ヨーロッパに7790万人，北米に5770万人，アフリカに2500万人，ラテンアメリカに1000万人，オセアニアに800万人となっている．一方，国際移民の出身地を見ると，2億5800万人中，1億600万人がアジア出身である．次いでヨーロッパ出身者が6100万人，3位がラテンアメリカ及びカリブ海域の3800万人で，それぞれが国際移民人口に占める割合は41%，23.7%，14.6%である（UN 2017：9）．移民労働者の就業先を産業別に見ると，大多数の移民労働者は第三次産業に集中している．71.1%が第三次産業，17.8%が第二次産業，

11.1％が第一次産業に従事している.

　ラテンアメリカ地域は，19世紀後半にはヨーロッパからの移民の主要な受け入れ地域だったが，20世紀後半からは国際的な移民送り出し地域へと転換した. 近年，さまざまな理由により国際移住が拡大しているが，特に経済的理由による労働移動を見ると，これまでの国家を単位としたプッシュ・プル要因では説明できない多様な形態や特徴が見られる. 貧困，労働需要，経済格差などの理由による貧しい「南」から豊かな「北」への国際労働移動だけではなく，「南」から「南」の国際労働移動では，新自由主義経済に基づく国際分業体制に影響され，互いに国境を接する国々の間での労働移動が地域単位の労働市場において展開される構造が形成されている. ラテンアメリカ地域では，メキシコや中米からアメリカ合衆国やカナダへの国際労働移動が，中米内の国際労働移動とも連動している. また，アメリカ合衆国の移民制限がラテンアメリカからヨーロッパへの移民の増加と関係している. 加えて，受け入れ国側の需要が国際労働移動におけるジェンダーやエスニシティの配置に変化を与えている.

　多くの国際移民は，より有利な経済的環境を求めて移動するが，単に労働を目的とした移動だけではなく，その中には戦争や武力紛争，政治的抑圧から逃れるために祖国を離れた難民や亡命者，そして国際結婚や家族統合が理由の移民が存在する. 本書では，ラテンアメリカにおけるグローバリゼーションと国際分業体制の影響のもとで，労働市場における労働力の再配置化の過程で何が起こっているのかという視点から，経済的な理由により移動する国際労働移民を主要な研究対象とする.

　国際労働移動の観点から見ると，移民には正規の滞在ビザを持つ外国籍の人々の他に，正規の手続きを取らず外国に入国した滞在ビザを所有しない人々，あるいは滞在ビザが失効した後も正規滞在手続きを取らず外国に滞在するなどの，いわゆる非正規移民が存在する. また，二国間協定による期間限定の短期滞在ビザをもつ人々が存在する. 期限付きビザにより労働する人々の滞在期間は1年未満だが，雇用契約を結び繰り返し入国する人々でもある. したがって，本書では法的な身分や生まれた国以外の外国での滞在期間に関わりなく，労働を目的とした国際移動を行っている人々を国際移民と呼ぶ.

　以上に述べたように，本書の目的は21世紀のラテンアメリカ地域からの国際労働移動を対象として，ラテンアメリカ域外，域内における「南」から「北」，「南」から「南」の移動に伴う国際分業体制と，それをめぐる事象のさまざま

な側面を明らかにすることである[2]．特に，最も脆弱な状況にある女性移民に着目し，ジェンダーの視点を国際労働移動の分析に導入する．グローバリゼーションに伴う国際分業体制において，ジェンダー，階層，エスニシティを軸とした分業の再配置化が進行しているが，それを踏まえた上でラテンアメリカにおいて現在進行している国際移動における複層的なグローバリゼーションの実態を明らかにしたい．また，その過程で，労働のグローバリゼーションにおけるラテンアメリカという地域圏の果たす役割を探る手掛かりとしたい．

1 国際移民に関する理論枠組みと先行研究

グローバリゼーションに伴う人口移動の急速な拡大にともない，特に1990年以降さまざまな国際移民研究が行われてきた．カースルズとミラーは，これまでの国際移民研究を，① 移民の決定要因，移民過程と移民形態，そして，② 移民が受入国に統合される過程に関する分析の2つに分類している（カースルズ，ミラー 2010：25）．

新古典派理論に基づく移民研究では，移民の送り出し要因（プッシュ要因）と受け入れ要因（プル要因）から移民の決定要因を分析した「プシュ・プル理論」が基軸となってきた．プッシュ・プル理論が先進国と発展途上国の二国間の格差に注目するのに対して，グローバル化する世界経済における経済・政治権力の不均衡な分配という構造に着目したのが世界システム論である．世界システム論では，「周辺」地域が「中心」である資本主義諸国が支配する世界経済へ国際分業過程を通じて統合されるとして，資本の論理と西欧諸国の利益が支配的な構造を強調した．これは，さらに1990年代に登場するグローバリゼーション論に受け継がれた．

マクロ経済的視点からのプシュ・プル理論などの新古典派経済学が発展途上国と先進国の経済格差に着目し，移動の動機を個人に求めるのに対して，歴史－構造的な世界システム論のアプローチは，社会的構造を強調し，中心－周辺から構成される資本主義のシステム自体を決定要因とみなす．カースルズは，このどちらも国際移動の動機，主体性をもつエージェンシーとして人間を分析する視点にかけていると批判している（カースルズ，ミラー 2010：34）．なぜ特定の移民集団が1つの国へ集中するのか，なぜ移民する集団とそうでない集団が存在するのかという疑問に対して，社会学，人類学の立場からの移住システム

論（migration system theory）や移民ネットワーク論（migration network theory）の立場からの研究が行われている（Cohen 2011）．樋口（2002）によれば，移住システム論では世界システム論のマクロ構造と移民自身によって展開されるインフォーマルな社会ネットワークなどのミクロ構造，そして2つの構造の中間にある中間メカニズムであるメソ構造により，国際移動を説明しようとする．つまり，移住や定住化の理由を連続した移住過程に位置づけ，その過程を左右する変数として社会的ネットワークを強調した．樋口は移住システムの機能として移住の促進機能，選別機能，そして世界システム論では説明できないある特定地域の地区に特定地域出身の移民が集中する方向づけ機能，適応機能をあげる．こうした機能の分析に加え，移住システム論はネットワークが移民現象の発生・継続の鍵となることを指摘した．移民ネットワーク論は，世界システム論のマクロ構造と個人的な移動を促すミクロ構造，インフォーマルな社会的ネットワーク（社会資本）の相互作用と，両者の間にメソレベルを入れることにより国際移動を説明する（Goss and Linquist 1995；高橋 2014：48）．移民ネットワークによる移民過程が安定化すると，それ自体が移民過程を維持する累積的因果関係（cumulative causation theory）が生じ，新しい移民の連鎖を生み出していく（Massey 1998；Fussell 2010）．

　これらの移民理論に対して，ジェンダー研究からのアプローチがある．ヴェールホフとミースによるジェンダーの視点からの国際分業論（ミース他 1995）では，20世紀半ばまでに形成された国際分業体制，つまり先進諸国が工業製品を輸出し第三世界が資源供給を行うという第一局面から，従来先進工業国に集中してきた製造業が安価な労働力を求め，途上国，周辺地域に移転する生産の再配置という新たな第二局面に移行した．そして2000年以降，生産労働だけではなく，家事労働やケア労働を含む再生産労働が商品化され国際化する労働力移動の第三局面に達し，現在は国際分業体制の上述した3つの局面が同時進行していると論じている．サッセンは，国際的な労働移動を生産の国際化という多国籍企業の世界的展開との関連で把握し，さらに世界的な生産の国際化がもたらす場としてのグローバル・シティの形成が再生産労働を含むサービス産業に移民労働者を大量に吸収していると指摘した（サッセン 2004；Sassen 1998；2001；2002）．先進的な資本主義経済の中心部に多国籍企業の中枢指令機能が集中し，それに伴い高度専門職エリート集団とそれらの人々の再生産労働を引き受けるサービス労働の需要が増大し，周辺・半周辺諸地域から中心へ向

けた膨大な労働力移動をもたらしている．そして高度に金融・情報が集中したグローバル・シティでは，高度な専門職エリートとそれらの集団へサービスを提供する非熟練労働の2つの労働市場が形成されている．この分断化された労働市場へ，国籍，エスニシティ，ジェンダーにより労働力の振り分けと統合が行われる．この新国際分業の進展は経済のグローバリゼーションを受け入れた諸地域に伝統的経済構造の変質と文化的変容をもたらしている．サッセンは，「南」から「北」への国際労働移動，つまり発展途上国から欧米などの先進工業国の金融・情報産業などの中枢を形成するグローバル・シティへの移動を説明している．一方，国際移住機関 (IOM) の調査によれば南からの国際労働移動の約半分は「南」から「南」，つまり発展途上国間の移動だが，それについては論じていない．

　移民が受入国に統合される過程に関する分析概念として，エスニシティ，階級，ジェンダーの重要な関連性が指摘されている（カースルズ他 2011）．1980年代半ばまでの移民研究の対象は，暗黙のうちに男性移民労働者を対象とし，女性移民は，家族統合のための呼び寄せが中心と考えられてきた．しかし，女性は国際移民の半分近くを占めており，単身で移民する女性の存在が顕在化し，移民の女性化[3]に焦点が当てられるようになった (ILO 2017)．ミース (1997) の新国際分業体制におけるジェンダー分析では，最も安価で，従順で，操作しやすい労働力として女性が再発見され，この過程で生産における労働の女性化が進展したと分析している．同時に，性別分業イデオロギーがグローバル化されることにより，労働の女性化が生産過程における正規雇用の増大ではなく非正規労働へと転化され，さらにジェンダー，エスニシティ，人種，国籍により分断され生産過程に再配置されていく．グローバリゼーションによる労働力再生産の越境化と市場化，グローバル資本による労働力の再生産過程の包摂が見られる．移民女性労働者を中心とした対個人サービス＝ケアを内包する再生産労働領域のグローバル化のメカニズムが分析されている（伊藤，足立 2008；伊豫谷 2001；Sassen 2007；Piper 2009）．ジェンダーの視点をもつ研究では，さらにトランスナショナルな世帯保持におけるジェンダー役割の再構築や移民経験を通じた女性のエンパワーメントなど，国際労働移動が従来のジェンダー秩序へ与える影響に関する研究が進んでいる．

　移民の受け入れ国への統合過程においては，社会的包摂と排除が見られる．国際移民の増加を背景に，国際社会では移民の人権，市民的地位，ディーセン

ト・ワークに関してさまざまな取り組みが行われている．国連において，ILO
が最初に移民労働者問題に取り組んだのが1949年採択の移民労働条約で，移動
過程での保護と受入国での均等待遇に関する条項により構成されている．1951
年には，「欧州からの移住のための政府間暫定委員会」が結成され，1989年に
IOM となる．1955年には移民労働者保護勧告が出され，後に1990年の「全て
の移住労働者及びその家族の構成員の権利の保護に関する国際条約」(Conven-
tion on the Protection of the Rights of All Migrant Workers and Members of Their Families,
以下移住労働者権利保護条約と略す) に繋がる勧告がなされた．移住労働者権利保
護条約は，季節労働者も含め，職種を問わず，すべての国外からの移住労働者
とその家族の尊厳と権利を保証するための条約である．さらに，移民の女性化
を受けて，移民労働者の7.7%が従事する家事労働者の保護を含め，2011年に
は ILO で家事労働者条約が批准された．こうした国際社会の移民労働者保護
に関する一連の動きと連動し，地域レベルにおいても人権や人間の安全保障の
観点からの移民研究が生まれている (Satterthwaite 2009；Truong 2013).

2　ラテンアメリカ地域における国際移民の動向

　広義のグローバリゼーション，特に人の移動を伴うグローバリゼーションは
大航海時代を経て近代の初頭から始まっている．ラテンアメリカは，かつては
ヨーロッパ諸国による植民地支配を受け，さらにアメリカ合衆国の周辺として
先進諸国の資本蓄積のための搾取を受けていた．ヨーロッパ，特にスペイン，
ポルトガルの征服と植民地化のために植民地本国からの人の移動が始まり，植
民地時代には主にスペインやポルトガルを中心とするヨーロッパからの移民の
受け入れ地域となった．また，19世紀末から20世紀初頭にかけて，アルゼンチ
ン，チリをはじめとしてラテンアメリカのさまざまな地域では，近代化ととも
に優生学を背景に「進歩」のための白人移民の導入が政策的に行われた．さら
に，20世紀に入り，アメリカ合衆国の帝国主義化が進み，ラテンアメリカは中
枢であるアメリカ合衆国の周辺として位置づけられた．アメリカ合衆国での人
種による移民制限の影響で，特にメキシコはブラセロ協定に見られるように期
限付きの労働移動，すなわち季節労働者の供給地となってきた．また，中米地
域はアメリカ合衆国の裏庭としてモノカルチャー輸出農業に特化した産業構造
ができあがり，アメリカ資本による大農場で現地の労働力が搾取されてきた．

序　章　ラテンアメリカにおける国際労働移動とジェンダー　　7

20世紀後半からはじまる国際労働移動は，その規模や定住化などそれまでの移民労働とは異なる様相を呈しているが，同時に歴史的背景のもとで地政学的従属構造が出来上がってきた．

　ラテンアメリカでは，20世紀初めから季節農業労働のための「南」から「北」へ，「南」の発展途上国の中でも相対的に経済が安定している国への貧困レベルの高い国からの国境を越えた労働移動が行われていた．しかし，近年移住人口が急激に拡大しているなかでアメリカ合衆国だけではなくラテンアメリカ地域内，あるいはスペインおよびスペインを経て他のヨーロッパ諸国へと移動の地理的な範囲が拡大している．

2.1.　現代ラテンアメリカの国際移民

　ラテンアメリカでは重層的な国際分業が進行している．20世紀後半以降は，加速する新国際分業体制の中で先進工業国に集中してきた製造工業が，大規模に途上諸国や周辺諸地域に移転・再配置され，途上国における輸出指向型工業化による世界市場向け工業製品生産が可能となった．ラテンアメリカにおいては，マキラドーラや貿易自由区が国境地帯等に置かれ，低賃金で非熟練労働者を雇用した．さらに，経済活動のグローバリゼーションにより資本の移動と集中が加速化し，国境を越えた人の移動，つまり労働力移動が新国際分業の新たな局面として加わった．新国際分業体制は，移民労働者に対して非熟練労働と熟練労働間で賃金・労働条件・社会保障などの格差を拡大し，移民労働者に対して社会的差別化と労働市場への不平等な統合を促進した．その結果として，移民労働者にさまざまなレベルの脆弱性が生じている．

　ラテンアメリカにおける近年の国際労働移動の量的傾向を他の地域と比較すると，図1に示すようにアフリカ，アジア，ヨーロッパ地域では域内移動が国際移民の主流であるのに比べ，ラテンアメリカの国際移民は，域外移動，特に北米を主要な目的地とした移民が主流となっている．ラテンアメリカでは，2012－2015年に720万人が祖国を離れている．そのうち，48％がアメリカ合衆国とカナダへ，34％がラテンアメリカ諸国へ，18％がヨーロッパへ移民している（SICREMI 2017）．特に，ラテンアメリカ域外の主要な移動先は，アメリカ合衆国とスペインに集中している．

　1980年代以降，特にラテンアメリカでは移民形態と移民パターンに変化が生じた．国際移民は量的に増大しただけでなく，人の移動が加速し，移民の出身

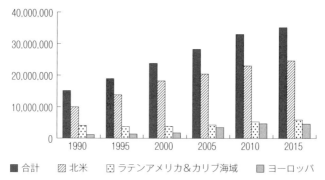

図1 ラテンアメリカ移民の目的地域別の経年変化
出典：UN（2017）より作成．

地や目的地，移民プロセスの多様化が見られた．ラテンアメリカ地域からの移動先としては，アメリカ合衆国，特にヨーロッパ連合（以下 EU）の入り口としてのスペイン，そして日本が登場した．こうした「南」から「北」への移動だけでなく，「南」から「南」の移動，つまりラテンアメリカ域内においても移動の質的，量的な多様化が見られた．伝統的な近隣諸国間の移動として，ウルグアイ，チリ，パラグアイ，ボリビアからアルゼンチン[4]，コロンビアからベネズエラ，グアテマラからメキシコがあげられるが，それに加えニカラグアからコスタリカ，ハイチからドミニカ共和国，ペルーからチリ，コロンビアからエクアドル，エクアドルからチリへの新たな移動回廊が出現し，旧来のボリビアからアルゼンチンへの移動の量的拡大も起こっている．また，定住化する移民と季節労働者という従来のパターンの他に，移動を定期的に繰り返す循環移民や正式な許可なく国境を越える越境移民，移民先からの帰還移民など，その形態も複雑化している．また，移民も，伝統的な男性移民から，単独の女性移民や先住民，子どもや高齢者などが加わり多様化した（Cerrutti 2015）．

2.2. ラテンアメリカ地域内移民

図1で示したように，ラテンアメリカでは「南」から「南」の国際移動，つまり発展途上国から域内のより経済発展した国への移動が継続的に見られる．特に，国境を接する近隣諸国間の地域圏内での移民が顕著に見られる．中米からのラテンアメリカ域内移動は，メキシコ，中米内，南米地域内での移動が主流である．これらの地域は，20世紀はじめから相対的に貧しい国から豊かな国

序　章　ラテンアメリカにおける国際労働移動とジェンダー　　9

への季節農業労働という伝統的な形態が存在していた．近年，1970年代からの中米紛争などの政治的要因や「失われた10年」に続く構造調整などの経済的要因が加わり，新たな地域内移動を生み出している．また，新自由主義経済の下でグローバリゼーションに対応するローカルな経済圏の形成，すなわち地域協定による地域圏内での移動が容易になり，移民に拍車をかけている．

　また，内戦や紛争による影響で，それまでとは異なる中米地域圏での新たな域内移動が発生している．グアテマラはメキシコと国境を接し，マヤ系先住民が国境をまたいで居住している．1960年以降，グアテマラの軍事政権は左翼ゲリラを掃討するためにマヤ系先住民のジェノサイドを行った．1996年に政府と左翼ゲリラの間で和平協定が成立する以前では，死者，行方不明者が20万人以上を数えた．この間，多くのマヤ系先住民が難民としてメキシコの国境を越えて避難した．こうした人口の移動は和平協定後も続き，さらにメキシコは移民先であると同時に，アメリカ合衆国への移民の中継地となっている．

　また，ニカラグアからコスタリカへの移動も新たな流れである．1990年から2000年の間に12万人がコスタリカに移民し，コスタリカの外国人移民の70%以上はニカラグア出身者である（SICREMI 2017：157）．他に，中米諸国からパナマ，ベリーズ，カリブ海のトリニダード・トバコ，ハイチからドミニカ共和国への移民が見られる．この背景には，地域経済圏の形成により移動が容易になったことが考えられる．1974年には，カリブ海沿岸諸国10カ国，後に4カ国が加わり14カ国（アンティグア・バーブーダ，ガイアナ，グレナダ，ジャマイカ，スリナム，セント・クリストファーネーヴィス，セントビンセント及びグレナディーン諸島，セントルシア，ドミニカ国，トリニダード・トバコ，ハイチ，バハマ，バルバドス，ベリーズ）によりカリブ共同体（Caribbian Common Market：CARICOM）が結成された．また，1991年には中米統合機構（Sistema de la Integración Centroamericana：SICA）が地域の経済社会統合を図るために設立された．SICA には，グアテマラ，エルサルバドル，ホンジュラス，ニカラグア，コスタリカ，パナマが発足時から参加し，2000年にベリーズが，2013年にはドミニカ共和国が正式メンバーとして加わった．SICA 域内の人口の移動を見ると，2015年に2万6460人が移動しているが，特にニカラグア出身者の移動が82%を占めている（SICREMI 2017：26）．また，他の地域間協定や経済協定が人の移動をより活発にしている．

　次に南米の域内移動について見てみたい（図2）．1990年まで，アルゼンチンとベネズエラが主要な域内移民の受入国で，域内移民の60%を両国で引き受け

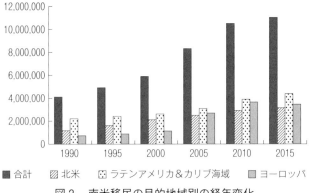

図2　南米移民の目的地域別の経年変化
出典：UN（2017）より筆者作成．

ていた．1990年以前のアルゼンチンへの主要な移民送り出し国は，ボリビア，チリ，パラグアイ，ウルグアイだった．その後，アルゼンチンへの移民の域内出身国は多様化し，ウルグアイ，チリからの移民が停滞する中で，特にペルーからの移民が増加した．アルゼンチンへの主要な送り出し国はボリビア，パラグアイ，ペルー，エクアドルとなっている．国際移民レポートの統計（SEGREMI 2017）によれば，2015年の正規移民13万4390人中，パラグアイからが5万8248人（43%），次にボリビアからが3万1998人（23.8%），ペルーから1万6077人，（11%）コロンビアから8496人（6%）となっている．

1960年代末から70年代にかけて，ベネズエラは産油国として移民の受入国だった．コロンビアから男性移民を中心に1963年から1973年の間に50万人以上がベネズエラにいた．しかし，1970年代末から石油価格の下落や経済の停滞により，移民は減少している（Cerrutti 2015：403）．1990年以前には，コロンビアからの移民が移民全体の22%を占めていた（Canales 2012）．ベネズエラはコロンビア，エクアドルからの移民受入国だったが，最近では政治的に不安定な状況の中で送り出し国になっている（SICREMI 2017：154）．

チリは最近まで域内移民の大きな受け入れ先ではなく，歴史的にはアルゼンチンなど近隣諸国への移民送り出し国だった．特に，ピノチェト独裁政権のもとで，人口の流出が見られた．しかし，近年，チリは量的には多くはないが近隣諸国からの移民の受け入れ地となっている．チリへの正規移民10万3780人のうち，ペルーから2万5920人（25%），コロンビアから2万1220人（20.4%），ボ

リビアから 2 万420人（20％）が移民し，上位 3 カ国でチリへの移民人口の65％近くを占めている（SICREMI 2017：156）．また，ブラジルには，ハイチからの移民が域内では最も多く，全正規移民 6 万6780人中ハイチからの移民が 4 万2723人（64％）で，2014年には全移民の 1 万2434人（25％）だったのが急速に拡大し，人口的には約 4 倍に増加している．

　中米地域圏と同様に，南米においてもアルゼンチン，ウルグアイ，パラグアイ，ブラジルにより南米共同市場（Mercado Común del Sur：MERCOSUR）が1995年に発足した．MERCOSUR 圏内での人口移動は2015年に38万6190人だったが，最も多いのはパラグアイ出身者で全体の28％を占め，つづいてボリビア（22％），コロンビア（20％），ペルー（18％）出身者が多い．また，1969年にボリビア，コロンビア，エクアドル，ペルーがアンデス共同体（Comunidad Andina：CAN）を設立した．2001年からアンデス共同体としてのパスポートが作られ，このパスポート所有者はビザなしで加盟国間を行き来できる．また，2003年より，この 4 カ国の国民は身分証明書の提示だけで相互に行き来できるようになった．その後，2006年にベネズエラ，チリが準加盟国として参加した．2015年のアンデス共同体内の移民は 4 万5990人で，そのうちコロンビア出身者が64％，ペルー出身者が24％を占めた（SICREMI 2017：154）．

2.3. ラテンアメリカ域外移民

　ラテンアメリカ地域外の国際移民の回廊は，主に 3 つ存在する．第一の回廊は，メキシコ，中米三角地帯（エルサルバドル，ホンジュラス，グアテマラ），カリブ海域からアメリカ合衆国への移民回廊で，量的に最も多い．第二は，エクアドル，コロンビア，ボリビア，ペルーの南米諸国そしてドミニカ共和国からヨーロッパへ，第三がブラジルから日本への移民回廊である．アメリカ合衆国は，ラテンアメリカからの移民の最大の移住先であるが，2000年以降，アメリカ合衆国での国境管理が厳しさを増すとともに，次第にスペインが新たは移民先となってきた．

　アメリカ合衆国におけるヒスパニック人口は2015年には約5650万人で，アメリカ合衆国の人口の17.9％，そのうちメキシコ系移民がラテン系移民の63％を占める．ラテン系移民の34％が外国生まれ，つまりほとんどがアメリカ合衆国の国籍を持たない移民である[5]．2015年の国連移民統計では，外国生まれの人口2380万人のうちメキシコ（560万人，23％），カリブ海域（280万人， 5 ％）そして

中米（165万人，6.9％）が主要な出身地であり，南米からの移民の比重はそれほど多くない[6]．アメリカ合衆国は，季節労働者に対しH2ビザを発効しているが限定的であり，このうちの90％をメキシコ人が占めている（2014年）．また，ラテンアメリカ系移民の1130万人，17.5％が非正規移民であると推定されている．非正規移民のうち南米からの移民が6％（70万人）に対し，メキシコ，中米，カリブ海域からの非正規移民は78％を占めている．特に，2000年から2010年まで非正規民の入国が増加し，そのうちの62％がメキシコからである．2010年の統計によれば，メキシコ（660万人），エルサルバドル62万人，グアテマラ（52万人）ホンジュラス（33万人）がアメリカ合衆国で非正規移民として暮らす（ILO Americas 2017：56-60）．

　次に，スペインへの移民は，2010–11年の統計によれば，アンデス地域からの移民の56％，南アメリカからの移民の65％はヨーロッパに居住している．スペインは，ヨーロパ全体のラテンアメリカ移民の57％を受け入れている．南米からスペインは，国際移動の第二の回廊となっている．90年代と21世紀のはじめの政治危機および経済の停滞は，より良い経済的・社会的機会を求める人々を先進国へと移民させた．スペインでは，経済危機により移民の雇用環境が悪化してもその流れは止まらなかった．南米からスペインへの移民で最も多いのはエクアドル，ボリビア，コロンビアからの移民で，ついでペルー，パラグアイ，アルゼンチンからである．移住者の多くは，出身国の平均的教育年限を上回る教育を受けた15歳から64歳の層（85.6％）である（ILO 2017：52-55）．

　ラテンアメリカにおける移民動向は，ラテンアメリカ内部の地政学的な性格により異なっている．メキシコ，中米では域外として北米への移動が多いのに対して，南米では21世紀初頭からヨーロッパへの人口移動が増加し，北米への人口移動を上回った．また，域内移動は継続あるいは増加傾向にある．

3　ラテンアメリカにおける移民の女性化

　豊かな先進諸国への域外移動とともにラテンアメリカ域内の移動が増加しているが，その過程で1980年代以降，地域内・域外ともに女性の国際移動が次第に増加してきた．IOMによれば，2017年のラテンアメリカの国際移民人口の50.7％が女性である．また，2000年から2017年までの女性移民人口の増加率は，男性よりも大きい（IOM 2017）．ロハスは，移民研究においても女性の性別役

割概念にしばられ，男性移民の「同伴者」や「被扶養者」としてのみ女性がとらえられ主体的移民としての女性の存在が不可視化されてきたが，実際には1940年代からかなりの女性移民が存在していたと述べている（Rojas 2008；Piper 2008：189-246）．1942年のメキシコからアメリカ合衆国への女性の季節労働者は864人だったが，1987-92年には14万8521人となっている．女性移民は，男性移民より平均年齢が少し低く，ほとんどが未婚女性である．このことは，それまで女性移民が男性移民の家族統合の結果として移民するという定説とはかならずしも一致しない．また，1998年から2000年のデータでは，女性は男性より高学歴であり，都市部の女性が移民の62%を形成している．メキシコからアメリカ合衆国への移民女性は北部国境地帯出身者が59%を占め，農業に従事する季節労働者を送り出してきたメキシコの伝統的な移民送出地域[7]からは38%である．また，女性の場合は移民を繰り返す循環移民ではない単発の移民が多く，アメリカ合衆国における滞在期間も男性より長い．

　1960年，70年代のラテンアメリカの移民研究においてもジェンダーの視点はほとんど取り入れられていなかった．あるとしても女性を移民問題に加える程度のものだった．国際労働移動において女性移民が不可視化され，女性移民の経済的，政治的，社会的貢献はほとんど評価されなかった．しかし，1980年代の後半から，女性だけに焦点をあてた研究から次第に移民を生み出す社会的実践の構成要素としてジェンダーを研究対象とする動きが出てきた．その契機となったのがサッセンのグローバリゼーションと女性移民との関係を論じた研究である．サッセンは，多国籍企業が第三世界に設立した輸出用の製造工場で新たな低賃金・非熟練労働力として若年女性が賃金労働者化し，それが農村から都市への若年女性の国内移民を促し，さらに第三世界からアメリカ合衆国への女性の国際移民を増加させたと述べ，グローバリゼーションと賃金労働の女性化の関係を論じた（Sassen 1984）．

　1980年代後半以降の研究では，移民パターンのジェンダー化および移民が新たなジェンダー不平等システムをどのように再編しているのかという2つの側面に焦点があてられてきた（Hondaguneu-Sotelo 2007：7）．その代表的な研究の1つがソテロのアメリカ合衆国における移民家事労働者の研究である（Hondaguneu-Sotelo 2007）．これらの研究では家族，世帯，地域共同体や社会ネットワークなどのメソレベルの研究が中心となった．1990年代にはいると，移民にかかわる実践，アイデンティティ，制度などの研究にジェンダーの視点が浸透

してきた.

ラテンアメリカ研究者による移民とジェンダー研究でも，ラテンアメリカ域外・域内における移民の労働移動の女性化の傾向が顕著にみられることが指摘されているが，研究対象はアメリカ合衆国など域外の国際移民だけではなく中米や南米におけるラテンアメリカ域内の女性移民に関心がはらわれている (Staab 2004；Massey et. al. 2006；Donato et. al 2010; Cerrutti 2015；Durin et al. 2014；Hidalgo 2016). 特に，移民先で振り分けられ，容易に就労できる職種であり，非熟練労働として低賃金で劣悪な環境に置かれる家事労働者が取り上げられている (Satterthwaite 2009；Rodriguez 2010；Durin et al. 2014；Hidalgo 2016).

移民という経験は男女同じではない. 女性の移民プロセスは，男性のそれとは異なる特徴を有する. 脆弱性が高いことに特徴づけられるが，それはあらゆる場面において見られるものである. 世帯の生き残り戦略としての女性移民に関しては，移民先からの送金や経済的な側面からの研究がみられる. ロバートは，グアテマラ，ドミニカ共和国，コロンビアの女性移民による移民先からの送金に関する報告書のなかで，80年代の経済危機と男性の失業の増大が，女性の労働市場への参入をもたらしたと述べている (Robert 2004). フォーマルな労働市場への参入が難しい中でのさまざまな戦略の1つが，1990年代からの地域外の国際移民だった. 女性移民のプロフィールは，エスニシティ，社会階層，都市出身か農村出身か，年齢，世帯主か，母親か，教育レベル，移動距離，移民先の労働市場によって大きく異なる. ジェンダーの視点から開発における移民と送金の関係を分析すると，女性移民は男性移民よりも家族への送金を安定的に行っている. 同時に，移民を実行するプロセスには性別分業，家族における権力・ジェンダー関係，社会ネットワークが大きな影響を与えている.

性別分業は明らかに移民の流れに影響を及ぼす要因である. 国内の労働市場への参入の難しさが女性が移民する理由であることを示す指標の1つは，かなりの割合の移民女性が出国する以前に労働市場に入っていないという事実である. また，高学歴の女性にとって，労働市場の性別分業は社会や職場での上昇の可能性を限定する. また，夫婦，家族，地域でのジェンダー関係が移民という決定に影響を及ぼす可能性がある. 社会的ネットワークも送り先と受け入れ先での女性の移民プロセスを支えている.

移民先における労働市場への統合については，特にジェンダーやエスニシティにより分断化が指摘されている. 受け入れ国側のジェンダー化された労働

需要にこたえる形で，女性の場合には再生産およびケア労働を担う非熟練労働者としての組み入れが顕著にみられる（Hondagneu-Sotelo 2007；Durin, Séverin coordinadora 2008, 2014；Goldsmith 2007；Gordillo 2010）．また，中間層の女性たちは，移民によって職業的に下方に移動（deskilling）していることも指摘されている（Zentgraf 2002）．

　移民経験を通じた女性のエンパワーメントに関して，一般には，移民女性の雇用は家庭外での公的，私的な場での地位や力を増し，男性の職業的，私的領域における地位を下降させた，と言われている．しかし，ゼントグラフはこれを一般化するのは，歴史を無視し同質集団として移民女性をとらえていると批判し，移民女性にとって労働の持つ潜在的な解放への影響は複雑であると述べている（Zentgraf 2002）．アメリカ合衆国におけるエルサルバドルの女性移民を対象とした調査で，多くの女性がすでに就業経験を持って移住してくる．新たな挑戦ではなく，新しい，社会，文化，空間的文脈におけるジェンダーと関連した役割の実践に他ならない．女性の賃金が世帯にとって重要性を増すことは確かであるが，女性の二重労働はほとんど変わらない場合が多く，性別役割分担の変化が既婚やパートナーのいる女性に継続的に起こるとは限らない．一方で，女性が移民と労働参加の結果として，新しい社会的・文化的背景において母親，妻としての伝統的な役割を果たす上での交渉過程を通じて，空間的移動と規制されない行動や，自分への自信を母国より持つ機会を女性に与える．移民という挑戦が肯定的か，否定的かは移民前の社会的地位を反映しており，社会階層や都市／農村出身，エスニシティの問題を考慮する必要があると結論づけている．

　移民過程においても移民後の社会統合においても，女性は潜在的にさまざまな暴力の危険にさらされている．移民するための決断においても，単に経済的な理由だけではなく家庭内暴力の問題が女性に移民を決意させる理由の１つとしてあげられる．移動の道程においても，特に非正規移民の女性は性暴力の対象となる可能性が多く，男性よりも危険にさらされる割合が高い．また，女性移民は女性世帯主が多く，単身で家族を支えるために移民を決意する．労働市場では男性よりも低賃金で劣悪な労働条件のもとで働かざるを得ず，搾取の対象になりやすい．移民受け入れ国における社会統合，法的地位，社会保障においても男性とは異なった条件が課せられる．

　さらに，女性の国際労働移動は，送り出し社会，家族や子ども，ジェンダー

関係にも影響をおよぼしている．家族を出身地に置いて移民する女性にとって，残した家族，特に子どもとの関係はジェンダー役割の放棄として，しばしば移民女性のトラウマとなる．また，家族再統合は移民女性にとって重要なテーマである．

4 本書の構成

本書は，ラテンアメリカからの域外移民をとりあげる第Ⅰ部と，域内移民を取り上げる第Ⅱ部から構成されている．インタビューや現地調査に基づく社会学，文化人類学的な手法による学際的な研究である．各執筆者により方法論や調査方法はさまざまであるが，最も脆弱な労働環境におかれた女性移民をとりあげることにより，グローバリゼーションに伴う労働移動において生じている問題点をあらいだしている．

第Ⅰ部では，ラテンアメリカからアメリカ合衆国とスペインへの域外への移民を取り上げている．第1章は，ロサンゼルスにおけるエルサルバドル系移民女性を対象に行ったインタビュー調査をもとに，さまざまな障害を乗り越えて国境を越える過程を分析し，男性移民の語りとの対比を通して女性移民の動機の違いを明らかにしている．第2章は，ニューヨーク大都市圏のメキシコ女性移民が政治的なエンパワーメントを獲得していく社会統合過程を，メキシコ系女性のアクティビズムに焦点を当てて論じている．第3章は，メキシコからアメリカ合衆国への期限付き移民労働者が国際分業システムにおいて果たしている役割を分析し，ジェンダーによる労働市場における期限付き移民労働者の分業体制に言及している．第4章は，移民先であるスペインにおけるキューバ移民が抱えるアイデンティティの揺らぎを論じている．そして第5章では，スペインにおける南米からの女性移民の労働状況に関する分析が行われている．

第Ⅱ部は，ラテンアメリカの域内移民を対象としている．第6章ではメキシコへの中米移民女性を軸とした家族統合において，世帯主として2つの国にまたがり世帯を支える女性移民が抱える問題を分析している．第7章では，ニカラグアからコスタリカへの移民の女性化を新自由主義政策との関係から考察している．第8章では，コロンビアの移民の動向とチリに向かう要因を論じている．第9章は，移民の人権保障政策をアルゼンチンにおける周辺国からの事例をもとに考察したものである．

序　章　ラテンアメリカにおける国際労働移動とジェンダー　17

　本書では，ラテンアメリカを事例として，貧困，労働需要，経済格差などの理由による貧しい「南」から豊かな「北」への国際労働移動だけではなく，新自由主義経済に基づく国際分業体制に影響され，互いに国境を接する国々の間での地域単位の労働移動と結びつき，「南」から「南」の国際労働移動において構造的システムが形成されていることを明らかにすることをめざしている．グローバリゼーションの中で国際分業体制が緊密な相互関係をもち，メキシコや中米からアメリカ合衆国への労働移動が中米内の国際労働移動にも影響をおよぼしている．また，アメリカ合衆国の移民制限が南米からのヨーロッパへの移民の増加と連動している．そして，受け入れ国側の労働市場がジェンダーやエスニシティによる国際労働力の再配置化を引き起こしている．こうしたグローバリゼーションの過程で引き起こされた事象を脆弱性の高い女性移民に焦点を当て，ジェンダーの視点から検証することを目的としている．ラテンアメリカにおける女性の国際労働移動を通して，国際分業体制のもとで起こっている複数のグローバリゼーションの諸相を明らかにしたい．

　　注
　1）国連によれば，国際移民の正式な法的定義はないが，専門家の間では，通常居住している国を法的か否かにかかわらず変更する人々を指す．一般には，3カ月から12カ月の短期滞在あるいは一時的移民と，1年以上居住している永住移民とに区分される．国連の調査では，各国政府が把握している調査時点で外国生まれの人口を基礎にしている．
　2）本書ではラテンアメリカから日本あるいはアジア地域への移民は取り上げない．理由は，すでに日本へのラテン系移民に関しては多くの研究蓄積があること，また日系移民のみを対象とする日本政府の移民政策の特殊性を考慮したからである．
　3）「労働力の女性化」とは，女性労働者数が増えることに加え，労働形態が変化（風化）し標準的な男性労働が解体され不安定雇用化（女性化）していることをいう．
　4）これらの国境を越えた労働移動は，はじめは地域の農業経済における季節労働の需要から始まった．
　5）Pew Research Center（http://www.pewresearch.org/fact-tank/2017/09/18/how-the-u-s-hispanic-population-is-changing/）より（2017年9月18日アクセス）
　6）UN, International migrant stock（http://www.un.org/en/development/desa/population/migration/data/estimates2/estimates15.shtml）より（2017年9月18日アクセス）
　7）ブラセロ・プログラムによりアメリカ合衆国のフロリダ，ジョージア，ノースカロライナ，カリフォルニア州などの南部を中心とした農業地帯に，伝統的に季節労働者を送り出していたのはグアナフアト州，ハリスコ州，ミチョアカン州，サカテカ州，ドゥランゴ州である．しかし，1990年以降，新たにメキシコ中央部，南部のゲレロ州，オアハカ州，プエブラ州，モレロス州と北部のタマウリパ州からの国際移民がみられるように

なった.

参考文献

足立眞理子（2008）「再生産領域のグローバル化と世帯保持」伊藤るり・足立眞理子編著
『国際移動と〈連鎖するジェンダー〉——再生産領域のグローバル化』作品社，pp.
224-262.

伊豫谷登士翁編（2001）『経済のグローバリゼーションとジェンダー』明石書店.

カースルズ，S.・ミラー，M. J.（2010）『国際移民の時代』関根政美・関根薫監訳，名古
屋大学出版会，第 4 版.

サッセン，サスキア（1999）『グローバリゼーションの時代』伊予谷登士翁訳，平凡社.

————（2004）『グローバル空間の政治経済学——都市・移民・情報化』田淵太一・尹
春志・原田太津男訳，岩波書店.

樋口直人（2002）「国際移民の組織的基盤——移住システム論の意義と課題」『ソシオロ
ジ』47 巻 2 号，pp. 55-71.

ミース，マリア（1997）『国際分業と女性——進行する主婦化』奥田暁子訳，日本経済評
論社.

ミース，マリア・ヴェールホフ，C. V.・トムゼン，V. B.（1995）『世界システムと女性』
古田睦美・善本裕子訳，藤原書店.

Brettell. Caroline B.（2016）*Gender and Migration*, Policy Press.

Canales, Alejandro I.（2012）"Latin America in the Recent Wave of International
Migration," in edidted by Ocampo, Jose Antonio and Ros Jaime, *Oxford Handbooks of
Latin American Economies*, On line publication, Sep 2012.

Cerrutti, Marcela and Parrado, Emilio（2015）"South America: Trends and a Research
Agenda," *Annual Review of Sociology*, 41, pp. 399-421.

Cohen, Jeffry H.（2004）*The Culture of Migration in Southern Mexico*, Austin: University of
Texas Press.

Donato, Katharin M., Jonathan Hiskey, Jorge Durand and Douglas S. Massey（2010）
"Migration in the Americas: Mexican and Latin America in Comparative Context,"
Annals, AAPP, No. 630, July 2010, pp. 6-17.

Durin, Séverin coordinadora（2008）*Entre luces y sombras: miradas sobre los indigenas en
el área metropolitana de Monterrey*, México: Publicaciones de la Casa Chata.

Durin, Séverin, María Eugenia de la O., y Santiago Bastos coorinadores（2014）*Trabajado-
ras en la sombra: Dimensiones del servicio doméstico latinoamericano*, México: publi-
caciones de la Casa Chata.

Fussell, Elizabeth（2010）"The cumulative Causation of International Migration in Latin
America," *International Migration in the Americas*,（July 2010）, pp. 162-177.

Goldsmith, Mary（2007）"Disputando fronteras: la movilización de las trabajadoras del
hogar en América Latina," *Amérique Latine Histoire et Mémoire*. Les Cahiers ALHM,
14.

Goss, Jon, Bruce Lindquist（1995）"Conceptualizing International Labor Migration: A

序　章　ラテンアメリカにおける国際労働移動とジェンダー　　*19*

Structuration Perspective", *The International Migration Review*, Vol. 29, No. 2 (Summer 1995), pp. 317-351.

Gordillo, Luz María (2010) *Mexican Women and the Other Side of Immigration: Engendering Transitional Ties*, Austin: University of Texas Press.

Hidalgo, Roxana (2016) *Mujeres de las fronteras: subjetibidad, migracion y trabajo doméstico*, Editorial UCR, San Jóse.

Hondagneu-Sotelo, Pierrette (1994) *Gendered transitions: Mexican experiences of immigration*, Berkeley, Calif: University of California Press.

─────── (2007) *Doméstica: immigrant workers cleaning & caring in the shadows of affluence*, Berkeley: University of California Press.

ILO (2015) *ILO Global Estimates of Migrant Workers and Migrant Dometic Workers: Result and methodology*, Geneva: ILO.

ILO Americas (2017) *Labour Migration in Latin America and Caribbean: diagnosis, Strategy and ILO'S Work in the Region*, Lima: ILO Regional Officefor Latin America and the Caribbean, 132 (ILO Technical Reports, 2016/2).

IOM (2017) https://migrationdataportal.org/ (2018年10月1日アクセス)

Massey, Douglas S., Joaquin Arango, Graeme Hugo, Ali Kouaouci, Adela Pellegrino, Edward J. Taylor (1998) *World in Motion: Understanding International Migration at the End of the Millennium*, Oxford: Oxford University Press.

Massey, Douglas S., Mary J. Fischer and Chiara Capoferrro (2006) "International Migration and Gender in Latin America: A Comparative Analysis," *International Migration*, Vol. 44 No. 5, pp. 63-89.

Pew Research Center, How the U. S. Hispanic population is changing http://www.pewresearch.org/fact-tank/2017/09/18/how-the-u-s-hispanic-population-is-changing/ (2018年10月10日アクセス)

Piper, Nicola (ed.) (2009) *New Perspective on Gender and Migration: Livelihood, Rights and Entitlements*, New York and London: Routledge, Taylor & Francis Group.

Rodríguez Nicholls, Mariámgela (2010) *Esclavitud posmoderna: Flexibilización, migración y cambio cultural*. México: Publicaciones de La Casa Chata.

Rojas Wiesner, Martha Luz and Hugo Ángeles Cruz (2008) "Gendered Migrations in Americas: Mexico as Country of Origin, Destination and Transit," in Piper, Nicola (ed.), ibid., pp. 189-246.

Robert, Elisabeth, (2004) "Mujeres, migración, remesas y relaciones de género. Evidencias a partir de tres casos: Colombia, República Dominicana y Guatemala" INSTARAU

Sassen, Saskia (1984) "Notes on the incorporation of Third World Women into Wage Labor through Immigration and Off-shore Production," *The International Migration Review*, Vol. 18, No. 4, Special Issue: Women in Migration (Winter, 1984) pp. 1144-1147.

─────── (1988) *The Mobility of Labor and Capital: A Study in International Investment and Labor Flow*, Cambridge: New York Cambridge University Press.

———— (1998) *Globalization and its Discontents*, New York The New Press.

———— (2001) *The Global City: New York, London, Tokyo*, Princeton. N. J.: Princeton University Press, 1991, 2nd ed., 2001.

———— (2002) "Global Cities ad Survival Circuits," in Ehrenreich, Barbara & Arlie Russell Hochschilid (eds.), *Global Women, Nannies, Maids, and Sex workers in the New Economy*, New York: Metropolitan Books/Henry Holt and Company.

———— (2007) *A Sociology of Globalization*, New York: W. W. Norton.

Satterthwaite, Margaret, L. (2009) "Using Human Rights Law to Empower Migrant Domestic Workers in the Inter-American System," Piper, Nicola (ed.), ibid., pp. 275-322.

SICREMI (2017) *International Migration in the Americas: Forth Report of the Continuous Reporting System on International Migration in America*, OAS & OECD.

Staab, Silke (2004) *In Search of work, International Migration of Women in Latin America and the Caribbean Selected bibliography*, Mujer y desarrollo Serie 51. ECLAC, Sangiago, Chile.

Truong, Thanh-Dam, Des Gasper, Jeff Handmaker, and Sylvia Berth I. (eds.) (2013) *Migration, Gender and Social Justice: Perspectives of Human Insecurity*, New York, Dordrecht London: Springer Heidelberg.

UN (2017) *International Migration Report 2017*, Highlights, ST/ESA/SER. A/404, New York.

Zentgraf, Kristine M. (2002) "Immigration and Women's Empowerment: Salvadorans in Los Angeles," *Gender & Society*, Vol. 16, No. 5, October 2002, pp. 625-646.

第Ⅰ部

ラテンアメリカ域外移民
―― 「南」から「北」への労働移動 ――

第1章　女性が移民を決意するとき
——エルサルバドル系女性の移民動機と家族——

中川正紀・中川智彦

は じ め に

> エルサルバドルでは，他の中米諸国に先んじて1950年代には，工業の発達に伴い，農村部から他の農村部への移動よりも農村部から都市部への移動の方が次第に意味を持つようになっていた．中米諸国や多くの南米諸国でも，農村部から都市部への移動において女性が重要な位置を占めていた．特にエルサルバドルでは，国内移動の頻度の多さが，家族の離別・崩壊および女性世帯主世帯の占有率の高さ（首都サンサルバドルでは全世帯の40%近くにあたる）を生む要因の1つで，それが職を求めて女性が頻繁に移動する理由ともなっている（Chinchilla et. al. 2004：191）．

　アメリカ合衆国にとって，エルサルバドルを含む中米地域はラテンアメリカ諸国の中でメキシコに次いで地理的に近い陸続きの場所で，歴史上，経済的・戦略的に関わりの強い地域となってきた．冒頭の引用のように，エルサルバドルは中米地域で早くから女性の国内移動が盛んで，職を求めて女性が家族を残してでも頻繁に移動する傾向を生んでいる．しかしながら，ひとたび職を求める場が国外になっても，比較的容易に移動の決意をするのであろうか．

　エルサルバドルからの対外移民の歴史は20世紀初頭にさかのぼるが，特に女性移民の歴史は1960年代，70年代が中心となる．その理由として，移民家族の離散・再統合を研究する社会学者，クリスティーン・M・ゼントグラフ（Kristine M. Zentgraf）は，同時期に中米地域その他で見られた経済的変化，80年代以前，特に70年代前半の本国社会における家父長制の弱体化あるいは崩壊，および60年代から70年代にかけての米国ロサンゼルスでの製造業関係の雇用状況の

不振および地域経済におけるサービス業中心の女性職の増加[1]，を挙げている．そして，その時期に移動した女性移民が「先駆的」な役割をして，後続の女性移民の流れを引き起こしたことを強調する．ゼントグラフは，家父長制の弱体化が女性の国外脱出を生み，家父長制への抵抗手段として女性が移民することもある，と述べる．ただし，女性が移民を選択するには，残された家族を送金等で養うという条件付きで容認されるのである（Zentgraf 2005：67；Padilla 2012：3）．

一方，社会学者，セシリア・メンヒバル（Cecilia Menjívar），レイシー・J・アブレゴ（Leisy J. Ábrego）およびリーア・C・シュマルツバウアー（Leah C. Schmalzbauer）は，ゼントグラフのような女性移民の歴史分析よりも家父長制的傾向が残る本国社会からいかに女性が移民を決意し，実行に移すのか，を中心に分析する．家父長制的社会では男女への役割期待の差異が顕著で，特に母親は家族のために自己犠牲を厭うべきではないとする考え方が強い．しかし，家族を支えるために女性が移民しようとすると，本国に子を置いて他国に移動することは，母親の役割の境界を超える行為と見なされ，「悪い母親」（mala madre）というスティグマや大きな不利益を被るため，移民の決心やその実行にあたってはかなりの労苦を要することになるという．（Ábrego 2014：9-11；Menjívar et. al. 2016：83-84）

いずれの研究者も女性移民の移民理由を強調する一方，従来の男性移民の事例研究の結果は既知のものとして，それには具体的な言及がほとんどされていない．本章では，2017年8月にロサンゼルスでエルサルバドル系移民を対象に行ったインタビュー結果に基づいて，特に女性が本国から移民する際のさまざまな障害をいかにして乗り越え，移民が可能になったのか，を分析し，同国出身の女性移民の生きざまを時系列的に考察する．また，同時に調査した男性移民の語りとの対比を通して，女性移民の特異性をさらに明らかにしたい．

ただし，筆者らが用いた一部の参考文献資料では，エルサルバドル系が他の中米諸国出身者と一括して「中米系」とされ，一様の特徴を持っているかのように扱われていて，中米系とエルサルバドル系の区別が曖昧になっている．本章では，あくまでもエルサルバドル系は中米系の一部であり，両者は必ずしもその特徴が同一ではないことを前提にしつつ，資料で「中米系」とある時は，あえて「エルサルバドル系」と限定せず，「中米系」として扱うこととする．

1 対米エルサルバドル系移民の増加
──1960年代から1970年代にかけて──

1.1. 背景

20世紀初頭から1950年代にかけて，30年代の経済不況による移民数の低下の時期を除き，エルサルバドルから米国への経済移民の流れは続いたが，その数はごく僅かであった．むしろ，この時期は米国よりも他の中米諸国へと流出する傾向が強かった（Cruz 2013：214）．

ところが，1960年代から一転して，中米からの対米移民は加速度的に増加する．この頃，地域諸国間の関税その他の貿易障壁の撤廃により工業製品の市場拡大を目指す，1961年発足の「中米共同市場」を部分的に土台として，中米5カ国（エルサルバドル，ホンジュラス，ニカラグア，グアテマラ，コスタリカ）は外国，特に米国からの工業投資の誘致を試みた．その結果，米国や日本をはじめとする外国からの投資が増加した．こうしたなか，中米地域の米国所有の工場で雇用されていた現地人のなかに，より収益の上がる働き口を求めて渡米する傾向が生じた．また，現地に駐在員として派遣された，あるいは現地の民間会社に勤める米国人の家庭で家事労働者として雇用されていた者が，任期終了後，帰国する米国人家族にそのままついて行くケースも出てきた．これに関連して，1960年代に現地の米国人外交官の家庭で家事労働者として働いていたエルサルバドル人女性が，米国の首都ワシントン D. C. に帰還した家族にそのまま雇用され続けるという慣例も一般化した[2]．また，1960年代末に出現した米国側のプル要因として，「1965年移民改正法」（68年施行）による中南米諸国から米国への移民の促進も指摘できる．このようにして，1980年以前は，家事労働者その他のサービス業職を求めて渡米するエルサルバドル人などの中米人が目立ち，対米移民において女性が男性を数の点で上回る状況となった[3]（Chinchilla et. al. 2004：192；Córdova 2005：64；Menjívar 2007：413）．

前述のゼントグラフは，この頃の移民傾向の高まりの理由として同時期の中米地域での他の経済的変化も指摘する．資本主義の農業への浸透，それに伴う中小規模の家族経営型農業の相対的衰退，および生活必需品の購入における換金消費市場への依存の増加，などである．こうして，従来一般的であった家内制手工業製品・消費財に代わって機械による大量生産品が普及し，一般社会に

第1章 女性が移民を決意するとき　*25*

経済機会の減少や格差の増大が見られるようになった．同時期の対米移民は，学歴が比較的高く，本国でよりも多くの機会に恵まれた（Zentgraf 2005：64）．

　以上のように，中米系の合法入国者数は，1960年代の10万1330人から70年代には一気に17万4640人にまで増加した．それでも70年時点では，米国での中米系人口全体での最多占有率はパナマ系であった．一方，この頃には非合法で（時にメキシコ人に扮して）入国する中米系（特に，エルサルバドル系，グアテマラ系）も増加傾向にあった．こうした経緯を経て，80年には，中米系の出身国構成の内訳ではエルサルバドル系，続いてグアテマラ系が多く占め，労働者階層が中産階層を上回り始めていた（Chinchilla et. al. 2004：193）．

　注目すべきは，この頃すでにエルサルバドル系やグアテマラ系の移民の同郷人ネットワークが米国でかなり発達していたことであり，「先駆者」たちが本国からの家族や友人に同じ地域や職場で仕事を斡旋することが慣習化し，エルサルバドルやグアテマラからの移民の流れを促進する重要な要因となった（Chinchilla et. al. 2004：193）．前述のように，こうした「先駆者」には女性が相当な割合で含まれていた．

1.2　事例

➤ アナ（Ana）の場合

　女性被験者には，内戦が開始される1980年代以前に渡米した者が1人，含まれていた．アナは1973年，13歳の時に2人の姉（19歳と17歳）とともに空路で渡米した．その10年前の63年に彼女の母がすでに渡米していて家事労働者として働き米国市民権を取得していたおかげで，アナたち姉妹は永住権による入国が可能となった．「家族の再統合」（family reunion）を目指して，母の渡米後，兄弟姉妹たち5人の面倒を見てくれた父方の祖母と2人の兄を本国に残しての移動であった．アナの渡米時，彼女の父は既に母と離婚をしていて，地元サンタアナで別の女性と暮らしていた．

　注目すべきは，アナの母にせよ，アナとその姉妹たちにせよ，女性の方が先に移動し，男性が本国に残されている点である．前述のように，1960年代から70年代にかけては，中米地域からの移住者では家事労働者その他のサービス業職を求める女性の方が男性よりも多かったことが背景にあると考えられる．

26 第Ⅰ部 ラテンアメリカ域外移民

2 内戦期の女性移民
――1979年～1992年――

2.1. 背景

　1979年の中米紛争の勃発に伴う移民行動は80年代に入って初めて活発化した，と一般的に見なされがちである．しかし，ゼントグラフの指摘の通り（Zentgraf 2005：65），70年代に革命集団，そして対抗する反革命集団が出現し，反ゲリラ集団による無防備な民間人への攻撃が開始された結果，70年代後半にはエルサルバドルなどでは政治的暴力が激化し始め，そこから逃れることを理由に米国への移住者が増えていった．それは，75年頃までは経済的理由による同地域からの移民が主流であったこととは対照的であった．

　1980年代には，他国への移住の動きが，特にエルサルバドルやグアテマラで本格化した．選択肢の１つに，先人たちが残した既存の経路やネットワークを利用した米国への移住があった．米国に向かう者は，高ければ2000ドルも要求する密輸業者（「コヨーテ」と呼ばれる）を利用した非合法入国の形をとるのが大半だったが，米国に拠点を置く移民支援団体の協力で入国する者も多少いた．移住先の決定には，階層差も影響した．都市部の労働者階層，中産階層は，上流階層と同様，出国した後米国を目指したが，本国人口の大半を占める最貧困層にはそれほどの経済的余裕はほとんどなく，国内で避難民となるか，周辺の中米諸国やメキシコに難民として逃れた．一方，米国に密入国した半数以上は，カリフォルニア州（特に，ロサンゼルス地域）に定着したのである（Chinchilla et. al. 2004：195；Menjivar 2007：413）．

　チンチジャら（Chinchilla et. al. 2004：195-196）によれば，1980年代に流入した中米系移民にはそれ以前の移民とは異なる特徴があった．第一に，80年代の中米からの入国者数は，それ以前よりもかなり多くなり，統計上，在米の中米系人口は80年の33万1219人から90年の132万3380人（うち外国生まれが104万6099人）へと急増した．90年の中米系人口のうちの約55.2％は80年代の到来者で，しかも在米エルサルバドル系外国生まれ人口の４分の１近くが，本国での暴力の度合が高かった80～81年に入国していた．第二に，1980年代に到来した中米系には，低所得者層が中産階層よりもはるかに多かった．第三に，1980年代の到来者では，男性が女性を数的に凌駕していた．本国で政治・社会活動に携わって

いた男性の方が暗殺者に狙われやすく，政府軍やゲリラ軍への入隊に勧誘され
る可能性も高かったことが背景にある．後述するように，ゼントグラフがこの
点に疑義を示している．第四に，90年時点の在米エルサルバドル系人口の60％
が，80年代入国者であった．第五に，80年代の移民動機は政治的理由あるいは
政治的と経済的とが合わさった理由が，厳密な意味での経済的動機や個人的動
機を上回っていた．第六に，非合法入国者たちは，親米政権からの逃亡者とい
う理由で「政治難民」とは認定されず，米国政治において難民に与えられる恩
恵を何1つ享受出来なかった．しかも，常に本国送還の恐怖に怯える毎日を強
いられた．

　一方，ゼントグラフは，1970年代から80年代に渡米した30人の中米系移民女
性（エルサルバドル系とグアテマラ系）へのインタビューを通じて，中米系移民に
関する従来の研究者が持つ男性移民中心の見方[4]に異議を唱え，この時期の女
性移民の特徴を以下のように述べる．第一に，中米社会の政府側・反政府側に
つく男性の家族や恋人という関係から，女性もまた，男性ほどではないにしろ，
暴力の犠牲になったりその危険性からくる恐怖にさらされたりする可能性は
あった，と．第二に，政治的要因よりも経済的要因の方が，さらに経済的要因
よりも個人的要因の方がインタビューのなかでは強調されていた（「政治的」＜
「経済的」＜「個人的」）と指摘し，前述のチンチジャらが挙げる80年代移民の第
五の特徴とは女性移民は異なっていたことを指摘する（Zentgraf 2005：66,
68-69）．以下では，筆者らの調査の事例を分析しながら，内戦中に渡米した女
性移民の特徴を考察する．

2.2.　事例

2.2.1.　政府側の一員として恐怖を感じて

➤ アレハンドラ（Alejandra）の場合

　アレハンドラは1984年，24歳か25歳の時におばとともに観光ビザで渡米し
た[5]．本国では政府軍の機関「国家情報局」（Dirección Nacional de Inteligencia,
DNI）に秘書として勤務していたが，ゲリラ勢力から殺害される危険を感じた
ために家族全員の同意を得て移民を決意する．暴力を逃れての移動ゆえに，二
度と本国の土は踏まない覚悟であった．また，当時，離婚して子どもがなかっ
たことも，米国行きに難なく踏み切れた大きな要因の1つだったといえよう．
それでも，母と5人の兄弟（兄2人，弟2人，妹1人）を残しての旅立ちで，父は

28　第Ⅰ部　ラテンアメリカ域外移民

彼女が17歳の時に死亡していた．観光ビザは，幸運にも職場の米国人の同僚の協力により取得できたという．

兄2人は「アメリカ嫌い」であったため，母子家庭の中で長女のアレハンドラが米国に行き家族の支えになるよう期待されていたのかもしれない．迫り来る命の危険の恐怖にそのような事情が加わり，女性が率先して米国に移動せざるを得なかったと憶測される．当時の米国はあまり管理の目が厳しくなかったそうで，渡米直後は観光ビザでも秘書として会社勤めが可能となり，しかもその会社での評判も上々であったため永住権取得も会社が面倒を見てくれた．

かなり深刻な事情が移民のきっかけであったが，アレハンドラは本国で職場の同僚であった米国人とのネットワークを上手に利用しながら，比較的安全な渡米方法を実現し，さらに移民先でも自らの長所を生かしながらホスト社会へ溶け込んでいったと考えられる．政府機関で自ら働き，反政府勢力から命を狙われる危険性が想定されたことから，政治的暴力から逃れる必要性という政治的動機が彼女にはあった．ゼントグラフが指摘する，内戦中は「女性もまた，男性ほどではないにしろ，暴力の犠牲になったりその危険性からくる恐怖にさらされたりする可能性はあった」ことの典型例といえる．また，アレハンドラは「家族を助け，よりよい経済生活を求めて」渡米したとも言っており，経済的動機もあったといえよう．

2.2.2　夫のことがきっかけで移民した女性たち

次に，夫の事情で移民を決意せざるをえなかった女性たちの事例を取り上げる．

➤ ベアトリス（Beatriz）の場合

ベアトリスは，内戦が始まった1980年，21歳の時に，同居していた姑とともに1カ月かけて米国に密入国した．越境の時だけ，在米中の兄弟にコヨーテを手配してもらった．77年に先に渡米した夫は，米国で懇意な女性が他にできて行方知れずとなった．夫からの送金が途絶え，息子と姑とともに主婦として暮らしていた彼女は困窮状態に陥った．息子を女兄弟と実母のもとに預けての渡米は「本当に，とても辛い決断だった」が，「家族を助けるため」および内戦から逃れるために越境を試みたのである．姑は息子（ベアトリスの夫）の行動に責任を感じてか，息子を案じてか，ベアトリスに同行し，女2人旅になったが，当時はまだバスを使った国境までの道中もあまり物騒ではなかったことが救い

であった．残して来た息子も，2年後に親戚に連れられて非合法で合流する．その後，ベアトリスは米国で再婚したエルサルバドル人が80年代に永住権を取得したおかげで，永住権の取得が可能となった．

このように，ベアトリスの場合は，先行して渡米した夫が残留家族のことを顧みない無責任な行動を取ったために，代わりに一家を支えるべく自ら米国を目指して行動を起こさなければならなくなった．余談になるが，女性の経済的自立の必要性・重要性を身をもって体験したベアトリスは，米国で美容学の免許を取得する．調査時には再婚者の存在は不明であったが，彼女自身，1人暮らしで美容師として自活していた．

➤ ラケル（Raquel）の場合

ラケルは，1986年，39歳か40歳の頃，単独で密入国を果たした．もともと，飲んだくれの暴力夫によるDVに悩まされ，79年頃に離婚した後は主婦業を辞め，家族のためにエルサルバドル国軍で働いた．きっかけとなる具体的出来事は不明であるが，内戦による暴力から逃れてより安全な場所で暮らすため，および家族を助けるために経済的によりよい生活を求めて，12歳と11歳の息子，15歳と14歳の娘を本国に残して渡米を決意した．渡米時，本人は若くはなかったものの，コヨーテも使わず，バスで陸路を移動し，大勢が乗った車内であれこれと人に尋ねながらの道中であったため，「怖くはなかった」と話す．元夫のDVによる離婚で経済的にも家族を支えなければならない境遇に陥ったものの，本国での内戦の恐怖と経済的な困窮さゆえに，十代の子ども4人を残して単身，渡米を試みなくてはならなくなったのである．

➤ フランシスカ（Francisca）の場合

フランシスカは，1983年，24歳の時，すでに81年に渡米していた夫を頼って3歳の娘を連れ米国に密入国した．本国では夫は政府のために働いていたが，職場で常に2～3人が一度に行方不明となり，恐怖を感じた夫は経済的理由からビザもなくコヨーテも雇わず彼女と娘を置いて単身米国へ非合法で越境した．最初の2年間だけは夫から仕送りがあったが，次第にお金が不足気味になった夫は借金をしてまで送金するようになった．一方，フランシスカは本国のマキラドーラで裁縫師の経験もあったが，当時，細々と商売をしていたものの，内戦下で銃撃戦が激化し仕事が成り立たなくなった．そこで，彼女も渡米して米国で夫とともに働くことを決意する．ビザを入手する経済的余裕はなかったが，渡航を確実にするためか，コヨーテ3人のリレーの形で車で移動した．まさし

30 第Ⅰ部 ラテンアメリカ域外移民

く，戦争の直接の犠牲者として移動せざるを得なくなった人たちといえる．のちに夫は，米国で「1986年移民改正・管理法」(Immigration Reform and Control Act of 1986, IRCA) が規定する非合法移民の「合法化」措置により，最終的に米国市民権を取得し，家族も同様の恩恵を受けた．

➤ スサナ（Susana）の場合

スサナは，1988年に58〜59歳で，3人の友人（男2人，女1人）とともに密入国をした．本国からバスを乗り継いで米墨国境に到着し，入国審査もないままバスで越境したという．すでにスサナの長女がメキシコ系の夫（後に離婚）の呼び寄せで渡米していて，子どももいる年齢であったが，この長女と一緒に暮らすことと仕事を探すために彼女は渡米したのである．本国では主婦のかたわら，手作りの小さなトルティージャ屋さんを経営していたが，渡米の直接のきっかけは不明である．スサナにも本国に残してくる子どもが2〜3人いたが，60歳を前にして夫と娘の病死を経験したことに加え，子どもは「みんな大きくなっていた」ことから移動への躊躇いもなく，在米中の娘を頼っての移動が決意できたようである．内戦のさなかの渡米であったにもかかわらず，なぜかインタビューでは内戦のことにはあまり触れられていなかった．

以上の4名については，基本的に本国では妻であり母であった立場の女性たちが，夫の裏切り，夫からの暴力による離婚，夫の経済力のなさ，夫の死という個人的理由をきっかけに経済的必要が生じ，女性でありながら自分以外に頼れる人はいないという切羽詰まった状況から米国を目指したことが確認できる．

2.2.3. 夫と子どもたちを残して渡米した母親を頼って

➤ パメラ（Pamela）の場合

パメラは，内戦が終わるか終わらないかの1992年，17〜18歳で女兄弟とともに，米国で永住権資格をすでに持った男兄弟に付き添われ，永住権を持って正規ルートで入国した．この約10年前の83年にパメラの母は息子たちを連れ非合法で越境していたが，パメラを含む子どもたちと夫を置いて移動し，その後は夫が子どもたちの世話をした．このときの母の行動は女性が率先して移民を決意し実行した典型例で，そのきっかけと理由はインタビューでは明確にされなかったが，当時進行中の内戦が主な原因と推測される．彼女の母は，渡米後，別のエルサルバドル人（当時，永住権保持者）と結婚している．この継父のおか

げで息子たちは永住権資格者となり，さらにパメラと女兄弟も永住権を持って
米国に入国できた．パメラの移民の際には，今度はこの息子たちがエルサルバ
ドルに彼女らを迎えに訪れ，一緒に渡米したという．このとき，本国に残った
のは彼女の父，一番上の姉，そして実子（長男・長女）であったが，その後，父
は亡くなっている．パメラの渡米の動機は，女兄弟ともども「母の側にいた
かった」とのことである．ちょうど内戦が終了する時期ではあったが，すでに
米国に定着し始めていた母のもとで安全な暮らしをしたいという願望もあった
のであろう．内戦期の家族の離別が背景にあることを考慮すれば，政治的理由
による移民と捉えられる[6]．

3 内戦以後の女性移民

3.1. 背景

1992年1月，エルサルバドルでは国際連合の仲介により和平協定が実現し，
内戦終結に続く94年選挙で右派政党，国民共和同盟（ARENA）による新政権が
誕生した．政治学・国際関係学者のホセ・ミゲル・クルス（José Miguel Cruz）
によれば，内戦直後はエルサルバドル本国の経済状況は一時回復し，国民が国
の将来を楽観視するようになったため，国外への移民の流れは失速した（Cruz
2013：215）．ところが，数年後，経済は停滞し，社会は再び分裂状態となった．
90年代の世界市場でのコーヒー価格の下落などの影響も加わり，紛争の余波と
して不安定な経済状況が国民生活を圧迫した．推計によると当時の全世帯の少
なくとも半数が貧困あるいは極貧状態で，給料のよい職に就ける機会も限られ
ていた（Chinchilla et. al. 2004：196-197）．

交戦状態の終結は，すぐさま安全な状況をもたらしたわけではなかった．和
平合意後のエルサルバドルでは，内戦中に暗躍した「死の部隊」や自警団が残
存し，経済的機会はほとんどなかったが銃なら容易に入手できたため，中米紛
争の双方の側から解隊された一部の軍人たちにとっては，犯罪に手を染めるこ
とが生き残りの選択肢の1つとなった．また，1980年代にロサンゼルスで犯罪
集団「マラ18」（18番街ギャング）に勧誘され入団したり，その対抗組織「マラ・
サルバトゥルーチャ」（13番街ギャング）を結成したりしたエルサルバドル系を
はじめとする中米系の若者たちが，非合法滞在のかどで逮捕され本国送還され
たことに伴い，ギャング組織とその文化自体も「輸出」され，今度は本国とそ

32　第Ⅰ部　ラテンアメリカ域外移民

の周辺諸国で大規模犯罪者集団が猛威を振るった[7].　特にエルサルバドルでは,人口1人当たりの犯罪率が西半球でトップレベルになった.　それに追い打ちをかけるように,98年のハリケーン“ミッチー”や2001年の2度の大地震による被害が国民を苦しめた(Cruz 2013:215;Chinchilla et. al. 2004:197,200).

　以上の数々のプッシュ要因に対し,プル要因として,出身コミュニティ・地域社会と米国とをつなぐ移民ネットワークが,1990年代初頭にはうまく機能するまでになっていた.　特にエルサルバドルでは,99年の時点で全世帯の20%近くが米国在住の親族その他から送金を受けていた(Chinchilla et. al. 2004:197).

　こうして,20世紀初頭という早い時期から国外移住の流れが形成されていた小国エルサルバドルでは,中米紛争終結後しばらくして,多くの国民が対外移住を国内問題解決のための最善の手段と再び考えるようになり,同国から米国へのヒトの流れが再び勢いを増すこととなる.　その結果,在米エルサルバドル系人口は,1990年から2000年にかけて約59万4000人から112万人へと92%の増加を示し,さらに2010年には170万人にまで至り(Cruz 2013:215),在米ラティーノの出身国別集団の中でそれまで第3位をキープしていたキューバ系人口と肩を並べるほどまでになった.

3.2.　事例
3.2.1.　内戦の後遺症から逃れて
➤ ロレーナ(Lorena)の場合
ロレーナは1995年,42歳か43歳で,単独で密入国した時の様子をこう語る.

　　私は,バスで来たのよ,ティフアナまで.　そこから,またバスで越境したの.　ビザなんて持ってなかったわよ.　そのまま,こっそりとバスに乗って入国したの.　私1人でね.(中略)エルサルバドルを出てから入国するまでは,1カ月くらいだったわ.　ずっと1人で来たの.　コヨーテとか誰の助けも借りずに来たの.　入管係官が身分証のチェックをしていたけど,私は何も持っていなかったでしょ.　だから,もし何か聞かれたら,それでおしまいだったんだろうけど.　入管係官はただ挨拶してきただけで,「よいご旅行を!」って言われただけだったのよ.　そうじゃなかったら,送還されて,泣いていたと思うけれど,神様の意思だったと思うわ.　神様のお蔭で,無事に私はこうしてここにいるんですもの.

「神様の意思」という言葉は,インタビューした他の数人の女性からも聞かれ

た．信仰の篤い人たちなのであろうが，さまざまな偶然が重なり，本人でも説明のつかないことは，「神様の意思」と捉えるしかないのであろうか．結局，女性の危険な1人旅は成功裏に終わったが，そもそもロレーナはなぜ単身で行動したのか．

彼女には渡米時に本国で同棲中の内縁の夫との間に7人の子ども（男6人，女1人）がいて，上は23歳から下は8歳であった．実際，この夫が内戦以前の1975年に渡米したものの，米国が「性に合わなかった」ため6カ月で本国に帰還したのち，二度と米国へは行かなくなった．本国でロレーナは，自営の店舗でププサ[8)]やパンを作っては売っていた．内戦は終わっても国の経済状況が好転しなかったせいか，彼女は米国へ行って働き家族を経済的に支えることを決意する．それは子どもたち全員との離別を意味した．「そう，とても辛いことだったわ．でも，どうしようもなく貧しかったの．子どもたちに何も与えられなかったの」と．公的な婚姻関係にはなかったが，渡米と同時にロレーナは内縁の夫と「離婚」している．だが，それでも元夫は残された実子たちの面倒を見る一方，ロレーナは移民先からかれらの生活費と教育費をせっせと送金し，互いに子どもたちの両親としてのつながりは続いた．彼女は調査時には年金生活者であったが，定年まではレストランの料理人をしていた．

渡米後，彼女は米国市民権のある別のエルサルバドル人と2000年に結婚し，02年に永住権を取得したのちは07年にかけて本国から子どもたちを少しずつ呼び寄せた．学校に通った経験がなく読み書きが苦手な彼女は，その後，英語の習得に苦労するが，57歳以上に対する英語試験の免除措置により晴れて調査時の17年8月に市民権取得手続きを完了していた．2番目の夫とは13年に離婚したが，本国で別れてきた内縁の夫はいまだに「米国が苦手」で本国に留まっているとのことであった．

先に渡米したものの米国生活がうまく行かずに帰国した夫に代わって，妻が本国に残る7人の子どものために渡米して懸命に働くことになった事例で，個人的事情から経済的な問題も抱えることになったと見なすことができる（個人的理由 → 経済的理由）．

➤ フアナ（Juana）の場合

フアナは1998年，42歳の時，知人のコヨーテに米墨国境まで車で送ってもらい，単身，陸路で米国に非合法で越境した．本国では手さげカバン工場を営んでいたが，内戦中の89年に夫が病死する．92年の和平合意後，治安は悪化し，

34　第Ⅰ部　ラテンアメリカ域外移民

「金銭や商品の盗みを働くごろつきが増加」したという．そのため，工場経営で損失をこうむり経済的に困窮して行くなか，フアナは3人の子（男22歳・17歳，女15歳）を両親に預けてこっそりと渡米を企てる．子どもを置いてまで移民した理由は，次の通りである．

　　そもそもは，夫が（病気で）亡くなったことね．（中略）私は向こうで仕事していたんだけれど，子どもたちはまだ小さかったし，教育を受けられるように，上の2人が高校まで行けるように，頑張ったの．そうね（，2人ではなくて，結局），3人ね．私がこっちに来た時，娘も初等教育を卒業して，高校に入る時期だったから．（中略）子どもたちのための教育費がもっと必要だったのに，向こうでは無理だったの．

結局，彼女は次男そして長女を大学まで卒業させている．

　このように，頼りとなる夫を亡くした後，内戦後の本国の治安悪化で経済的困窮状態に陥り，自らに頼る以外に途がなくなったフアナは，老親に子どもたちを預け，単身，米国に向かうことにした．こうしたたくましさは，渡米後の生活でも見られた．最初は歯科助手の勉強をしながら歯科医院で働いていたが，放射線を浴びてガンになり，夢は消え去る．その後，介護士となったが，01年には短期被保護資格（Temporary Protected Status, TPS）[9] を取得した．10年の長女の結婚までは子どもたちのために送金を続け，代わって調査当時は病気の老母のために仕送りをしていた．まさに，本人が言うように，「向こうに残して来た家族のため」に献身的な母かつ娘の姿がそこにあった．今では，長男・次男・長女が「向こうで」成功して幸福に暮らしていることが，彼女にとって唯一の生きがいとなっている．

　内戦末期に夫の死で工場経営を一手に引き受けることになるという「個人的理由」がまずあり，追い打ちをかけるように，内戦後の治安の悪化から工場経営で損失をこうむり（「政治的理由」），本国では子どもの生活費や教育費を満足に稼げないため，泣く泣く母子が離別せざるを得なくなった事例である．

3.2.2.　経済的向上を目指して
➤ クリスティナ（Cristina）の場合

　クリスティナは，2度の大地震の翌年の2002年に，19歳で単身，コヨーテの助けを借りてバスで米墨国境まで来て，砂漠地帯を徒歩で越境した．男5人，

女5人，合わせて10人兄弟から成る大家族で，彼女が渡米する前の90年代にすでにそのうち3人の女兄弟が一年くらいおきに1人ずつ，先に渡米していた．内戦終結後，治安の悪化するなかに両親をはじめとする家族を置いてくるのは嫌だったが，危険を顧みず，女1人で行動を起こした理由を次のように語る．「かれらの生活が良くなって欲しいと思ったからよ．私がこっちに来れば，向こうにいた時よりもかれらを援助できるから．（中略）かれらを助けることの方が重要だったの」と．在米中の3人姉妹が移動の引き金になったのも確かである．02年に入国したにもかかわらず，姉の1人が代わりに彼女の名で以前から学校に通ってくれていたおかげで，クリスティナは01年の地震に伴うTPSを取得できたというエピソードを大笑いで話してくれた．今では兄弟の間での「笑い草」であるが，姉の機転を利かせた行動ゆえに妹の将来が救われたといえる．その後，クリスティナは米国人と結婚して永住権を得，さらに市民権をも手に入れたため，彼女に続く残りの兄弟たちの渡米が容易になった．

　おそらく先行渡米した3人の姉たちから機会あるごとに米国生活の魅力の数々を，本国に残ったクリスティナは伝え聞いていたことであろう．そして，大所帯の一家の暮らしをもっと楽にしてあげたいという一心から，給料のよい職を求めて自ら米国に渡ったと考えられる（個人的理由＋経済的理由）．

　➤ シルビア（Silvia）の場合
　シルビアは2000年，20歳の時，ビザなしでエルサルバドルから米国までコヨーテと契約して19日かけて移動した．

　　　車に乗せてもらって来たの．ロサンゼルスまでね．（国境も車で通って来て，）もちろん，こっちに入ってからは隠れなければならなかったわよ．（中略）車で（の移動中）は隠れ（て乗）る必要はなかったわ．（中略）車はバンだったけど，シートも取ってしまった車にぎゅうぎゅうに入れられたの．（中略）（砂漠を歩いて来たわけではなかったけれど，）ええ，怖かったわ，

と，渡米当時を振り返る．その半年前に非合法で渡米した夫のあとを追っての移動であった．両親・兄弟姉妹たちのほか，生後10カ月の娘まで置いて出国した理由を次のように語った．「生活のためよ，（娘を）育てる必要があったし，私は15人兄弟なのよ．向こうで家族みんなの生活を支えるには（収入が）十分じゃなかったから」．

　渡米後，彼女には3人の子どもが誕生し，子育てに専念することになったが，

本国にいた頃は主婦業をするかたわら家事労働者のパートもこなしていた．本国では経済的困窮から彼女も働く必要があったが，逆に米国では夫の稼ぎだけで十分という経済的な余裕ができたということなのであろうか．

　シルビアの場合は，夫が先に行って米国で待っているという安心感もあり，15人もの兄弟姉妹（おそらく年少者が多かったのか）がいたため，年端もいかない自分の娘だけでなく兄弟姉妹を含めた一家を支えるために，渡米を志したことになる（個人的理由＋経済的理由）．

➤ マリーア（Maria）の場合

　マリーアは2004年，25歳の時，コヨーテが手引きするグループに加わり，単身，非合法で米国に入国した．エルサルバドルではほかに仕事がなく，父の経営する製氷工場でパート事務員をしていた．移民理由は経済的なもので，「両親を助けるためよ．それに，経済的によりよい生活を求めてね，だって，向こうには仕事が何もなかったもの」と語る．彼女に先立って，親戚では母の女いとこが1980年に渡米して，永住権を取得していたこともあり，女1人でも少しは行きやすく感じたのであろう．両親と兄弟4人を残しての出立であった．

　渡米後，2006年に出会った永住権保持者のエルサルバドル人（1998年渡米）と同棲し，未婚のまま子どもをもうけた．彼が市民権を取ったら，確実に市民権が取れるので，その時には正式に結婚したいとマリーアは話す．非合法の身分で運転免許証を取りに行くのも怖いため，その関係でなかなかいい仕事が見つからず，夫の街頭でのフルーツ販売業を手伝うしかないという．

3.2.3.　暴力から逃れて

➤ テレサ（Teresa）の場合

　テレサは2003年，16歳の時，在米中のおば（1990年に渡米し，2002年に永住権を取得）の助けで，コヨーテが手引きするグループに属して単独で非合法越境した．「怖かった」とのことである．移民理由は急を要するもので，おじがマラスなどの犯罪組織に殺害され，彼女がその唯一の目撃者であったため本国にいれば身の危険があったからである．

　2012年にテレサは米国で知り合ったエルサルバドル人と結婚し，調査当時，3歳の娘がいた．米国でも命の危険があるためか，おじ夫婦と男いとこ，それに娘と夫と6人で暮らしていた．

➤ ロサ（Rosa）の場合

ロサは，2016年11月，29歳の時に生後5カ月の娘を連れてグアテマラからメキシコ経由で米国に非合法入国した．本国を出たのは11年頃で，グアテマラで5年ほど暮らした後，16年にコヨーテを雇い，徒歩と車でグアテマラから米国に入るまでに20日くらいかかった．「砂漠を通って．（中略）（密入国は）怖かったけれど，エルサルバドルにいる方がもっと怖かったから」．彼女にとって，故郷サンタアナ県から米国までの道のりは実に長かった．

　私（，サンタアナにいた時），16歳の時だけど，マラス（からそ）の構成員との結婚を強要されたの．（中略）監禁されていたの．逃げることができるまで，ずっと．20歳まで（[涙声] 監禁されていたから）．ププサ屋さん（を始めたの）は（男から逃げてきた）後のことよ．エルサルバドルを出ることになるのは（もう少し後よ）．サンサルバドル（でププサ屋さんを始めるま）で，しばらく身を隠す必要があったの．（監禁されている間，）「叩かれ，虐待され，犯さ」（物理的・性的暴力を振るわ）れていたから．隙を見つけて逃げるまでずっと．

　（中略）20歳の時に逃げることができたの．でもしばらくエルサルバドルにいたの．首都サンサルバドル近郊よ．（中略）そこで，ある女性と知り合って，彼女と一緒にププサ屋さんを始めたの．でも，そこでも別のパンディージャスによる脅迫にあうことになってしまって．20歳から4年間，24歳くらいまでそこで耐えていたの．でも，一緒にやっていた女の子が彼らに殺されて[10]，もう耐えられなくなったの．それで，怖くなって，グアテマラに逃げることになったの．2011年頃のことね．グアテマラシティで，商売をまた始めようと思って．（ちょうど）そこで，彼（今の夫）と知り合って，エルサルバドル料理のお店を始めたの．彼はグアテマラ人よ．でも，ここでも，今度はグアテマラのパンディージャスに脅されることになったの．

　過去を捨てて前に進もうと思って，いつも何かを始めるんだけど．移動することだって，容易なことではなかったから（できることなら移動したくないのに）．（中略）向こうで5年くらい頑張ったの．ププサ屋さんから始めて，それを止めた後は彼がスマホケースやメガネを扱ったり，色々なものを売ってきたの，グアテマラシティで．

　彼が最初にこっち（米国）に来たの．で，私の旅費を貯めてくれてね．彼は自分の息子と先に来てたのよ，同じ2016年だったけど，3月にね．で，私は（その

38 第Ⅰ部　ラテンアメリカ域外移民

　あと11月に）娘と一緒にこっちに来たの.

16歳で監禁されてから両親は彼女の居場所を知らず，調査時点でも両親や7人兄弟との連絡はほとんど取れていなかった．このように，内戦後次第に本国で勢いを増してきた大ギャング集団，マラスの犠牲者として，とにかく身の危険から逃れるために遠回りはしたものの，ようやく米国にたどり着いたのであった.

4　男性移民の移民理由の特徴

　筆者らの男性被験者は，17名であった．渡米時期による内訳は，内戦前が2名，内戦期が8名，そして内戦後が7名である．女性被験者（14名）と異なる顕著な特徴の1つは，男性移民の渡米年齢の平均が圧倒的に若いことである．女性の平均が28.0歳に対し男性平均が19.7歳であり，個人差はあるが男性の方が8歳ばかり早く渡米したことになる.

　以下では，女性移民の比較対象として，男性移民の移民事情を時期別に見てみよう.

4.1.　内戦以前の男性移民

　セサル（César）は，1973年，21歳か22歳の時，1人で密入国した．「政府による弾圧があって，若者にとって将来がないと思ったから，（中略）自分の将来のために，出国しようと考えた．（中略）当時の大学では（中略）反体制思想が広まっていて，大学に入ったら，ますます危険になると感じて，出国を決めた」と話す．「当時，父はおらず，母と住んでいたが，母にはもっと若い頃に，仮定の話として出国を考えていることを話していて，賛成してくれていたが，22歳になって実行に移す時は無断で，決行した」という．いずれ"一家の大黒柱"となる自分の身を案じた政治的理由による行動であり，人生のもっと早い時期から移民を考え，母親もそれに同意していたようである．"男は早晩，米国行きを目指すもの"といった暗黙の了解のようなものが，当時の本国社会には存在したということであろうか.

　ペドロ（Pedro）も，同じ年に，14歳か15歳で，メキシコ経由で家族に無断で1人，観光客として入国した．移民動機については，まだ始まっていなかった

内戦との関連性はないとしながらも，「自分のやることを自分で探すため」と説明する．両親と兄弟姉妹4人を残して発つというつらい思いをしてまで決行した理由は，「貧しい人々はいい暮らしができないから」という．自分の進む道を切り開くためとしながらも，家族の経済的事情にも言及している．経済的理由が影響した個人的理由と考えられる．

二例とも当事者の年齢が若く，おそらく妻子もおらず，まずは自分の将来を考えて行動できたのであろう．セサルは母子家庭という境遇ゆえに，ペドロは十代半ばであったがゆえに，身内に移民計画のことを話してもし反対された時のことを考え，秘密裏に行動したのかもしれない．

4.2.　内戦期の男性移民

内戦期に渡米した男性被験者8名の事例のうち，一緒に移民行動を起こした人々の性別が必ずしも男性だけではなかったものが5例あり，男性移民の例と一概に言い切れないが，とりあえず，以下に見るように共通の移民動機に何らかの形で「内戦」が関係していたことは否めない．

4.2.1.　友人とともに決行：家族の同意については不明

アルトゥーロ（Arturo）は，1979年，28〜29歳の時に，男性の友人と2人で密入国を目指すグループに加わり，陸路で入国した．主な動機は，「大学生に対する政府の弾圧」という内戦状況から逃れるためであった．同じく，80年，22歳の時，友人5人（全員男性）と陸路で非合法入国をしたホルヘ（Jorge）は，政府側，反政府側の双方から若者への執拗な入隊勧誘があり，応じれば家族が危険にさらされることを懸念して行動を起こした．兄弟の中では最初の移民者で，家族全員を残してくる辛さはあったが他に選択肢もなく，渡米後は家族たちが早く渡米できるようにと送金を続けた．この2人はいずれも，家族の同意を得たかどうかは不明である．もしかしたら，セサルやペドロと同様に，家族に反対される，あるいは家族に何らかの危害が及ぶことを恐れて家族に無断で行動を起こしたのかもしれない．

4.2.2.　家族の同意を得て，あるいは家族同伴で決行した事例

カルロス（Carlos）は1989年，19歳の時，1人，非合法で渡米した．彼がゲリラや軍隊に入らなくてもよいようにと願う両親の決断によるもので，政治的

40　第Ⅰ部　ラテンアメリカ域外移民

庇護を求め，そしてよりよい生活への期待からの行動であった．ここでは，政治的理由と経済的理由が見られ，両親の同意も見られた．他の事例と比べると，コヨーテも雇わず，十代の単独非合法入国としては最も危険な例と言えるが，米墨越境時は道に明るい友人の助けがあったという．

　次に，家族同伴の，あるいは家族を交えた移民の事例である．これらは，必ずしも男性が中心となって起こした行動と見なせないかもしれない．まずは，十代の本人に安全上，親族が同行した事例を挙げる．エンリケ（Enrique）は1983年，15歳か16歳の時，母親，兄弟姉妹，従姉妹とその夫，女友だちを含めた7人で密入国した．ゲリラや政府軍のリクルートから逃れられるようにと，祖母がわざわざ非合法滞在中の母親を米国から呼び寄せ，移民一行に同行させた．ここでは家族の同意があった．同様の例に，90年，17〜18歳の時，父の要請で米国市民権を持っていたおばが本国まで迎えに来て，彼女とともに非合法入国を果たしたフェルナンド（Fernando）がいる．これとは別に，観光ビザによる安全な手段で入国し，その後，超過滞在となったであろう事例に，91年，13歳で両親とともに渡米したフリオ（Julio）がいる．

　続いて，成人した男女の移動の例である．ロベルト（Roberto）は，1981年，26歳で妻とともに空路で移動した．75年に渡米した兄が米国人女性との結婚により永住権を取得していたおかげで，2人とも永住権を持った入国となった．反面，4人の幼い娘たちを本国に残る母に託さなければならなかった．内戦を逃れるため，が動機であったが，まずは米国側から送金による支援をしながら，最終的には4人の娘を米国に呼び寄せることが果たせた．“終わりよければすべてよし”である．また，84年，23歳で恋人とともに，家族全員を本国に残して非合法移民したイバン（Iván）は，「エルサルバドル軍が若者を弾圧していた」という理由を語った．

　以上のように，十代の男性が徴兵の対象となり，また若者が政府軍の弾圧の対象となるという政治的理由により，家族の同意の有無にかかわらず，内戦時はまずは男性がそこから逃れることがほとんど当然視され，女性よりも渡米することに周りからの抵抗がほとんどなかったように考えられる．しかしながら，年齢層の差こそあれ，女性よりも男性の方が突発的でなく，むしろ計画性のある移民行動を取っているようにも見受けられる．

4.2.3.　内戦後の男性移民

　前述のように，内戦終了後間もなくして，本国の経済状況が悪化し，また2000年代に近づくと，犯罪組織という新たな恐怖が米国への移民の流れを継続，あるいは増大させることとなる．

　まずは，非合法移民の事例を扱う．パブロ（Pablo）は1995年か96年に，11歳か12歳で，1人，非合法越境した．父親が雇った数人のコヨーテの連携による手助けがあったが，被験者のなかでは最年少で単独，非合法入国を成し遂げた人物である．内戦の影響を受けて，88年か89年に父親がまず渡米し，その1～2年後に母親も渡米，本人は祖父母の世話を受けていた．動機は犯罪組織からの暴力から逃れるため，であったが，両親が米国で待っているという安心感もあった分，突然襲いかかった恐怖を前におそらくほとんど無計画な移民行動を取らざるを得なかったのであろう．同じく，犯罪組織からの脅迫や暴力，加入の勧誘から逃れて弟と2人で非合法で越境したアルフレード（Alfredo）は，2016年，17歳の時，母親や弟・妹たちを残し，母親の希望で行動を起こした．在米中のおばの助けもあって，調査時には政治的庇護の申請も行っていた．

　次に，1998年，26歳で家族を経済的に助けるためにより良いチャンスを求めて1人，非合法で渡米したビクトル（Victor）がいる．妊娠中の妻（調査時には離婚していた）を家族のもとに残しての旅立ちであったが，生まれた男子は妻が世話をし，成人後もその息子に仕送りを続けているという．同じく，子ども4人と妻を残して家族を経済的に支えるために単独で非合法越境したミゲル（Miguel）は2004年，33歳の時，TPS を持つ在米中の従兄弟の支援を受けて，コヨーテを利用して渡米を果たした．

　ほかに連鎖移民の一環で合法的に入国した事例として，1985年か86年に渡米して90年に両親を呼び寄せた年長の姉の助けで，99年，17歳（あるいは19～20歳か）の頃，妹とともに永住権資格を持って渡米したウーゴ（Hugo），そして，84年に非合法入国して2002年ごろに米国市民権を取得していたおばの助けで，学生ビザを持って2008年に15歳で渡米したハビエル（Javier）がいる．彼は，犯罪組織から逃れることが渡米の目的であった．さらに，内戦期の80年代に渡米し米国市民権を取得した祖母のおかげで永住権資格を持って，2014年，15歳で母と女兄弟とともに入国できたホセ（José）がいる．このように，被験者がその家族の中では必ずしも移民第一号ではなく，むしろ移民の連鎖がある程度進んだ段階での行動を経験している場合もある．

おわりに

　女性移民と男性移民の特徴の違いを語る時，そこには各被験者の個人差があることも否定できない．しかし，被験者各人の移民理由を分析整理してみると，総じて女性移民からは個別具体的で特異なストーリーが語られたのに対し，男性移民では他にもほぼ共通に見られる理由を提示することで調査者の同意を得ようとするような，むしろ限られた社会集団の人たちであるならば誰しもがほぼ共通に抱えている悩みを移民理由として示すような語りをしている．

　そういう意味では，ゼントグラフが自らの調査を通じて指摘したことが筆者らの調査でもある程度，同様に見られるといえる．すなわち，チンチジャらが1980年代に渡米した中米系移民の特徴として，「政治的理由」ないし「政治的理由と経済的理由が合わさったもの」が「経済的理由」あるいは「個人的理由」よりも強い，と指摘していること（Chinchilla et. al. 2004 : pp. 195-196）は，実は主にその時期の渡米者の多くを占めた男性移民の特徴といえ，女性移民はむしろ，政治的要因よりも経済的要因の方を，さらに経済的要因よりも個人的要因の方を強調する（「政治的」＜「経済的」＜「個人的」）傾向が強いというゼントグラフの指摘（Zentgraf 2005 : 66, 68-69）が今回のインタビュー調査結果にも当てはまる．ただし，ゼントグラフの2005年発表の調査結果は70年代～80年代にかけて到来した中米系移民女性を対象としている一方，筆者らの2017年調査では1980年代から2017年調査時までに到来した者が対象の中心となってはいるものの，上記の特徴は1970年代以降の移民についてあてはまるといってもよいであろう．

　では，なぜそうなるのか．これはまだ，推測の域を出ないが，十代の若いうちから米国行きを夢見てその機会を狙うのが当然のことと社会から見なされている男性に対し，女性はそれがまだ当たり前ではない社会状況において，自らが移民するしかほかに手段がなくなった場合（時にはそれが中年者・高齢者になってからであろうと）には，移民する喫緊性を周囲の親類縁者に証明し納得させるためのれっきとした事由が必要となると考えられるからではないだろうか．そのため，男性移民の場合は社会一般に共通する事由を語ればよいのに対し，女性の場合はむしろ個別具体的に自らの境遇を時には饒舌と思われるほどまでに，入念に説明しなければならないのであろう．

第1章　女性が移民を決意するとき　*43*

　今回の調査でもう１ついえることとして，近年の女性移民研究では，特に中米系移民女性が扱われる場合，その多くが彼女らを「暴力」の真正な犠牲者として描かれることがあまりにも多い印象を受ける．なるほど，そう見てもおかしくない事例が山ほどあることも否定できないが，筆者らの収集した事例では必ずしもそのような特徴が強く見られるといえるわけではない．むしろ自分を含めた困窮状態の家族を支える可能性を秘めた人間として，時には危険を冒してまで，米国を目指す勇ましくも健気な姿が中心に見られる事例も同様に存在する．このように，運命に翻弄される犠牲者的側面とともに，決して自ら置かれた境遇に押しつぶされてしまうことなく，とにかくそこから這い上がろうと必死にもがき運命に抗っている生きざまが感じられる彼女たちの勇ましさ，したたかさもまた見るべき側面として重要と思われる．それら両面を見てはじめて，今現在も継続してやまない移民の流れのなかで奮闘する女性の真の姿をうかがい知ることが可能となるといえよう．

　［付　記］

　本章での執筆分担は以下の通りである．中川正紀は，論文全体におけるデータ分析・論考および執筆を担当した．一方，中川智彦は，インタビュー準備に向けた現地協力者との調整，インタビューにおける聞き取り，文字起こし，インタビュー内容の整理と文章化および正紀執筆原稿のインタビュー内容確認と校正意見を担当した．

注

1）1970年代の対米エルサルバドル系移民の増加の原因の１つに，69年７月に起きた，いわゆる「サッカー戦争」後，ホンジュラスで移民労働者をしていたエルサルバドル人10万人以上が本国送還された事件も指摘できる（Cruz 2013：214）．

　　一方，南カリフォルニア経済の再編によるサービス業職の増加について，詳しくは，中川ら，2011年，pp. 188-189，を参照．ゼントグラフは，ロサンゼルス経済の再編の結果，ラテン系移民女性の雇用がかなり増加した分野として，歴史的にラテン系移民女性が集中していた衣料産業とサービス業，およびエレクトロニクスをはじめとする新興の労働集約部門を挙げている．アパレル産業はLA経済の中心をなし，全米での斜陽化傾向に比して，LAでは衣料製造業での雇用が伸びているという．伝統的製造業が危機的状況の時に，政府による防衛産業・航空産業への支出が拡大したことで，エレクトロニクス産業が発展し，雇用が増大した．そして，1960年代〜70年代以降，製造業での雇用の鈍化に伴う，サービス業での雇用の増加が，著しい．例として次の業種がある．ホテ

ルやオフィスの清掃業，専門店での調理，縫製・仕立て直し，洗髪・マニキュア師その他の未熟練の美容業やケータリング，移民コミュニティ向けのサービス（ベビーシッター，調理，縫製など），個人宅での雇用（家事労働者など）（Zentgraf 2005：76-78）.

2）米国の首都ワシントン DC に渡ったエルサルバドル系をはじめとする中米系の歴史については，Terry A. Repak（1995）を参照.

3）このことを裏付けるためにゼントグラフは1990年の米国国勢調査結果データを挙げ，50年以前と70〜74年の期間にロサンゼルスに到来した女性移民の割合はかなりの数に上り，特に70〜74年の期間には，エルサルバドル系全体の63％，およびグアテマラ系全体の60％が女性であったという（Zentgraf 2005：65）.

4）ゼントグラフが批判する「1980年代まで残存した米国移民研究における前提的な移民像」とは，典型的に経済的な動機を持った若い男性が，家族のために「道を切り開く」，あるいは，移民して本国に残した家族を養うために奮闘する姿をいう.（Zentgraf 2005：66-67）

5）アブレゴによれば，観光ビザを入手するには本国エルサルバドルをはじめとする中米諸国では基本的に財産と信用の問題が伴う.「超過滞在」に利用されることを恐れて，エルサルバドルの米国大使館は，観光ビザ申請者に相当な額の財政証明，持ち家所有，仕事の安定性を認可条件として要求するが，実際にその全てを整えるのは，大半のエルサルバドル人にとっては不可能に近いという（Ábrego 2014：16）.ましてや，永住ビザに関してはアメリカ合衆国市民あるいは永住権保持者の直系親族がいなければ，入手は不可能である.

6）パメラは後出のビクトルの妻であり，インタビューの合間に2人に「米国とエルサルバドルとでは女性の扱われ方に違いはあるか」と尋ねたところ，パメラはだいぶ違うと，ビクトルはあまり違わないと答えた.特に，パメラはこの時米国市民権を持っており，ビクトルはこの妻のおかげで永住権を取得し市民権への道も開かれることになっていたため，パメラの方はビクトルに気兼ねすることなく正直に自分の意見を述べたと考えられる.それだけに，本国では男性であることで優遇される部分が多々あったにもかかわらず，ビクトルは全くと言っていいほどそのことに無頓着であった.差別する側は差別の状況自体に鈍感になることを示す好例として，興味深い.

7）詳しくは，中川正紀（2018年），を参照のこと.

8）ププサ（pupusa）とは，エルサルバドルの主食で，トウモロコシ粉（地方によっては米粉）から作ったトルティージャのなかにチーズ，豚肉，豆などが入ったものである.キャベツ，タマネギ，ニンジン，オレガノその他の香辛料の酢漬けをトッピングしたりする.（Córdova 2005：140）

9）短期被保護資格（TPS）は，一定の条件に合致した外国人に対して，暫定的に居留・労働を認める制度で，出身国が災害等の特別な事情を抱えて国民の大量帰還に耐えられないケースなどを対象に，国別に適用される.現在エルサルバドルに対する TPS の適用期間は18カ月で，2001年2月13日以前から継続的に米国内に居住していることが条件となっていて，調査時は，12期目（2016年9月〜2018年3月）にあたった.

10）アムネスティ・インターナショナルの報告書には，エルサルバドルでソーダ売りをする32歳のトランスジェンダー女性，パトリシアの事例が紹介されており，月50〜100ド

ルのみかじめ料を強要され，支払いができないばかりに地元ギャングから脅され，本国を逃れなくてはならなくなった．ギャングがらみでは加入を強要される男性ばかりではなく，女性もこのような形で犠牲者となり国を脱出せざるを得なくなる事例はざらにある（Amnesty International 2016：16）．

参考文献

中川正紀（2018）「内戦終了後のエルサルバドルからの対米移民の継続的流入とその原因：暴力から逃れて来る移民たち」『フェリス女学院大学文学部紀要』第53号，pp. 137-156.

中川正紀・中川智彦（2011）「ロサンゼルス地域におけるエルサルバドル系住民の政治意識と政治行動：2010年9月の現地予備アンケート調査の結果に基づいて」『フェリス女学院大学文学部紀要』第46号，pp. 183-204.

Leisy J. Ábrego（2014）*Sacrificing Families: Navigating Laws, Labor, and Love Across Borders*, Stanford: Stanford University Press.

Amnesty International（2016）‘Patricia: Transgender Woman who Just Wanted to Sell Soda,’ in “Home Sweet Home?: Honduras, Guatemala and El Salvador's Role in a Deepening Refugee Crisis,” p. 16（スペイン語版もある）.

Norma Stoltz Chinchilla and Nora Hamilton（2004）“Central American Immigrants: Diverse Populations, Changing Communities,” in David G. Gutiérrez（ed.）, *The Columbia History of Latinos in the United States since 1960*, NY: Columbia University Press, pp. 187-228.

Carlos B. Córdova（2005）*The Salvadoran Americans*（*The New Americans*）, Westport: Greenwood Press.

José Miguel Cruz（2013）“Beyond Social Remittances: Migration and Transnational Gangs in Central America,” in Susan Eva Eckstein and Adil Najam（eds.）, *How Immigrants Impact Their Homelands*, Durham and London: Duke University Press, pp. 213-233.

Cecilia Menjívar（2007）“El Salvador,” in Mary C. Waters and Reed Ueda with Helen B. Marrow（eds.）, *The New Americans: A Guide to Immigration since 1965*, Cambridge: Harvard University Press, pp. 412-420.

Cecilia Menjívar, Leisy J. Ábrego, and Leah C. Schmalzbauer（2016）*Immigrant Families*（*Immigration & Society*）, MA: Polity Press.

Yajaira M. Padilla（2012）*Changing Women, Changing Nation: Female Agency, Nationhood, & Identity in Trans-Salvadoran Narratives*, Albany: State University of New York Press.

Terry A. Repak（1995）*Waiting on Washington: Central American Workers in the Nation's Capital*, Philadelphia: Temple University Press.

Kristine M. Zentgraf（2005）“Why Women Migrate: Salvadoran and Guatemalan Women in Los Angeles,” in Enrique C. Ochoa and Gilda L. Ochoa（eds.）, *Latino Los Angeles: Transformations, Communities, and Activism*, Tucson: The University of Arizona Press, pp. 63-82.

付録

インタビュー調査の概要

インタビュー調査は，2017年8月19日から30日にかけて米国カリフォルニア州ロサンゼルス市にて実施した．対象は16歳以上の本国生まれのエルサルバドル系移民に限定し，主に2017年2～3月に同市で行ったエルサルバドル系対象のアンケート調査の質問項目を指標にして聞き取りをした．

主な場所はエルサルバドル系起業者支援組織，コレドール・サルバドレーニョ（Corredor Salvadoreño）のオフィスおよび地元のNGO組織，エル・レスカテ（El Rescate）のオフィスで，前者では組織代表者が急きょ，手配してくれた22名，後者ではオフィスの訪問客にその場で事情を話してインタビューに応じてくれた9名を対象とした．使用言語はスペイン語であったため，智彦が主たるインタビュアーとなり，アンケート調査用紙の質問項目をたどりながら，特にこちらが重点的に知りたい事柄について時間を割き，聞き取りを行った．正紀はインタビューをそばで聞いていて，とりわけ関心が強い女性移民の移動理由や移動の際の身近な親族たちの反応などについて聞き漏らしがあれば，追加して尋ねてもらう形でインタビューを進めた．

音声記録はインタビュー対象者の合意のうえでボイスレコーダーを用いて行い，文字起こしとスペイン語からの翻訳はインタビュー主担当者の智彦が行った．本稿に出て来るインタビュー記録のほとんどと会話の翻訳は智彦によるものである．

ご協力いただいた多くの方々に心より感謝したい．

第1章　女性が移民を決意するとき　*47*

表1-1　インタビュー被験者のデータ

仮名	調査時の年齢	生年月	入国年	入国時の年齢	入国許可書の有無
女性					
Alejandra	57（58）	1959.5	1984	24～25	観光ビザ
Ana	57	1960.7	1973	13	永住権
Beatriz	58	1959.5	1980	21	非合法
Cristina	34	1983.2	2002	19	非合法
Francisca	58	1959.1	1983	24	非合法
Juana	59（61）	1956.1	1998	42（？）	非合法
Lorena	65	1952.8	1995	42～43	非合法
María	38	1978.9	2004	25	非合法
Pamela（妻）	43	1973.11	1992	17～18	永住権
Raquel	71	1946.6	1986	39～40	非合法
Rosa	29	1987.9	2016	29	非合法
Silvia	38	1979.6	2000	20	非合法
Susana	87	1929.10	1988	58～59	非合法
Teresa	29	1987.11	2003	16	非合法
男性					
Alfredo	18	1999.4	2016	17	非合法
Arturo	67	1950.5	1979	28～29	非合法
Carlos	47	1969.9	1989	19	非合法
César	66	1951.8	1973	21～22	非合法
Enrique	50	1967.7	1983	15～16	非合法
Fernando	43（45）	1972.7	1990	17～18	非合法
Hugo	37	1979.12	1999	17（19～20）	永住権
Iván	55	1962.2	1984	23	非合法
Javier	24（25）	1992.7	2008	15	学生ビザ
Jorge	59	1958.2	1980	22	非合法
José	19	1998.7	2014	15	永住権
Julio	39	1977.10	1991	13	観光ビザ
Miguel	47	1970.7	2004	33	非合法
Pablo	33	1984.1	1995 or 96	11 or 12	非合法
Pedro	59	1958.8	1973	14～15	観光ビザ
Roberto	62（63）	1954.6	1981	26	永住権
Víctor（夫）	45	1972.8	1998	26	非合法

第2章 ニューヨーク大都市圏におけるメキシコ移民女性のアクティビズム
——トランスナショナルな社会空間におけるエンパワーメント——

北條ゆかり

はじめに

問題の所在

「移動の女性化」(feminization of migration) という現象が1980年代以降広くみられるようになったとよく言われるが，実際には1950年代から女性国際移民の割合は絶えず40％を上回っていた (Gaye and Jha 2011：49)．にもかかわらず，移民のジェンダー関係に着目する研究は立ち遅れた．移民研究において移民労働者としてまず表象されたのは男性であり，移民女性は男性家族（夫，父親，兄弟など）に同伴する，ないし呼び寄せられる家族移民として捉えられたのである．移民研究において女性が独自に注目されるようになったのは，ようやく1980年代に入ろうとする頃のことであった[1]．

そのさい，女性移民は，家事労働や保育などのいわゆる再生産労働の分野，したがって雇用主の家庭内という閉ざされた私的空間で就労し，男性移民以上に差別や不当な雇用条件にさらされることが注目された．さらに，わが子を母親や姉妹に預けて単身赴任するという「グローバルなケアの連鎖」にも視野が広げられ，再生産労働の女性に偏った負担という，本来，男性と女性との間に存在する矛盾が，メイドを雇用する女性とメイドとして雇用される女性という女性間の対立にずらされ，さらに移民女性の留守宅の再生産労働の負担者というかたちでトランスナショナルに，より多くの女性たちを巻き込んだ矛盾へと展開していることが明らかにされた (伊藤・足立 2008)．

こうして，かつての男性の視線での移民研究に新たな側面が開拓されたのだ

が，経済のグローバル化の進展，それに伴う女性移民の増加は，女性移民の質的変化をも随伴した．その結果，ラテンアメリカから米国への移民の流入と労働のあり方を理解するための分析枠組みとして，多角的なジェンダーの視点を取り入れることが重要となってきている（Caicedo Riascos 2010 : 123-132）．女性が雇用や教育・起業の機会を得るために，世帯主としてまたは子どもを残して単身で，自らの意志で移住することも今日では稀ではないからである．これまで移住動機の主たる源泉と考えられてきた「集合的な移動の意思決定の場としての世帯」（Hondagneu-Sotelo 2003）を一旦解体し，女性をも主体的な移民行為の担い手とみなす視点に立つ必要がある．

　駐ロサンゼルス・メキシコ総領事が著したメキシコ移民の最近の変容に関する論考（Garcia de Alba 2018）によれば，女性割合が44.1%（2007年）から47.1%（2013年）へと増加しつづけるとともに，就労分野ではサービス業，製造業，商業が主流となっている．さらに，25歳以上の移民のうち中学校卒業者は50%に近づき，今世紀初頭には5分の1だった英語を話せる者が近年では3分の1にまで増えている．しかも，このような変化は次のような重要な異変をも惹き起こしている．すなわち，米国勢調査局の最新統計によれば，自身で事業を立ち上げる移民女性の数が米国生まれの女性を上回った．その大半がメキシコ人で，全米の移民実業家女性の4割を占めているというわけである．

　たしかに，このような成功例とは裏腹に，教育機会を得られなかったために不利な労働条件を強いられる，あるいは幼児を抱えているために就労できない，といったハンディを負っている移民女性も依然として多い．メキシコ人口審議会が公開している「在米メキシコ人女性の特徴と現状に関する調査報告」（Angora 2010）によると，在米移民のあいだでは女性世帯主が増加しており，メキシコ国内の割合を上回っている．しかも，在米180万の女性世帯のうち120万世帯が貧困状態にあり，その多くは18歳未満の子どものいる世帯である．子どもが増えるにつれ貧困の連鎖を生んでいる．したがって，上述のような移民女性の質の変化を過大評価することは危険である．だが，この質の変化に新たな展開への萌芽を見出すこともできるのではないだろうか．

　Zentgraf（2002）は，ロサンゼルスのエルサルバドル移民女性に対して行ったインタビュー調査を通じて次のことを明らかにした．すなわち，多くの女性にとって家の外での賃金労働は移民して初めての経験ではなく，世帯内での性別分業は米国への移住後もあまり変わらなかった．だが，新しい社会・文化的

コンテクストの中で伝統的なジェンダー役割を伴侶との間で交渉するにつれ，女性は自由を発見し，自信を持つようになっている，と．

　移民したことによって女性には具体的に次のような一連の変化が生じ，エンパワーメントの誘因となる．まず，米国で賃金雇用を手にしたことで世帯における発言力が強まる．また，公共／民間の助成制度の情報を収集し活用しつつ，職場や移民コミュニティや子どもの学校など公的領域への参加が拡がるにつれて，地域社会で主体的に行動するようになる．公的書類の提出などでしばしば役所へ出向く必要に迫られるため，移動するのに公共交通機関を使いこなすようになり，行動半径が広がる．そうした結果，コミュニティの構築と現状改革に対して男性より積極的にさえなってゆくのである．

　そればかりか，移民と出身地とのトランスナショナルな関わりも，既述したような再生産労働の負担関係に留まらないはずである．再生産労働の負担関係はたしかに重要な問題であるが，女性移民の質が変化してきたとき，彼女たちと出身地との交流にも新たな可能性が開け得るのではないだろうか．

　本章では，こうした問題意識の下，移民女性が代表者として牽引してきた，定住地における自助組織を拠点とするアクティビズムに着目し，彼女らが自己の使命あるいは挑戦とみなすことにどのように携わっているのかを考察する．そうすることで，移民女性たちがコミュニティに根を下ろした草の根活動をいかに繰り広げ，その過程でどのようにエンパワーメントしているかを探り，新しい動向の一端を明らかにする．さらに，移民コミュニティと出身地域とを結ぶ彼女たちのトランスナショナルな地域開発への挑戦にも目を向ける．こうした考察を通じて，グローバル化がますます深化し，矛盾が尖鋭化しつつある現代において，それに抗する移民女性主体のアクティビズムがいっそうの広がりを遂げてゆくための手掛かりをも探りたい．

調査の方法と理論枠組み

　ニューヨーク大都市圏に位置するニューブランズウィック市（New Brunswick, Middlesex County, New Jersey 以下，NB, NJ と略す）を拠点として移民が組織する NPO 法人「ラソス・アメリカ・ウニーダ」（Lazos América Unida 以下，Lazos と表記）の代表女性，テレサ・ビバール（Teresa Vivar 以下，テレサと記す）に対し，2011年3月に始まり，翌年3月，9月，2013年及び2014年の3月，さらに2017年3月，8月，2018年2月と8回にわたって，その都度2–3週間程

度の短期間であったが，インタビューを重ね，活動の参与観察を行ってきた．また，テレサの人的ネットワークを通じて，Lazos の主要メンバーや相談役のみならず，在ニューヨーク・メキシコ領事館，プエブラ州政府の出先機関（Mi Casa es Puebla），ニューヨーク大都市圏のメキシコ人コミュニティで影響力を揮う古参事業家[2]らに対する聞き取り調査が可能となり，在米移民をいかに擁護するかについて，多様な立場からの意見を聴取することができた．

　本章の鍵概念となるのは，「トランスナショナリズム」と「エンパワーメント」である．グローバリゼーションが進むにつれ，国家は調整者としての役割を十分果たせなくなり，代わってさまざまな主体が各領域で影響力を増してきている．NGO／NPO やエスニック集団，多国籍企業から国際機関まで，相異なるアクターが国民国家の境界を越え，多様な関係を結びネットワークを拡張しながら，新たな公的空間を構築するに至っている．特に1990年代に入ると，移動の加速化，インターネットをはじめとするコミュニケーション技術の発達と普及のなかで，移民が出身地と受入れ社会を跨いで織りなすネットワークに基づく越境的な社会空間や，そのなかでの新しい実践と意識としてのトランスナショナリズムが注目を集めるようになった．Basch, Glick Schiller and Szanton Blanc (1994) によれば，トランスナショナリズムとは「移民が日常的な社会・経済・政治的関係を通して国境を越える社会的フィールドをつくり出す過程」ということになる．

　一方，エンパワーメントは，第2回国連世界女性会議 (1980年) の頃から「南」の女性によるネットワークにおいて使われ始めた用語である．社会的な力を持たず，意思・方針決定への参加の機会を得られなかった女性たちが，ネットワークをつくって社会・政治の「変化の担い手」となっていく過程や運動に，したがって女性の組織化，変革者としての自己に対する自信，問題解決能力などに，着目したものである．その後，この言葉は広く普及し，女性学においても，女性を「変化を引き起こすパワーを持つ主体的存在」と見なし，その能力を備える過程を表現する用語として定着している．また，原点となった世界女性会議において経済中心の開発概念が批判され，開発とは経済のみならず社会的・文化的側面を含む概念であることが強調された[3]ことを受けて，「パワー」には，個人的レベルでの自己決定能力や法的・経済的能力のみならず，幅広く社会的能力が含まれると解釈されるようになっている．

　こうして本章では，Lazos という NPO 移民組織とそのリーダー女性が，移

52　第Ⅰ部　ラテンアメリカ域外移民

民コミュニティと出身地域にまたがるトランスナショナルな社会空間にコミットする過程で実現しているエンパワーメントに焦点をあてる．以下，次節において，本章の考察の背景をなすメキシコからの移民の変遷と調査対象地域について概観したのち，第2節でLazosとその女性リーダーが地域において，またトランスナショナルに，展開するアクティビズムを分析することとする．

1　対米メキシコ移民の推移と調査対象地域

1.1.　ラティーノ[4]人口に占めるメキシコ移民の位置づけと変遷

　米国のラティーノ人口は5800万人（2016年）を数え，総人口の18%を占めるに至った．このうちの3600万人（63.3%）を在米メキシコ人とメキシコ系米国人が占めている．また，ラティーノ人口のうちでは，米国生まれの割合が59.9%（2000年）から65.6%（2015年）へと増加してきている[5]．

　他方で，Pew Research Center（2017年5月3日付）によると，2015年時点での在米移民人口は4480万人[6]で，正規移民が3380万人（75.5%）——帰化し市民権を持つ者が1980万人（44.1%），永住権保持者が1190万人（26.6%），一時的正規滞在者が210万人（4.8%）——，そして非正規移民が1100万人（24.5%）を占めていた．すなわち，全移民の4人に1人が非正規身分ということである．それに対して，メキシコ移民の総人口は1160万人（全体の26%）で，2人に1人が非正規と推計されている．このように，本章が考察対象とする在米メキシコ移民は，外国生まれ人口の最大集団であると同時に，非正規身分の割合が最も高いという特徴を有している．

　こうしたメキシコ移民の属性を，移民政策の変遷と絡めて歴史的に確認しておくと次のようになる．対米メキシコ移民が急増し始めた1980年代初頭の移民に共通する特徴は，次の4点で表すことができた．就学年数の短い農村の男性，若者，一時雇用，非正規である．その多くはミチョアカン，グアナフアト，ハリスコ各州のような中西部出身者であった．同じ頃，遠隔の南部オアハカ州やチアパス州からも先住民男性の米国への越境が始まった．このオアハカの先住民の国外への移動は，黒田（2013：143-148）が明らかにしたような，メキシコ国内での数々の重層的なトランスボーダーな移動の極みとして行われる従来のタイプの越境とは異なり，定着した移民ネットワークを活用し，先に移住に成功した同郷の人物を頼って米国へ直接向かう型の嚆矢であった．

第2章　ニューヨーク大都市圏におけるメキシコ移民女性のアクティビズム　*53*

表2-1　在米非正規移民の出身国／居住州別推計人口

（単位：千人）

出身国／居住州		2010年	2011年	2012年	2013年	2014年
	合計	11,590	11,510	11,430	11,900	12,120
出身国	メキシコ	6,830	6,800	6,720	6,650	6,640
	エルサルバドル	670	660	690	710	700
	グアテマラ	520	520	560	610	640
	インド	270	240	260	360	430
	ホンジュラス	380	380	360	400	400
	フィリピン	290	270	310	370	360
	中国	300	280	210	230	270
	韓国	220	230	230	270	250
	ベトナム	190	170	160	180	200
	ドミニカ共和国	130	110	80	140	180
	その他諸国	1,830	1,670	1,850	1,960	2,050
	合計	11,590	11,510	11,430	11,900	12,120
居住州	カリフォルニア	2,910	2,830	2,820	2,950	2,900
	テキサス	1,780	1,790	1,830	1,820	1,920
	フロリダ	730	740	730	790	760
	ニューヨーク	690	630	580	690	640
	イリノイ	550	550	540	550	550
	ニュージャージー	440	420	430	440	480
	ジョージア	430	440	400	410	430
	ノースカロライナ	390	400	360	410	400
	アリゾナ	350	360	350	370	370
	ワシントン	260	260	270	260	290
	その他諸州	3,040	3,100	3,110	3,170	3,370

出典：国土安全保障省 移民統計局（2017年1月）.

　その後，1986年の移民改革統制法（IRCA）施行による在留資格の正規化[7]，1990年移民法による家族呼寄せ枠の設置，国境警備の厳格化，2008年経済危機以降の強制送還の増加といった状況の変化が，メキシコ移民の特徴を変貌させた．永住権を獲得した移民は母国の出身地との間を往還しつつも米国の受入れ社会に定住しようとし，新来の非正規移民も職を得て勤勉に働き社会の一員となることでもはや非正規移民労働者ではなく非正規移民「居住者」とみなされるようになり（Durand 2016：237），仕事を獲得し子どもをもうけた社会において居場所を要求するようになった．さらに，メキシコにおいて1997年に重国籍が認められ，一旦喪失したメキシコ国籍を回復することが可能となったという

要因も加わった．こうして，今日のメキシコ移民は，正規・非正規身分，滞在年数，性・年齢，社会的・文化的出自，出身地と定住地の地理的広がり，越境方法とルート，職種，世帯のあり方，移住動機（特に女性の），国籍に関する行動原理，帰化（米国市民権獲得）のパターン等のいずれの面でも多様化するに至っている．

ここで，米国内における移民人口の分布を把握するために Pew Research Center（2012年11月18日付）を参照すると，正規移民人口の上位 5 州は，カリフォルニア（1030万人），ニューヨーク（440万人），テキサス（430万人），フロリダ（370万人），ニュージャージー（190万人）であり，州人口に占める割合では，カリフォルニア（27%），ニューヨーク（23%），ニュージャージー（21%），フロリダ（19%），ネバダ（19%）であった．

他方，非正規移民の摘発強化・国外退去処分，国境警備の厳格化，米国民の反移民感情，それを煽る政治家の言動などのために，非正規移民の流入は近年減少したが，非正規のまま滞在を長期化させる移民が増えており，非正規移民人口の推移（2010-2014年）を，国土安全保障省移民統計局のデータに基づいて，出身国および居住州別に示すと表 2-1 のようになる．本章はニューヨーク大都市圏を考察対象地域としており，その中心をなすニューヨークとニュージャージー 2 州の非正規移民人口を合わせると，カリフォルニア（西部）とテキサス（南部）に次ぐ集住地域であることがわかる[8]．

1.2. 移民の定住地域（主たる調査地）と送出地域

Lazos が拠点を置くニューブランズウイック市（NB）は，「ニューヨーク大都市圏」（New York metropolitan area）と称される，ニューヨーク市および同市と隣接するニュージャージー州北・中部一帯を合わせた全米最大の都市圏に位置する．その中核地域は，ニューヨーク州・ニュージャージー州・ペンシルベニア州のニューヨーク－ニュージャージー北部－ロングアイランド大都市統計区域（New York-Northern New Jersey-Long Island, New York-New Jersey-Pennsylvania Metropolitan Statistical Area, 以下 MSA と略す）で，人口1,890万人（2010年，総人口の6.3%）を擁する[9]．

この地域に定住するメキシコ移民の大半は，メキシコ南部のプエブラ州，オアハカ州，ゲレロ州の海抜1200m 以下のいわゆる「暑い土地」（tierra caliente）にまたがる低地ミステカ地方出身の先住民系またはメスティーソの人々である．

第2章 ニューヨーク大都市圏におけるメキシコ移民女性のアクティビズム 55

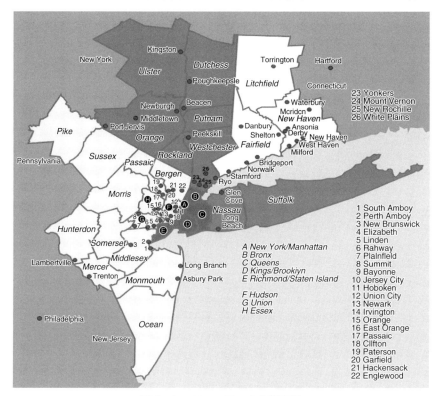

図2-1 ニューヨーク大都市圏

20世紀半ばにミステカ地方からニューヨーク大都市圏への初期の移住が始まったとされ[10]，19世紀半ばまでメキシコの領土であったカリフォルニアやテキサスに比べれば移民の歴史は浅い．だが，2010年の国勢調査によると1990年代以降の新来者が最も多いのがこの地域である．また，この地域のラティーノの主流を占めてきたプエルトリコ系やドミニカ系との共存も特徴的である．

NBは，ニュージャージー州の中央部に位置するミドルセックス郡の郡庁所在地で，人口は5万6910人（2016年推計 Population Estimates for New Jersey municipalities, US Census Bureau），その半数がラティーノで，プエルトリコ人に次いでメキシコ人が多い．最近ではインド，韓国などアジア系が増え，エスニシティの多様性が際立っている．大学付属病院が2つあり，製薬会社 Johnson & Johnson や Bristol-Myers Squibb が本社を構え，ヘルスケア・シティの異名を

56　第Ⅰ部　ラテンアメリカ域外移民

持つ．NB からニューヨーク市の中心部マンハッタンまでは列車で50分程度という通勤圏でもある．さらに，NB とその近郊には，ニュージャージー州立大学ラトガース校（Rutgers, State University of New Jersey 以下 RU と略す）のキャンパスが3つある．

　ニューヨーク大都市圏については，それがサッセン（2008）の解き明かした「グローバル・シティ」の最たるものであることにも注目しておきたい．金融，法律，会計，経営など高度な専門サービスを大企業に提供する企業が集中し，世界中の経済活動を支配している街であるが，高度専門職に従事する高所得者層の一方で，移民労働者を含む膨大な低賃金労働者がグローバル・シティを底辺で支えている．サッセン（1992：218, 234）はニューヨーク州労働局の主要サービス産業職業調査の資料を用い，低賃金職種を具体的に割り出したが，それらを見れば，ビル等の管理や荷物運搬等のほかに，家事労働，清掃，炊事場手伝い，客室係，洗濯など女性に求められる職種も多いことがわかる．

　加えて，世代間に生じている意識の変化にも触れておこう．NB のメキシコ人コミュニティの45％は市民権を有している．だが，選挙権を行使してこなかった．それに対して，若い世代は投票権の力を認識している．テレサは市長選挙，州議会選挙，大統領選挙とその都度，有権者登録を行い投票に向かうよう若者に呼びかけるメッセージを SNS 上で発信している．

2　アクティビズムを通じたエンパワーメント

2.1.　Lazos の活動牽引者テレサ・ビバール（Teresa Vivar 1974-　）[11]

　テレサは，2003年に Lazos を創設して以来，これまで精力的にその活動を牽引してきた．彼女を知ることなく Lazos を理解することは難しいので，まず彼女がどのように生きてきたかを振り返ることにする．

　テレサは，メキシコ・オアハカ州北西部のミステカ地方，マリスカラ・デ・フアレス（Mariscala de Juárez）のキウシ（Quiusi）村に12人兄弟姉妹の第一子として生まれ，のちに家族でミステカ地方の中心都市ウアフアパン・デ・レオン（Huajuapan de León）に移住した．ある時，米国に来る前から弱い立場の人たちのために尽くそうという心構えだったのかと訊ねたところ，「父のもとでいかに生きるべきかを学んだ．ミッション・スクールの司祭と修道女のもとで本をたくさん読んだ．書物で学んだ知識をもとに人の悩みに力を貸していた母は，

私たちの通う学校でボランティア活動をしていた．そんな家系だからアクティビストになる運命だったのね」と答えてくれた．また，子ども時代を振り返って，「両親は私が娘だからといって家事や妹弟の世話をさせようとはしなかった．神学校で本を読み耽って，男の子の恰好で『アレハンドロ』と名乗って，煉瓦職人の父について建設現場で働きもした．一晩中バスケットボールをして遊んでは，女の子のすることじゃないと近所で囁かれてもいたわね」とも語ってくれた．テレサが弱い立場の人たちのために燃やす使命感も，また既存のジェンダー意識に囚われない積極的な行動力も，このようにして両親の影響を受けながら子ども時代に培われたものであることがわかる．

　その後テレサは，市長の座にトリキ triqui 民族の人が就いたことで政治に関心を持ち始めた．サパティスタ先住民運動も支持してきたという．そして，地元の州立ミステカ工科大学（Universidad Tecnológica de la Mixteca 以下，UTM と略す）で１年間工業デザインを学んだ後，勉学継続を目的として1994年に20歳で空路渡米した．「メキシコには自分の居場所がないと感じていた．私はなにものからも自由で，旅人なの．異文化の中で生きてみたかった」．教育を受ける機会のなかった若い女性が非熟練労働の職を求めて越境するケースではなく，むしろ新しい資質を備えた女性移民とみなすことができる．

　カリフォルニア州サンディエゴにフランス人女性のベビー・シッターとして４−５カ月滞在した後，知人を頼ってニューヨークに移った．そして友人に同行し NB を訪れたとき，まさに神の啓示を受けたのだという．「神（テレサは Dios とは言わずに，いつも Creador という言葉を使う）は人を天職＝使命へと導いてくれる，人は神のために仕えるようになっているものなんだと思う」．

　越境した後に，ミグラ（移民取締員）から，そして移民で女性だということで受ける不当な扱いから身を守るための手段として，英語を身につける必要があると痛感したという．

　フランス語も学んでいたため NB ではまず化粧品会社に就職したが，方向転換し，ミドルセックス郡カレッジでビジネスを，のちにラトガース大学（RU）でマネジメントを学んだ．学位を取得したわけではなかったが，在学中に RU のラティーノ芸術・文化研究所（Center for Latino Arts and Culture 以下 CLAC と略す）と看護学部を足掛かりとして学生や研究者らと人脈を築いていった．

　「移民女性にとっての差別は家の中から始まって，移民コミュニティにも，地域や政府の組織にも広がっているの．それに，簡単に援助や施しを受ける人

たちの無気力やら勢力のある移民組織からの抑圧のせいで，せっかく生まれた組織もすぐに消えていってしまう」とも語る．

　Lazos は，次項で見るように，ボランティアだけで活動する NPO であり，規模や資金力は小さいが，最も脆弱な立場にある非正規移民が抱える諸問題に日夜取り組む移民当事者の組織である．テレサ自身もごく最近まで非正規身分だったのだが，Lazos の代表理事として社会運動家の道を歩み出した．その動機をこう語る．「Lazos を設立したのは，大学と，そのほか地元／州／連邦／国際機関と協働しようとするメキシコ移民の組織を創る必要があったから．移民組織の大半は教会絡みか文化関連の活動しかしない．でも Lazos は移民コミュニティのニーズに沿うために，多岐にわたる分野で活動に当たる組織なの」．こうして，テレサは，Lazos 設立当初から，市，州，連邦政府と協働するのみならず，トランスナショナルに活動しようとする展望を抱いていたことがわかる．

　では，創設後はどのようにして Lazos のネットワークや人脈，人的資源を拡張していったのか．「あらゆる集会や講演会に参加して，聴講し勉強することで情勢を掴めるようになった．会合に出ることは重要だと考えていた．そうすることで人と資源がどこにあるのかわかるようになってきた」とテレサは振り返る．どんな方法と戦略で公的機関と交渉できるようになったのかと問えば，「簡単ではない．組織を指揮する人物と向き合って話せなければ事は動かないのだから．こちらの話に耳を傾けてくれる時もあるけれど，だめな時は対話を実現するために仲間を動員しなくちゃならない」．

　こうしたテレサのエンパワーメントの過程を垣間見ることのできる逸話がある．テレサと組んで移民コミュニティを対象とする調査・分析を行った RU の栄養学研究者の証言である．移民女性たちがどのようにコミュニティに順応しているのかを知りたく思い，食習慣と栄養についての知識を問う質問票をテレサとともに作成した折，自分はコミュニティのアウトサイダーだと感じ，なかに入っていけなかった．だが，協働の仕方をテレサがじっくりと教えてくれたという．「テレサは，橋渡し役になるのがとても巧くて，グループを共にまとめ上げる能力が抜群で，しかもきわめて腰の低い人．コミュニティの仕事に不可欠な資質が備わっていると思う．信念に従って動いているからでしょうね」とその研究者は語った．

　テレサがごく最近まで非正規移民であったことについて少し敷衍しておこう．

テレサは，同郷（ウアファパン）の男性との間に事実婚で３人の子どもをもうけたが，別れた後市民権のあるメキシコ移民（プエブラ出身）と結婚したことで身分の正規化が可能な境遇となった．しかし，20年以上もの間，非正規移民の立場を貫き通した．子どもたちのために永住権取得を考えたこともあったが，「非正規の立場でどこまで移民の権利擁護運動を展開できるか試したいの」と明言し，ずっと堂々と本名で活動していた．ただ，この非正規という身分がテレサ個人にとってみればやはり重い負担であったことは，2018年２月にグリーンカード保持者（residente）となって初めて帰国したさいに実家に立ち寄り両親と十数年ぶりに再会したときの様子からも十分に窺い知れた[12]．

　テレサは Lazos を当初からトランスナショナルな活動を展望した組織として設立した．その背景には自らの出自に対する深い想いがあった．

　まず，テレサの郷里オアハカ州について確認しておく．メキシコ統計地理局（INEGI 2016）によれば，2015年時点で，住民の40％以上が先住民語話者であるムニシピオが全国に494存在する．そのうちの245がオアハカに集中している．また，経済活動を行う先住民語話者女性の32.2％が小商い，つまりインフォーマル・セクターで働いている．さらに，先住民語の話者であるかどうかとは別に，自身を先住民（文化の継承者）であるとみなす３歳以上の人口が全国に2440万人（21.5％）存在し，その数は実際の話者（6.5％）の３倍以上である．

　テレサは地元先住民族のミステカ語を話せない．「舞踊などの先住民文化行事に力を入れているのは，あなた自身も周囲の移民仲間たちも，先住民の血を引いていると自負していて，伝統を継承していくことが大切だと考えているからなのか」と訊ねてみると，「私はミステカとして生まれた．祖母がミステカだったから，自分も先住民の血を引いている．でもそれだけじゃなく，どうすれば移民がルーツを守れるのか模索しているの．特にお年寄りに対する尊敬，女性が大切にされる点，子どもへの丁寧で愛情深い世話，環境保護のような，私たちが先住民文化から受け継いでいる価値観を，若い世代のために Lazos が企画実行する催しを通じて伝えたいと思っているの」と答えてくれた．テレサは，先住民の移民女性の多くが母語を話すことに気おくれを感じているけれど，母や祖母の言語を習いたがっている自分のような者もいるのに，と残念がる．こうした出身地への熱い思い入れが，次節で見るような出身地支援というトランスナショナルな活動の基底に潜んでいるのである．

　Lazos には他国の移民とも共通の目標に向かって連携するオープンな構えは

あるのかと問うたのに対しては，「複数国間の相互支援グループを創りたいと考えてはいるけれど，まだその機会はないわね．でも，今年（2018年）の12月8日に，8カ国の領事館から人を招いて Lazos のコミュニティ・センター（Centro Comunitario と呼んでいる）を会場として提供し，各国の同胞への支援その他の活動を行うことになっているわ」との答えが返ってきた．

2.2. Lazos América Unida

2.2.1. ニューブランズウィックにおける活動

Lazos とは「絆」を意味し，この特定非営利活動法人の名称には，連帯するアメリカ（＝米州）のための絆（メキシコ人コミュニティのみならず，ラテンアメリカ諸国ほか世界各地から移住した人々のために）という意味が込められている．

Lazos は，テレサの他に 7 人の常任メンバーと25名の固定的ボランティア・スタッフを擁するのみの小規模な NPO 法人である．財政的につねに逼迫している．CLAC および看護学部と協働して調査プロジェクトを担うことで得た補助金や，市や州から請け負うコミュニティ調査に対する謝礼を運営資金に充てており，翻訳の仕事も担っているが，その他に収入源といえば，移民コミュニティで開くイベントで用意した飲食物と引き換えにカンパを募るといったくらいしかない．市内に事務所を構えているが，教会の建物の一部を借りるか，オフィスを賃貸契約しても4000ドルの家賃をやり繰りするのに苦労し，これまでに 3 度の移転を経験している．

とはいえ，Lazos に集う人々が日々の生活にも困っているというわけではない．Lazos は，ボランティアとして活動する移民女性たち，幼い頃から Lazos が開くさまざまな催しや学習機会を通じて育った青少年たち，移民コミュニティ支援のあり方を学ぶためにインターンシップ生として通う大学生，協働するメキシコ系アメリカ人らで賑わっている[13]．上述の25名のボランティアは皆，何らかのプロジェクトを主導しており，うち 8 名はテレサの子どもたちと姪，甥の 5 名を含む18〜24歳の若者である．

Lazos が自らをどのように性格づけているかを，CLAC の Web ページから確認してみよう．そこには，コミュニティ・パートナーとしての Lazos について次のような自己規定が掲載されている．「メキシコ人およびメキシコ系アメリカ人コミュニティを代表し，支えると同時に，ヒスパニックおよびより広い意味での地元市民社会との関係を強化することを使命としています．これら

第2章　ニューヨーク大都市圏におけるメキシコ移民女性のアクティビズム　*61*

の使命を遂行するために，地域社会・州・連邦・トランスナショナルのすべて
のレベルで公・私・市民社会・研究機関の各部門と協働し，さまざまな草の根
プロジェクトに取り組みます」．

　また，法人概要は次のように記されている．「(Lazos は，) ともに発展するた
めに，コミュニティのメンバー間で知識を分かち合うための空間を次のように
して創り出しています：1．教育分野のワークショップ，ものづくりワーク
ショップ，相互扶助と協力体制の確立を通じて，2．相互の尊重と理解を伴う
多様性を実現することで，コミュニティに大きな変革をもたらすことができる
というメッセージを発信することを通じて，3．私たちの住む各地域の発展の
ためにボランティアで行動すると同時に，地元社会のプロジェクトを二国間の
プロジェクトへと広げることによる私たちの出身地域への支援を通じて」．

　Facebook に，住民にとって有益な情報をテレサが逐次掲載している．その
情報内容から，Lazos の活動がいかにコミュニティ住民の生活に密着したもの
であり多岐にわたっているかがわかる．例えば，「法的保護に関する情報」で
ある．市民権申請方法の解説，移民政策改革検討会の案内，職場での権利，非
正規移民検挙強化に対抗する権利，借家人の権利といった具合である．また，
男女賃金差別への抗議，DV 阻止キャンペーン，女性のエンパワーメントのた
めのワークショップ等の「ジェンダー・エクイティに関する情報と学びの場」
についても掲載されている．さらには，英会話カフェ（英語無料授業10週間）や
RU 生との学習交流会，健康促進指導員（Promotores de salud）養成講座，生活
改善（Enfoque de Mejoramiento de Vida, EMV）研修[14]，高血圧予防講習，無料法律
相談の日時等の「知識獲得のための勧誘情報」，火事被災一家への衣類寄付や
ホームレスへの冬場の暖房着寄付の呼びかけ，人探し，バザー開催等の「相互
扶助のための生活情報」，そして文化行事に関する情報（Cinco de mayo, Guela-
guetza, Fiesta Mexicana de Independencia, Día de los muertos, etc.)[15]から，民族舞踊の
レッスンや老人センター利用の呼びかけ，運転免許証要求デモ行進（Let's Drive
NJ Campaign/Licencia para todos）への参加要請，本の紹介まで，ほぼ毎日新しい
情報が公開されている．

　テレサはまた，州内の各地で商店の一角にテーブルと椅子のみのスペースを
借りて行う巡回領事館（Consulado de sobre ruedas）をも無償で請け負っている．
パスポートの申請や更新，身分証明を持たない人にとって一種の住民登録にあ
たる「領事館証明書」(matrícula consular）申請受付等の領事館業務を代行する．

62　第Ⅰ部　ラテンアメリカ域外移民

隔月の頻度で実施しているが，その都度，行列ができる．

　要するに，Lazos は，脆弱な立場にある多くの非正規移民の権利を擁護し，生活を改善し，共に歩むために設立され活動してきた，地域に根ざす NPO なのである．こうしたアクティビズムの背景には，移民コミュニティに経済危機のコストを押しつける両国政府の移民政策によって，移民が経済的・法的「除外の空間」"espacios de excepción"（Besserer 2014：101-103）に押し込められている状況にあることが挙げられる．メキシコ政府は，移民による送金が経済に与えるインパクトは重要視するものの，ブラセロ・プログラムが米国政府によって一方的に打ち切られて以来，García y Griego y Verea Campos（1988）の表現を用いるなら「政策なき（対米）政治」（Politica de no tener politica）に徹してきた．米国政府の移民政策に黙して語らず，移民流出などたいした問題ではないかのような態度を見せつつ，密かに奨励してきたのである．非正規移民はオバマ政権期以降，一斉検挙と強制送還から自力で身を守らねばならない境遇にある．移民は「経済発展の道具」とみなされていた時代から，「危機の救済者」であるとともに自分の面倒は自分でみる行為主体たるべき厳しい時代に直面しているのである．

　この点では，トランプ政権になって状況がいっそう悪化していることも見過ごせない．RU のナジェリ・サラサール（Nayeli Salazar 注13）参照）によると，RU と Lazos が共催している健康促進指導員養成講習における移民のストレス分析によって，次のことが明らかとなった．通常，移民は入国から 2 年目頃にストレスのピークを迎えるものであるが，トランプ政権の反移民政策によって，ごく初期から高水準のストレスが続き，精神的にも身体的にも健康が損なわれるリスクがある．また，生活習慣の変化により，衛生水準が高いはずの米国に移住後，かえって健康状態が悪化する「移民の逆説」（paradoja de inmigrantes）という現象がメキシコ移民の間で普遍的にみられる，と．このように，トランプ政権の移民政策がストレスと生活習慣において修復しえないコストを移民社会にもたらしているために，Lazos は RU の研究者と協働し，健康促進指導員を組織することで抵抗を試みているのである．

　移民に役立つプログラムを組み立てるために，テレサはつねにコミュニティに根ざした調査を行ってきたが，うえに触れたトランプ政権誕生の影響の分析がそうであるように，そうした調査は地元の大学と連携して実施されている．テレサが大学と Lazos のボランティアの間で橋渡し役を担い，調査のコー

ディネーターとなる．すると Lazos はボランティアの人海戦術で調査に当たる．そうして，大半が無保険状態であるコミュニティの人々に対し，予防医学により自らの健康を守ることの大切さを説きつつ，自助自立の意識を高めていこうと試みているのである．

以上のように，Lazos は，非正規移民の権利を擁護し，生活を改善し，共に歩むためにじつに広範な活動を行っているのであるが，Lazos の常任メンバーを成す女性たちのあいだでは，移民の権利，ジェンダー，子どもたちの学校教育，健康，環境などへの関心が特に高く，そこにはエコ・フェミニズム的問題意識が窺える．例えば，「食は遺産なり La cocina es herencia」と称するメキシコの伝統郷土料理の催し（オアハカ市のレストラン経営者夫妻の協力を得て），成人病予防のための食生活改善講習，女性のエンパワーメント・ワークショップ等が挙げられる．移民の権利に関する法律家による講演会等も含めて，Lazos の活動はたしかに彼女たちのエンパワーメントに繋がっている．

活動を通じたエンパワーメントは，次のような事例によっても確認することができる．Lazos の課題は，上述のように資金繰りである．そうしたなかで，彼女たちは，大学キャンパスの一画を借り受けてコミュニティ・ファーミング・プロジェクトの場とし，土壌改良を行ったうえで「死者の日」の花センパスーチトルの栽培と販売活動「マリーゴールド・プロジェクト2004」に結びつけ，資金をかけることなく現金収入の道を確保した．それは彼女たちに大きな自信をも与えたのであった．

加えて，NB に暮らし，常々 Lazos の活動に積極的に参加している移民女性たちの企画する催しには，たいてい伴侶も（子連れの場合もそうでない場合も）参加し，会場設営や後片付けまでを当然のごとく率先して行っている．家庭内の性別役割規範は，ゆっくりとしか変化しない地域社会におけるジェンダー関係に比べて，脆弱な立場の移民として生き延びるという難題に立ち向かううえでは，意外と柔軟で変容しやすく，女性たちが地域社会で主体的に活躍できる素地となっているようである．

このように，Lazos に集う女性たちは，生活者の視点を生かし，活動を通じてエンパワーメントしながら，小規模だがそれゆえに結束が固く，顔の見える相互支援を行うことができている．

2.2.2. 出身地ミステカ地方とアクティビズムの連携

　ミステカ地方は，メキシコ南部に位置し，図2-1のようにオアハカ，プエブラ，ゲレロの3州にまたがる．その最大地域を占めるのがオアハカ州北西部である．オアハカ州は図2-2のように8つの地方に分かれている．ミステカの人口はそのうち5番目で，州人口の11.8％にあたる49万1601人（INEGI, Encuesta Intercensal 2015）を擁する．その最大のムニシピオであるウアフアパン・デ・レオン Huajuapan de León は人口7万7547人の地方都市であるが，ミステカ全域で見ると，個々の集落は離れて点在しており，幹線道路から外れると，曲がりくねった狭い道路を車で数時間かけて目的地に向かうしかない．

　テレサは，これまでにもオアハカ州サンタ・マリア・サカテペックのタクアテ[16]民族の刺繍ブラウスを代理販売する催しを NJ／NY で開いたり，毎年7月にゲラゲッツァの舞踊団をオアハカから NJ に招いたりというように，自らと仲間たちの出身地域であるオアハカとの繋がりを大切にしてきた．彼女が永住権を得て往来できるようになった2018年2月，筆者はともにオアハカを訪れた．UTM を拠点とし，オアハカでの活動の良き協力者である学長室長と獣医師の運転で，ウアフアパンから山道を車で片道4時間かけてトリキ民族のヨソユシ村（Yosoyuxi, San Juan Copala, municipio de Juxtlahuaca）を訪問した．公民館に集まってくれた女性たちは，テーブルに手工芸品をたくさん並べ，グループの代表女性がテレサに品々の値段を伝えた．テレサはそれぞれの手工芸品がどの人のものか名前と値段，個数をリストにしていった．前払いを要求されることもなく，テレサはそれらを大切に持ち帰り，NJ で催しがあるごとに並べて売り出す．その時の売上金はすでにトリキ女性たちのもとに届いており喜んでいると，後に UTM の学長室長とのメールのやりとりで知った．

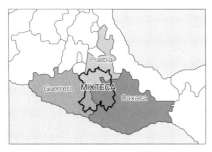

図2-2　ミステカ地方

図2-3　オアハカ州

第2章　ニューヨーク大都市圏におけるメキシコ移民女性のアクティビズム　*65*

　テレサが米国での民芸品販売を請け負うようになったのは2年前からであるが，Lazos にとってこの活動は，輸送費用に頭を悩ませこそすれ利益を生むものではなく，もっぱら先住民女性の現金収入取得を支援することを目的としている．ちなみに，UTM のメンバーも作品を預かり「オアハカ州立大学機構」(El Sistema de Universidades Estatales de Oaxaca, SUNEO)[17]の書店に置いておき，月に一回程度，売上金を子どもたちへのおもちゃとともに届けている．

　慈善活動も Lazos の特徴の1つであって，この旅でもテレサは大きなトランク2つを引きずっていた．前年9月にオアハカ州フチタンで起こった地震の被災者のために Lazos が集めた衣類を詰め込んだトランクである．ウアフアパンを後にし，オアハカ市でも手工芸職人のサポテカ女性たちが共同経営する店を訪れ，民芸品を預かった後，オアハカ市から陸路，甚大な震災被害からまだ復興できずにいる太平洋岸の町フチタン方面に赴いた．フチタンの隣町テワンテペックにある SUNEO の1校，海洋大学（Universidad del mar）で，美しい衣装を着こんだ手工芸生産者協同組合のフチテカ20名ほどと会議をもった．大学のキャンパスに足を踏み入れるのは初めてだという彼女らと，相異なる分野の研究者も交えて，毎日朝から飲み続けるコカ・コーラを水に替えるだけでどれだけ健康増進になるかといった生活改善に係る話題を交わしたのち，テレサは NJ から持参していた衣類を地震の被災者にと託した．フチテカたちからも手工芸品や加工食品の販売を委託されたが，商いに長け，まったく物怖じする様子もない彼女たちからはデポジットを要求された．

　このように，相手との信頼関係が既に構築されているか否か，商売に長けているかどうかによってデポジットを要求されたり，されなかったりという相違はあるが，Lazos は出身地の女性たちが製作する民芸品の販売仲介という活動を行っている．この活動に関わっては，いまや大学生となりつつある Lazos の次世代が先住民女性たちの民芸品をウェブ販売することを計画し，そのシステム構築を任されている．そうして販路が確立でき，高品質素材を用いて縫製のきちんとした洗練された品物を売り出すようになれば，収益事業化も可能となろうし，関係性が双方の次世代へと引き継がれることにも繋がることだろう．そうなれば，この活動も，移民の出身地と移住地両側の女性のエンパワーメント過程そのものということになる．

　さらに，政治的ビジョンに富むテレサは，オアハカ州政府との繋がりを深めようとし，在米移民への法的支援を引き出すための州政府訪問および RU とオ

66　第Ⅰ部　ラテンアメリカ域外移民

アハカ州立大学との交流協定締結を計画している（すでに看護学部生の両州間交流は始まっている）．単なる送金だけでなく，米国におけるさまざまな運動の成果を通じて出身地に対して刺激と影響を与えていると言える．

2.2.3.　二国間を結びつけようとする政治的活動

Lazos は，単にボランティア活動に従事しているばかりでなく，Web ページの自己規定でも表明していたように，トランスナショナルな活動においてもさまざまな主体との積極的協働を求めてゆく．Lazos の主要メンバーの大半が非正規移民であるため往来はこれまで不可能であったが，テレサは米国へ移住した後も，母校の UTM との交流を絶やしたことはなかった．だからこそ，RU 看護学部生の UTM での実習が実現し，栄養学者によるミステカ地方での研究[18]も2018年6月に最初の現地調査にこぎつけることができた．

　こうした積極的な働きかけは，行政機関に対する姿勢においても変わらない．前項で見た一時帰国のさいにも，メキシコ市の全国人権委員会で，「女性および男女平等に関する案件プログラム」(Programas de Atención de Asuntos de la Mujer y de Igualdad entre Mujeres y Hombres) のエルサ・コンデ氏（Lic. Elsa Conde）との面談を通じて，外務省北米局領事部長，国立移民庁長官，オアハカ州女性庁（Instituto de la Mujer Oaxaqueña）長官を紹介され，各氏に対してテレサは在米移民の抱える問題と要望を明確に伝えた．例えば，父系制的なメキシコの民法では，いまだに母親が単身でわが子を出生登録することができない．移民女性にはシングル・マザーも多いのだが，出生届を子どもの父親と別れた後に領事館に提出しようとしても受理されないのである．こうしたジェンダー・ギャップに関する切実な問題をテレサは訴えた．

　さらに，同じく2月の帰国のさい，オアハカ州知事アレハンドロ・ムラー（Alejandro Murat）に対し，米国北東部3州在住オアハカ人コミュニティのアクティビストらとの連名で，面談の機会を求める要請メールを書き送り，移民のニーズに適うメカニズムを共に追求し設置するための検討会議を提起した．自分たちが率先して2017年9月の大地震の被災者のために食糧と必需品を集めて送ったことに言及しつつ，不測の事態が生じてから慌てるのではなく，健康，法的保護，教育，芸術文化を主要テーマとして，両国に暮らすオアハカ州民のための公的支援体制をいかに整備するかをめぐる対話を求めたのである．

　こうした精力的な活動の結果，いまやテレサの存在は，オアハカ州政府のみ

ならず，連邦レベルでも知られている．2018年7月のメキシコ大統領選を前に在NY／NJメキシコ人の間でメキシコ政治の変革と彼らの投票行動の重要性を話し合う集会が開かれた時，テレサは講演者の1人に選ばれた．

そうしたテレサとLazosの政治活動の代表事例が，民間セクターの主導による墨米二国間のトランスナショナルな対話構築の重要な第一歩として，2014年5月3日，RU経済学部棟において開催された，第1回メキシコ・米国二国間ニュージャージーサミット（First Binational Mexican American Summit in New Jersey, BMASNJ）である．この会議は，7年の準備期間をかけて開催された．NJ州内のメキシコ人コミュニティが抱える問題について協議し，30万人近いNJ在住移民の支援組織を創設するための基盤づくりを行うことを目的として，政治家，市民運動家，教育関係者らが一堂に会した初めての二国間会議であった．両連邦政府代表代理，NJ州知事，オアハカ州知事，RU学長らといった要職にある人々も出席した．その結果，NJメキシコ・米国協議会（Consejo México-Americano de Nueva Jersey）が誕生した．同協議会は今後，経済・健康・移民・教育・芸術文化の5分野で作業計画立案を担う若者たちによって構成されることになり，Lazosのメンバーは次世代の養成に注力している．このほど第2回サミットの開催（2019年4月26-27日）も決まった．

おわりに

Lazosはたしかに財政的に脆弱な小規模組織であって，同じNJ州においてプエブラ州政府の国際業務・プエブラ州出身移民支援調整局（Coordinación Estatal de Asuntos Internacionales y Apoyo al Migrante Poblano）が主宰・運営しているMi Casa es Pueblaとは比べるべくもない[19]．だが，地域コミュニティに根を下ろし，地元大学と連携して地域の実情を緻密に調べながら，そこに暮らす多数の非正規移民にとって真に必要な支援に即してきめ細かく活動しているLazosは，そうした活動を通じて培った実力とネットワークを，行政機関との協働や交渉を含めて，多方面に発揮できるようになっている．その象徴が，前節2.3.3末で論及した「NJメキシコ・米国二国間サミット」であろう．

他方で，出身地との関わりでは，現地の女性たちが製作する民芸品の販売を代行することで，彼女たちに現金収入を得る道を切り開き，彼女たちのエンパワーメントを支援していた．のみならず，この活動はインターネットを駆使で

きる若い世代のアイデアを刺激し，彼らのエンパワーメントにも寄与している．

　こうして，Lazos はたしかにトランスナショナルにエンパワーメントを実現しつつある．そうしたことが可能となったのは，むろん，テレサという行動力溢れる女性がこの運動を牽引してきたからである．彼女が築いた地元の大学との人脈は，Lazos のエンパワーメントの源をなす，地域に密着したきめ細かい活動を支えていた．彼女が積極的に集会や講演会に参加し，新しい知識や情報を吸収していたこと，さらにさまざまな機会に新たに紹介された人とも積極的に面会を求め，ネットワークを広げていったことについても見てきたとおりである．と同時に，非正規移民として帰郷が叶わなかった間も郷里の大学との関係を維持してきたように，テレサは構築したネットワークを大切に培っていた．「組織を指揮する人物と向き合って話せなければ事は動かない」という認識に立って，臆することなく高官等に面会を求め，相手にされない時には仲間を動員するのだが，そうしたさいにも構築した幅広いネットワークが役に立ったことだろう．のみならず，アクティビズムの大義を信じ，私心なく活動を続ける彼女の姿勢が人々の信頼を呼び，協働を円滑にしていた．

　Lazos の常任メンバーに目を移せば，彼女たちの強い関心事のうちには，ジェンダー・エクイティと子どもの教育，あるいは健康や環境問題というように，女性だからこそいっそう強く意識するテーマが含まれていて，そうした課題をめぐる啓蒙活動や支援活動を通じて，彼女たちはエンパワーメントしていった．加えて，脆弱な財政基盤を補うべく工夫された，資金をかけずに収益を入手する取り組みも，彼女たちのエンパワーメントを促した．逆境だからこそエンパワーメントが促進される側面もあるということである．なお，女性として関心を強めた課題に関わる啓蒙活動や支援活動においても，Lazos は男性の参加・協力を排除しないやり方を採っていた．眼前の男性と家父長的社会システムを区別することで，女性／男性というカテゴリーを絶対視することなく，社会に対する批判や主張を失わせないための有効な方策と言える．

　最後に，健康促進指導員の育成プロジェクトでは，出身地で医師や看護師の専門職に就いていたものの移住後はその資格が認められずに単純労働に従事するしかなかった人々が，ボランティアの健康プロモーター活動に生きがいを見出そうとしていたことも見落とせない．移民後に専門資格を認められない人々は多いだけに，ボランティア活動のうちに専門性を生かす可能性を創り出してゆくことも，エンパワーメントの有効な手段の1つである．

第2章　ニューヨーク大都市圏におけるメキシコ移民女性のアクティビズム　　*69*

　他方で，出身地との関わりでは，現地の女性たちが製作する民芸品の販売を仲介することで，彼女たちに現金収入を得る道を切り開いている．現金収入を得られることが自信につながり，女性たちをエンパワーメントすることは，地域通貨運動においても確認されているとおり，さまざまな方面で指摘されているところである．

　こうした Lazos の活動には，テレサというユニークな個性を離れて一般化しうるような興味深い論点も少なからず含まれている．例えば，地元大学と連携することで地域の実情を探り，真のニーズを掘り起こし，地域コミュニティに根を下ろした，顔の見える支援活動を展開することである．簡単に援助や施しを受けるような無気力さがせっかく生まれた組織をも短命に終わらせるという，2.1.で触れたテレサの言葉があらためて想起される．

　また，さまざまな人々とのネットワークを積極的に構築し，さらに大切に育み，そこから新たな出会いを紹介されるといった機会にも恵まれながら，より充実したネットワークを積み上げてゆくことも，テレサの活動が教えてくれたところであった．さらに，逆境のうちにこそエンパワーメントの契機が見出されるということも興味深いし，ボランティア活動のうちに眠り込まされた専門性を生かす可能性を見出すこともできた．

　フィールド派歴史学者清水透は，40年間通い続けたチアパス州チャムーラ村のインフォーマントの孫で米国へ移民したまま戻らない男性を探し出す．そして自問する．「アメリカに留まりつづけるチャムーラたちは果たして，チャムーラであることをやめるのだろうか．それとも，『アメリカのチャムーラ』としてアメリカ社会に定着しつつあると考えるべきか」と（清水 2017：275-279）．世代を重ねてきたメキシコ移民に関して当然生まれてくるこうした問いに対して，テレサは移住地と出身地をトランスナショナルにつなぐ第3の道もあることを示してくれた．そこには，2.1で見たように，先住民文化から受け継いだ価値観を大切にしたいという想いが伏在していたし，それはまた現代社会において再評価されるべき価値観であるとも思う．新しい資質を備えた女性移民たちが広範に米国に展開してきている近年の状況を踏まえ，ニューヨーク大都市圏から視野を広げて，現代のトランスナショナルな移民現象が孕む新たな動向をさらに掘り起こしてゆくことを今後の課題としてゆきたい．

注

1 ）対米メキシコ移民のジェンダー分析に詳しい Hondagneu-Sotelo（2003）が編著の中でそれまでの国際移動とジェンダーに関する研究動向を整理している論考 "Gender and Immigration: A Retrospective and Introduction" によれば，「女性と移動」に関するフェミニスト的視点からの研究が登場しだしたのは1970年～80年代初頭である．女性の移民行為を男性に付随するものとしてしか捉えてこなかったそれまでの移民研究に対し，移民女性を分析の対象とする試みであったが，女性のみを「ジェンダー化された存在」と扱った点で，歴史学における女性史の登場と同様の限界があった．

2 ）プエブラ出身で在米歴40年の事業家，Jaime Lucero（ハイメ・ルセロ）．グローバル化と国民国家の再領域化の枠組みの中での新しいシティズンシップ "Ciudadania trans-nacional" を唱え，Casa Puebla de New York を創設し，異なる移民組織が相互に結びつくよう努めてきた．ニューヨーク市立大学への留学奨学金制度を設けるなど，若者の高等教育支援を行うとともに，「年間270億ドルを送金する2000万人近い移民コミュニティは，国境のどちら側でも選挙に影響する力を持てるはずであるのに，誰が我々を統治するのかについての決定にも参加できないままだ」として Fuerza Migrante という政治組織をも立ち上げた．だが，テレサは，彼には透明性のある綱領がなく，コミュニティのためではなくむしろ自らの政治的野心を遂げたい一心が透けて見えると懐疑的である．ただ，だからと言って彼の活動を全否定しているわけではなく，「私たちのコミュニティに本当の変革をもたらすには，経済力のある彼らとコミュニティの両方が公平に発展する必要があると私は考えていて，それがちょうど今，NJ 州で展開している『運転免許証を万人に』運動に見られる好ましい状況なの」とも語った．

3 ）第 3 回世界女性会議で採択された通称「ナイロビ将来戦略」を参照．

4 ）「ラティーノ」は「ヒスパニック」とはほぼ同じ意味で用いられ，スペイン語を母語とする人々を祖先にもつ，さまざまな民族集団の総称として20世紀の後半以降の米国で普及した呼称である．ラテンアメリカ諸国からの移民と米国で生まれた彼らの子孫を指す．米国は今世紀半ばまでに，ラティーノやアフリカ系，アジア系といったマイノリティの人口を合わせると，これまでマジョリティであった白人を上回ることが予想されている．現大統領をはじめ人種差別主義的な保守派の政治家や評論家のなかには，人種の多様化が進む米社会における犠牲者として白人を位置づけ，ラティーノのことを凶悪なギャングの一味，英語を覚える気もない雇用泥棒，米国に来て子どもを産み市民権を手に入れる不法移民と決めつける論調が強まっている．

5 ）The NiLP Report on Latino Politics & Policy, National Institute for Latino Policy より2017年 9 月27日受信．2017年 9 月18日配信の Pew Research Center に基づいた分析．メキシコ系がラティーノ人口に占める割合は2008年のピーク時には65.7％であったが，2009－2014年の間の新たな移入は87万人であったのに対して100万人が帰還し，近年ではメキシコ系人口は微減しつつある．それでも，2000年から2015年にかけての外国生まれ（移民第一世代）の減少割合は，グアテマラ人－17.2％，エルサルバドル人－16.9％に対し，メキシコ人は－9.3％であった．

6 ）国連の最新データ（2017）によると，在米移民人口は4980万人（総人口の15.3％）で，女性比率は51.4％を占めている（2000年時点では50.3％であった）．現在の米国移民政

第2章　ニューヨーク大都市圏におけるメキシコ移民女性のアクティビズム　*71*

策の原点となった1965年移民・国籍法の時点では女性移民は960万人にすぎなかった．50年間で約5倍化し，50年後の2065年には7820万人に増加すると推計されている．

7）5年以上非正規滞在していた約300万人が正規化の対象となった．

8）非正規移民の統計値には当然ながら差異がある．"Metropolitan areas with the most unauthorized immigrants", Pew Research Center, Feb. 9, 2017によれば，2014年時点の推計値として，首位は New York-Newark-Jersey City の115万人，2位が Los Angeles-Long Beach-Anaheim の100万人であった．

9）MSA は，より詳しくは，ニューヨーク州の23郡，ニュージャージー州北部および中部の12郡，ペンシルベニア州北東の1郡から成る．

10）その歴史は Smith（2005および2006）に詳しい．

11）テレサの氏名を明示することについては，本人の了承を得ている．むしろ，当然そうしてほしいとの強い意思を確認した．なお，テレサと筆者を引き合わせてくれたのはメキシコ人の旧友であったが，当時，彼はジャーナリストとしての仕事に加え，RU において「トランスナショナル・メキシコ研究所 Rutgers Institute for Transnational Mexican Studies（RITMoS）を立ち上げ，RU のキャンパスが立地する NB で活動する Lazos の相談役となっていた．

12）長らく両親と会えなかった理由についてテレサは，「3人目の子どもの産後の肥立ちが悪かったので，子どもたちを母のもとへ預けに行ったことが一度だけあった．2003年のこと．単身で米国に戻るのに，コヨーテを雇ってアリゾナの砂漠地帯を越境することにした．ストレスのために1週間で激ヤセしたわ．コヨーテから身を守りはできたけど，その駆け引きに懲りて，以来帰国したことはなかった」と語った．

13）自らもインターンシップを経験し，今は RU 看護学部長補佐であると同時に同大学院で移民のための公衆衛生政策を研究するナジェリ・サラサールによれば，学生時代にテレサと知り合い育成された元メンバーの多くは，今ではフルタイムの仕事を持ち，家族もあり，以前のようにテレサに協力することができなくなっている．テレサはそれを承知で，青少年を倫理観と公徳心に満ちた市民となるよう育て上げようと努め，アクティビズムを継続させることに心血を注いでいるのである．

14）2017年8月，「在米エルサルバドル人コミュニティとの経済連携」に関する JICA エルサルバドル事務所主導の業務出張（筆者も参加）において，メキシコ人コミュニティのあり方から先例を学ぶ目的で，NJ におけるプエブラ州政府の出先機関 Mi Casa es Puebla や注3で触れた有力実業家への訪問と面談をテレサを通じて実現した．その後，NJ を再訪した狐崎知己氏（専修大学経済学部教員）がメキシコ人移民コミュニティのために「生活改善」研修を行い，大きな反響をもたらした．

15）シンコ・デ・マヨは，1862年5月5日，侵攻してきたフランス軍をプエブラ州で破った戦勝記念日だが，今や全米各地で祝祭として楽しまれている．ゲラゲッツァは，7月下旬に行われるオアハカの先住民の祝祭で，オアハカ出身移民がさまざまな規模で公共の場所で開催している．独立記念祭は，1810年9月16日未明にスペインからの独立運動が始まったことを在米移民も盛大に祝う．死者の日は，11月1日・2日のカトリックの万聖節・万霊節に，メキシコ先住民の古来の死者との交流を模して，移民家庭やコミュニティ・センターに死者に捧げる祭壇が設えられる．このように，メキシコ移民は伝統

ある自国・郷土の祭りを米社会に持ち込み，アイデンティティを大切にするとともに，他文化の人々にも親しまれるようになっている．

16) Costa Chica に暮らし，ミステコ語のバリエーションにあたる tacuate 語を話す人々．

17) UTM の学長セアラ博士（Dr. Seara）が構想したオアハカ州立大学網．18校地10大学から成り，工学，獣医学，生物学，農学等を専攻する学部生が大学で学んだことを地域コミュニティに還元することを重視し，そのための地域巡回活動を日課としている．

18) 「メキシコ人女性およびメキシコ人移民女性をめぐる，小児期の発育阻害が中心性肥満及びメタボリック・シンドロームに与える影響」というテーマのもとで，研究成果をトランスナショナルな形でメキシコ人女性たちに役立ててもらうことを目指している．

19) Mi Casa es Puebla の広範な業務内容の中から 3 点を紹介すると，①家族再結合プログラム（Programa de Reunificación Familiar）：毎年，90名の高齢の親を招き，3 週間の滞在，渡航に要する費用を負担する，②ノスタルジック商品を普及・販売促進するための在米メキシコ商工会議所との協力，③連邦政府からの投資を交えず，州政府50%，自治体25%，移民送金25%から成る 2 × 1 プログラム（州政府の貢献が大であることが特徴）の促進．オアハカ州政府は NY 大都市圏に事務所すら開設していない．

参考文献

伊藤るり・足立眞理子編著（2008）『国際移動と〈連鎖するジェンダー〉――再生産領域のグローバル化』作品社．

黒田悦子（2013）『メキシコのゆくえ――国家を超える先住民たち』勉誠出版．

サッセン，S.（2008）『グローバル・シティ――ニューヨーク・ロンドン・東京から世界を読む』伊豫谷登士翁監訳，筑摩書房．

―――（1992）『労働と資本の国際移動――世界都市と移民労働者』森田桐郎他訳，岩波書店．

清水透（2013）「砂漠を越えたマヤの民――揺らぐコロニアル・フロンティア」増谷英樹，富永智津子，清水透『オルタナティヴの歴史学（21世紀歴史学の創造 6 ）』有志舎．

Angora, Maria Adela（2010）"Mexicanas en Estados Unidos," en Paula Leite y Silvia E. Giorguli（eds.）, *Las políticas públicas ante los retos de la migración mexicana a Estados Unidos*, Ciudad de México, CONAPO（SEGOB）.

Basch, Linda, Nina Glick-Schiller and Cristina Szanton-Blanc（1994）*Nations Unbound: Transnational Projects, Postcolonial Predicaments and Deterritorialized Nation-State*, London: Gordon & Breach.

Besserer, Federico（2014）, "Comentarios críticos y cinco propuestas para pensar la migración en el momento actual" en *Descatos. Revista de Antropología Social: Migración y crisis. México-Estados Unidos* 46, Ciudad de México: CIESAS.

Caicedo Riascos, Maritza（2010）*Migración, trabajo y desigualdad: Los inmigrantes latinoamericanos y caribeños en Estados Unidos*, Ciudad de México: El Colegio de México.

Durand, Jorge（2016）*Historia Mínima de la migración México-Estados Unidos*, Ciudad de México: El Colegio de México.

García de Alba, Carlos（2018）"Lo que ha cambiado en la migración mexicana," *Letras Libres* No. 230, 1 de febrero.

García y Griego, Manuel y Mónica Verea Campos（1988）*México y Estados Unidos frente a la migración de los indocumentados*, Ciudad de méxico: Porrúa.

Gaye, Amie and Jha, Shreyasi（United Nations Development Programme, Statistics Unit）（2011）"Mesuring Women's Empowerment through Migration," *DIVERSITIES*, Vol. 13, No. 1.

Hondagneu-Sotelo, Pierrette（1994）*Gendered Transitions: Mexican Experiences of Immigration*, Los Angeles: University of California Press.

———（2003）*Gender and U. S. Immigration: Contemporary Trends*, Los Angeles: University of California Press.

INEGI（2016）"Estadísticas a propósito del Día Internacional de los Pueblos Indígenas".

Smith, Robert Courtney（2005）"Racialization and Mexicans in New York City," Zúñiga, Víctor and Rubén Hernández-León（eds.）, *New Destinations: Mexican Immigration in the United States*, New York City: Russell Sage Foundation.

———（2006）*Mexican New York: Transnational Lives of New Immigrants*, Los Angeles: University of California Press.

Zentgraf, Kristine M.（2002）"Immigration and Women's Empowerment: Salvadorans in Los Angeles," *Gender & Society*. Vol. 16, No. 5.

参照サイト

http://www.pewresearch.org/fact-tank/2017/09/18/how-the-u-s-hispanic-population-is-changing/（2018年7月30日アクセス）

http://www.pewresearch.org/fact-tank/2017/05/03/key-findings-about-u-s-immigrants/（2017年6月18日アクセス）

第3章　メキシコからアメリカ合衆国への「正規」国際労働移動の動態

マルタ＝イレネ・アンドラデ＝パラ

額田有美　訳

は じ め に

　20世紀初頭より，メキシコ人はアメリカ合衆国へ向かう恒常的な移民労働者集団を構成してきた．この事象が歴史的にどのように発展してきたのかを論じる多くの研究があるものの（Massey, Durand y Malone 2002；Henderson 2011），その多くは男性移民労働者にのみ焦点を当てるものであった．先行研究で描かれたこれらの男性たちは，グアナフアト州やハリスコ州あるいはミチョアカン州といった国際労働移動の長い歴史を有する州の出身であり，出身コミュニティにおいて移民ネットワークが形成され，そのネットワークが成熟しているおかげで，正式な入国・滞在手続きを経ずに越境する者たちである．同様に多くの研究では，女性移民は家族の再統合プロセスの結果にすぎないと捉えられ，下位に位置づけられてきた．これは部分的には，経済移民（Rojas Wiesner y Ángeles Cruz 2008：199）――目的地国の労働市場に参入することを第一の目的として越境する人々――としての女性たちの存在が統計上ほとんど可視化されていないことに起因する．

　近年，このようなメキシコ人移民に対する静的で均質的な見方は，より複雑な移民の動態が認識されたことにより変わりつつあり（Marcelli y Cornelius 2001；Canales 2003），さまざまな研究によってメキシコ人移民の流れの新たな特徴が指摘されてきた．先行研究を大きく分けると，より高い教育レベルの移民労働者や都市部からの移民労働者，単身で越境する女性移民労働者の数的増加を指摘する研究（Hernández-León 2008）と，移民労働者の出発地や目的地として新たに浮上する地域を指摘する研究（García Gutiérrez 1999；Anguiano Téllez

2005）とがある．しかし，それらの先行研究では，今日の経済的グローバリ
ゼーションが果たす役割にはほとんど注意が払われてこなかった．また，さま
ざまなビザプログラムにより便宜を与えられ，その上でメキシコからアメリカ
合衆国へと向かう移民労働者の新たな動態が形成されるなかで生じている，正
式な入国・滞在手続きを経た移民労働者（以下，正規移民労働者）への需要もほ
とんど注目されてこなかった．

　本章はアメリカ合衆国へ向かう正規移民労働者のなかでのメキシコ人の存在
について，調査より明らかになる点を提示する試みである．本章の主な目的は，
今日の労働市場と移民労働者の管理に関するグローバルな傾向によって，メキ
シコ人移民についての伝統的なナラティブのなかで示されたものよりも，より
一層複雑な移民の動態がどのように展開されているのかを理解することである．
本章の軸となるのは，今日，アメリカ合衆国へのメキシコ人移民を可能にする
労働者向け各種ビザプログラムを介した移民の動態には，どのような特徴があ
るのかという問いである．移民労働者向けプログラムを通じて移民について論
じることは，次の３点において重要である．第一に，メキシコ人移民は送り出
し国であるメキシコの経済的困難や低開発の結果として「非合法」でのみ実現
されるという従来の認識を，脱神話化することができる．第二に，外国人労働
力の雇用システム下で横行する不正や，メキシコ人移民労働者をさまざまな程
度での不安定就労の状態に置く不正を告発することができる．そして第三に，
経済移民としての女性参加の拡大や，移民労働者の出身地と目的地の新たな傾
向，さらには移民の動態に介入する新たなアクターの存在について確認するこ
とができる．

　以上より，正規移民によって高度に分節化し複雑化した移民の動態が生み出
されているということを本章において示唆する．このような移民の分節化は，
20世紀最後の10年から広まった新自由主義経済システム下でのグローバリゼー
ションというプロセスがもたらしたものである．新自由主義経済システムは，
互いに異なる，しかし相補的な２つの領域——労働力の国際分業と雇用構造
——に変化をもたらした．そしてこれらの領域にもたらされた変化は，移動の
流れ——具体的には年齢，性別，教育レベルに応じた移民労働者集団の各種プ
ログラムへの参加率や移民労働者たちの目的地，あるいは移民労働者たちが組
み入れられる経済部門など——が修正され，さらには移民を管理し規制するた
めの新たなメカニズムが確立されることにより，新たな移民の動態に余地を与

えるものなのである.

　本章は4つの部分から成る. まず, 経済のグローバル化というプロセスと, アメリカ合衆国への外国人の移民を可能にする現在のメカニズムとの関係を簡潔に分析する. 次に, アメリカ合衆国政府によって運用される外国人労働者向け各種ビザプログラムを利用するメキシコ人移民労働者の流れについて, その主な特徴を明らかにするための統計データを示す. 続いて, 雇用システムや労働条件, 移民が移民労働者本人あるいはその出身コミュニティに対して及ぼす影響などを概観しながら, 非熟練労働者向けプログラム (H-2 ビザ) 下での正規移民の3つの事例を示す. そして最後に, 移民を統制する新たなアクターでありメカニズムである, 期限付き移民労働者プログラムのなかで機能する仲介業者および斡旋業者について考察を深める.

1　経済のグローバリゼーションとメキシコ人労働移民

　「グローバリゼーション」は, 国際的な次元に到達する実に多様なプロセスを指す用語である. 経済面でのグローバリゼーションとは, 生産プロセス同様に資本, 製品, サービスがますます「より自由」に国境を越えることで世界の経済が統合されることを指す (Nonnenmacher 2008：24). それは主要な経済モデルとしての資本主義の拡大をとおして起こる統合であり, 国際的な移民の動態に影響を与えるものでもある. これは資本主義というものが, 資本が蓄積されてきたさまざまな歴史的段階において, 商業的価値を見出された特定の商品の生産を明確に組織化して行うという点や, 生産と利益の最大化という原則を達成するための区別化された労働力を必要とするという点によって特徴づけられてきたからである. したがって, 19世紀末以降, 経済成長を続ける先進工業国では外国人労働者雇用システムの確立が着手された. これらのシステムは, 国籍, 民族性, 人種, 階級あるいは法的状況によってさまざまな自由から疎外され, 悪い条件をも許容する労働力を組み込むことを目的とするものである (Castles 2013：14). そしてより近年では, 雇用期間が一時的であるがゆえに, より悪い労働条件に甘んずる労働力を組み込むシステムなのである.

　移民の特徴や動態に影響を与える, 労働者の国際的移動に対処するためのシステムは, 資本蓄積のさまざまな歴史的段階において変化してきた. 今日の経済のグローバリゼーションの局面が始まるのは, 異なる著者たちがこれに先立

つ段階があったことを示しているとはいえ（World Bank 2002；Castles 2013），
1970年代末のことである．この時期以降，新自由主義政策の枠組み内での貿易
の自由化と新たな情報通信技術（ICT）によって，２つのプロセスが生じる．
１つはいくつかの生産部門の発展途上国への移転のプロセスであり，もう１つ
は先進工業国における労働関係と労働市場の再構築のプロセスである．先進工
業国では，今日，いわゆる「グローバルシティ」（Sassen 1998：XXIII）——国際
貿易のサービスや金融を担う経済的大都市——での仕事を担う高度専門職労働
者が必要とされている．しかし，フレキシブルな新労働市場を支え，と同時に
新たな情報経済界のエリート労働者たちの需要を満たす非熟練労働者も必要と
されている．

　このように20世紀最後の数十年間には，大多数の先進工業国において，高い
専門性をもつ労働力の不足をもたらし，高度専門職外国人の永住的入国を許可
する政策を導いた情報化「ブーム」と並行して，期限付きの移民労働者向けプ
ログラムも（再）出現することとなった（Martin 2006：36）．そしてこれらの新
たなプログラムの特徴の１つは，移民労働者によって伝統的に労働力が補われ
てきた農業や建設といった部門での雇用に加え，サービス部門における非熟練
労働者への爆発的な労働需要を補おうとする点にある．

　アメリカ合衆国の場合，1986年の移民改革管理法（IRCA）によって，非熟練
労働者向けの二種類のビザ，つまり H-2A ビザと H-2B ビザから成る H-2 ビ
ザと，専門職の期限付き入国のための H-1B ビザが設けられ，メキシコからの
期限付き移民労働者を「合法的」に入国させる基盤を築いた．その後，1990年
の移民法によって高度専門職労働者向けプログラムが拡大され，ビザ発給件数
は年間５万4000件から14万件に増加した．専門職のメキシコ人労働者は，この
数十年間に恒常的な移民の流れを徐々に形成し始めた．さらに，専門職労働者
向けプログラムにおいても非熟練労働者向けプログラムにおいても，男性移民
に限定されない，経済移民としての女性の組み入れへの道が開かれた[1]．

　次節では，メキシコ人が専門職および非熟練労働者としてアメリカ合衆国の
労働市場に参入していることについて論じる．注目するのは，メキシコ人の存
在が顕著となっている，EB ビザ，H-1B ビザ，H-2A ビザ，そして H-2B ビ
ザプログラムに参加するメキシコ人労働者の移動の流れである．

78 第Ⅰ部 ラテンアメリカ域外移民

2 移民労働者向けビザプログラムにおけるメキシコ人移民の流れ

アメリカ合衆国では「非合法」のメキシコ人の存在を告発する声にも関わらず，多くのメキシコ人が就労ビザにより同国の労働市場に参入する．以下では，EB ビザ，H-1B ビザ，H-2A ビザ，そして H-2B ビザという 4 種類のビザプログラム下で就労許可を得た，ここ数年間のメキシコ人労働者の移動の流れに関する主な特徴を提示する．これらのビザプログラムは，外国人労働者をその教育レベルに応じて区別するという，世界規模での新たな傾向の一部を成すものである．このとき外国人労働者の教育レベルは，その移民労働者に自由な入国と滞在の許可を与えるか，あるいは短期間の雇用に制限するかを決定する指標となる．入手することのできた情報に基づき，メキシコ人の移民の流れについての 4 つの側面を示すことを試みる．その 4 つの側面とは，ビザプログラムへの参加率，職種，経済部門，そして目的地である．

2.1. 熟練労働者向けプログラムへのメキシコ人の参加率

アメリカ合衆国政府は，熟練外国人労働者の入国を許可するための 2 つのビザプログラムを運用している．1 つは雇用に基づくビザ優遇プログラム（Employment-based preference, 以下 EBP）であり，もう 1 つは H-1B ビザプログラムである．EBP は，移民ビザ（EB ビザ）を発給し，このビザによって永続的な滞在を保障するものである．他方 H-1B ビザプログラムは，3 年間の期限付きではあるものの 6 年まで延長可能な非移民ビザを発給するもので，その後の永住ビザ取得という道が与えられている．EBP 下での移民ビザは年間14万件まで，H-1B ビザプログラム下では年間 6 万5000件までという発給制限が設けられている．両プログラムとも労働者には，空きのあるポストを補うために雇用可能かつ熟練で適格な労働者がアメリカ合衆国内には十分に存在しないという旨の証明と，外国人労働者の雇用が米国人労働者の給料や労働条件に影響を与えないという旨の証明を米国人の雇用者から得ることが求められる．

両プログラムへのメキシコ人の参加は大きな割合を占めたことはないが，年々増加してきた．表 3-1 は，2005年から2015年に EBP の雇用に基づいて優先的に発給されたビザによって就労許可を得た移民労働者数が多い主要 7 カ国を示している．メキシコへの発給件数は，インドや中国といったアジア諸国出

表3-1　EBP ビザでアメリカ合衆国での就労を許可された移民労働者5 年ごと（2005年〜2015年）の送り出し主要国

	2005		2010		2015	
	EBP	合計（%）	EBP	合計（%）	EBP	合計（%）
カナダ	17,027	6.9	5,731	3.9	5,551	3.9
中国	18,004	7.3	17,949	12.1	22,531	15.6
インド	43,211	17.5	14,636	9.9	27,514	19.1
韓国	15,130	6.1	2,351	1.6	9,645	6.7
メキシコ	**15,597**	**6.3**	**11,535**	**7.8**	**6,479**	**4.5**
フィリピン	16,737	6.8	6,423	4.3	10,545	7.3
イギリス	11,950	4.8	5,575	3.8	5,459	3.8
すべての国	246,877	55.7	148,343	43.4	144,047	60.9

出典：U. S. Department of Homeland Security（2005-2015）より筆者作成.

表3-2　H-1B ビザでアメリカ合衆国への就労を許可された期限付き労働者（非移民）5 年ごと（2005年〜2015年）の送り出し主要国

	2005		2010		2015	
	H-1B	合計（%）	H-1B	合計（%）	H-1B	合計（%）
カナダ	24,086	5.9	72,959	16.0	63,626	11.8
中国	11,801	2.9	19,493	4.3	36,714	6.8
インド	102,382	25.1	138,431	30.4	253,377	47.1
メキシコ	**17,063**	**4.2**	**30,572**	**6.7**	**20,988**	**3.9**
イギリス	30,755	7.5	17,099	3.8	16,216	3.0
すべての国	407,418	46	454,757	61	537,460	72.7

出典：U. S. Department of Homeland Security（2005-2015）より筆者作成.

身の移民労働者に対する発給件数を大きく下回るものの，カナダやイギリスへの発給件数を上回っているという点は重要である．表3-2は，2005年から2015年にかけて H-1B ビザで許可された就労ポスト数が最も多かった5 カ国を示している．送り出し国の多くは，永住ビザプログラムよりも H-1B ビザという一時滞在ビザのカテゴリーでより多くの入国者を送り出している．インドの割合が極めて大きく，これによってメキシコの割合が減少している．しかし2015年には，メキシコが認可件数の合計でイギリスを上回っており，第4 位の送り出し国となっている．

　労働省雇用訓練局外国人雇用証明室（OFLC）のデータより，外国人労働者

80　第Ⅰ部　ラテンアメリカ域外移民

表3-3　EBP プログラムで認可された就労ポスト数の多い送り出し
国と年間平均給与（2011年，2016年）

	2011			2016		
	認可済み件数	合計（%）	年間平均給与	認可済み件数	合計（%）	年間平均給与
インド	31,273	52.2	$90,038	65,095	56.1	$103,033
中国	3,448	5.7	$84,307	9,932	8.5	$92,238
韓国	3,147	5.2	$66,109	8,349	7.2	$46,419
カナダ	2,915	4.8	$104,168	3,999	3.4	$118,976
メキシコ	2,069	3.4	$54,227	2,149	1.8	$80,513
すべての国	59,863	71.3		115,933	77	

出典：U. S. Department of Labor（2011，2016）より筆者作成.

向けプログラムに参加するメキシコ人の移民の流れの一般的な特徴について，
その概観を示すことができる．OFLC は，認可済みの申請件数（米国人雇用者か
らの申請のうち承認された申請件数）と認可済みの就労件数（就労を許可された外国人
労働者の就労件数），そして外国人労働者を雇用しようとする経済部門と州の
データに応じた年間報告を提出している．各カテゴリーで発給されるビザの件
数には制限があり，外国人労働者は各人でアメリカ合衆国国土安全保障省に
よって定められた要件を満たす必要があるため，これらのデータによって認可
された実際の就労件数が明らかになる訳ではない．しかし OFLC が提供する
データより，アメリカ合衆国における外国人労働者への需要や，外国人労働者
のなかでのメキシコ人の割合を特定することは可能である．

　米国人雇用者からの申請件数より，EBP プログラムに参加するメキシコ人
の大よその職業と給与平均を特定することができる．2011年と2016年にメキシ
コ人向けに申請された就労件数のデータを比較すると，メキシコ人は2011年に
熟練労働者向け件数で大きな割合（3.4%）を占めていたにも関わらず，その年
間平均給与はわずか5万4227米ドルであったことがわかる．2016年には熟練労
働者向け就労件数を占めるメキシコ人の割合は減少したものの（1.8%），年間
平均給与は表3-3が示すとおり8万513米ドルと大幅に増加した．この増加は，
メキシコ人が就労許可を求める職種が大きく変化したためである．

　表3-4はメキシコ人労働者の就労申請が認可された3つの主な職業を示し
ている．2011年には認可済み申請の大多数を占める職業は「料理人」（一般的に，
レストランなどにおける仕事）であったのに対し，2016年ではその過半数が「ソフ

第3章　メキシコからアメリカ合衆国への「正規」国際労働移動の動態　*81*

表3-4　EBP プログラムにおけるメキシコ人労働者の職業，認可済み申請件数，年間平均給与（2011年，2016年）

2011			2016		
職業と認可済み申請件数		年間平均給与	職業と認可済み申請件数		年間平均給与
料理人，レストラン	172	$25,742	ソフトウェアやアプリケーション開発者	241	$102,291
初等教育の教員(特別教育を除く)	110	$43,833	工業生産技術者	98	$84,127
ソフトフェアやアプリケーションエンジニア	90	$89,336	コンピュータシステムのアナリスト	77	$92,975

出典：U. S. Department of Labor（2011，2016）より筆者作成.

表3-5　EBP プログラムにおけるメキシコ人労働者の目的地となる州，認可済み申請件数，経済部門（2011年，2016年）

2011		2016	
州と認可済み申請件数	経済部門	州と認可済み申請件数	経済部門
カリフォルニア　462	先端的製造部門	カリフォルニア　530	先端的製造部門
テキサス　394	教育サービス	テキサス　351	先端的製造部門
ニューヨーク　232	ホテル部門	ニューヨーク　168	その他の部門

出典：U. S. Department of Labor（2011，2016）より筆者作成.

トウェアの開発者」であった．この職種の変化は，メキシコ人の年間給与が韓国出身の労働者のそれよりも高いということを意味する．職種や年間平均給与についてのデータでは，H-1B ビザの場合の国別件数が明示されない．しかし，EBP プログラムへの参加率との類似性があることを考慮すると，H-1B ビザで入国するメキシコ人労働者が，永住者として就労を許可された人々と相対的に同様の就労ポストと給与を占めるということが推定できる．

　EBP プログラムに参加するメキシコ人労働者のビザ申請がなされる目的地と産業については，表3-5 に2011年と2016年に認可されたビザ申請数がより多かった州と経済部門が3つずつ示されている．メキシコ人労働者のビザは，カリフォルニア州，テキサス州，ニューヨーク州という専門化された労働力への需要がより高い3つの州で申請された．このことより，メキシコ人労働者がいわゆる「グローバルシティ」——専門化されたサービスを必要とする経済の中心となる新たな大都会（Sassen 1998）——に組み入れられているということ

を推定することができる．しかし，労働者が主に「情報テクノロジー」部門に組み入れられているインドなどの国と比較すると，メキシコ人は「先端的製造部門」というラベルで製造業の下位部門に編入されている．

これらのビザプログラムにおけるメキシコ人女性の移民の流れは，ほとんど確認することができない．なぜなら女性労働者によって伝統的に遂行されている，看護師や治療師など専門性の高いサービス部門や教育部門などの産業においても，メキシコ人女性の参加についてはこれまで記録されてこなかったためである．これらの部門では，主にフィリピン人女性の移民流入が受け入れられてきた．フィリピンは，2014年に限り，EBP プログラムで5番目に多い移民労働者送り出し国として位置づけられるにいたっており，同国の労働者たちは健康管理に関する経済部門の労働力となっている（U. S. Department of Labor 2014）．なお，健康管理に関する部門は女性が占める割合が顕著であるということが推定される．

熟練労働者向けプログラムへのメキシコ人の参加は限定的ではあるものの，職業や年間平均給与の変化より，メキシコ人がよりレベルの高い人的資本としてアメリカ合衆国に入国していることがわかる．しかし，メキシコ人労働者が占める割合が最も顕著なのは，今日もなお非熟練職の外国人労働者向けプログラムであり，そこでは移民労働者は期限付きでのみ雇用される．次項では，H-2A プログラムと H-2B プログラムにおけるメキシコ人の移民の流れの特徴を明らかにする．

2.2. 非熟練労働者向けプログラムへのメキシコ人の参加率

アメリカ合衆国政府が現在運用している非熟練労働者雇用向けプログラムは，期限付き（1年未満）雇用のプログラムという点と，永住者向けビザへの道が閉ざされており，それゆえ非（永住的）移民プログラムに類別されるという点に特徴がある．図3-1は，1997年から2016年にメキシコやその他各国からやって来るプログラム参加者に対して発給された H-2A ビザと H-2B ビザの合計件数を示している．メキシコが H-2 ビザ取得参加国になって以降，メキシコ人労働者はこれら両方のビザ分類において最も高い参加率を維持してきた．例えば2016年においては，付与された H-2A ビザ合計13万4368件のうち，12万3231件（91％）がメキシコ人労働者に対するものであった．H-2B ビザの場合には，その同年のビザ合計8万4627件のうち，6万1128件（72％）がメキシ

第3章 メキシコからアメリカ合衆国への「正規」国際労働移動の動態　83

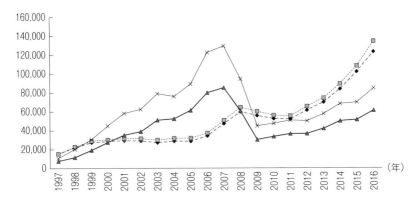

図3-1　メキシコおよびその他の国に発給されたH-2AビザとH-2Bビザの合計件数（1997年～2016年）

出典：US Department of State（2016）より筆者作成.

コ人に付与された．次に見るデータは，メキシコ人労働者だけを示したものではなく，すべての送り出し国からの労働者を表すデータである．しかし，メキシコ人の割合が高いため，メキシコからやって来る期限付き労働者の目的地となっている場所，職業そして彼（女）らが就労する経済部門をこれらのデータから推定することができる．

　まずH-2Aビザプログラムは，農業活動における期限付きないし季節労働需要を満たすためのプログラムである．H-2Aビザは，10カ月以内の期間で就労する労働者に対して付与される．年間のH-2A発給件数には制限が設けられていない．OFLCによると，2016会計年度は16万5741件の就労ポスト（H-2Aビザ申請数）がアメリカ合衆国労働省によって認可された[2]．表3-6は，H-2Aビザ労働者への申請がなされた5種類の農産物（あるいは職業）を示す．

　他方でH-2Bビザプログラムは，「適格かつ熟練で，雇用可能な米国人労働者がいない，非農業部門の期限付き職業ないしサービスで（U. S. Department of Labor 2016：45）」外国人労働者を雇用するためのプログラムである．H-2Bビザは，季節労働で，一時的，断続的あるいはそのとき限りの大きな需要から労働力不足に悩む，特に建設やサービス部門の各種分野，あるいは食品加工などの経済活動に付与される．表3-7は，2016年に認可された職業のうち，件数のもっとも多かった5つの職種を示すものである．同データには各職種向けに

84 第Ⅰ部　ラテンアメリカ域外移民

表 3-6　H-2A プログラムで申請された上位 5
種類の農産物（あるいは職業）における
認可済み就労件数の分布（2016年）

農産物（あるいは職業）	認可済み就労件数
ベリー（イチゴ）類	15,335
干し草と藁	10,066
リンゴ	9,764
タバコ	9,269
一般農作業者	8,717

出典：U. S. Department of Labor（2016）より筆者作成.

表 3-7　H-2B プログラムで申請された上位 5 種類の職業の認可済
み就労件数の分布（2016年）

職業	認可済み就労件数	平均時給（米ドル）
園芸や造園の作業者	44,981	$12.81
植林や森林保護の作業者	9,434	$12.01
家事・清掃作業者	7,751	$10.71
娯楽・レクリエーション施設の従業員	6,992	$8.95
食肉加工	5,447	$9.77

出典：U. S. Department of Labor（2016）より筆者作成.

設定された時給も含まれる．どちらの期限付きビザプログラムにおいても女性
の雇用が可能ではあるものの，農業部門では現在も男性労働者が優遇され続け
ているということは特筆すべき点である．他方，サービス部門の各種産業が組
み入れられることによって，女性たちにも H-2B ビザの移民労働者となる道が
開かれた．

　職種に応じた H-2B ビザの労働者への需要は，ここ数年間，継続して生じて
きた．H-2A ビザとは異なり，H-2B ビザは最大で 9 カ月間しか雇用されず，
年に 6 万6000件という発給制限があるため，同プログラムにより外国人労働者
を雇用したいと望む諸産業内では大きな競争が起こっている．アメリカ合衆国
政府は，2014年より 1 万件から 1 万5000件の追加のビザを発給し，特定のカテ
ゴリーにおける労働者の再入国を認める必要に駆られてきた．

　H-2A ビザと H-2B ビザの労働者の目的地については，2016年に認可された
就労件数がより多かった 5 つの州が表 3-8 に示されている．ブラセロプログ

第3章　メキシコからアメリカ合衆国への「正規」国際労働移動の動態　*85*

表3-8　H-2A ならびに H-2B ビザプログラムの認可済み就労件数
による主要な目的地州別分布（2016年）

州 (H-2A ビザ)	認可済み就労件数	州 (H-2B ビザ)	認可済み就労件数
フロリダ	22,828	テキサス	18,002
ノースカロライナ	19,786	フロリダ	7,955
ジョージア	17,392	コロラド	6,179
ワシントン	13,689	マサチューセッツ	4,480
カリフォルニア	11,106	ルイジアナ	4,434

出典：U. S. Department of Labor（2016）より筆者作成.

ラム中にメキシコ人労働者が南西部に位置する州の農業部門に組み入れられたのとは異なり，今日の H-2A ビザはアメリカ合衆国東海岸に位置する州が主な目的地となっている．なお，それらの州は，以前であればカリブ海地域からの労働者が多く雇用されていた地域である（Griffith 2002 : 21）．

　本節では，アメリカ合衆国の労働市場に組み入れられたメキシコ人労働者の移動の流れの主な特徴を示した．メキシコ人労働者の編入は，労働市場における熟練労働者と非熟練労働者という分断のなかでなされているとはいえ，その多くは期限付き移民労働者であり続けている．それゆえ，次節では H-2A ビザと H-2B ビザプログラム下での期限付き移民労働者の3つのケースに焦点を当て，各ケースが生む移民の動態にはどのようなタイプがあるのかについて考察を深めたい．

3　H-2A・H-2B ビザプログラムによるメキシコ人の移民動態

　以下では，H-2A ビザおよび H-2B ビザに位置づけられる期限付き移民労働者の3つの事例を紹介する．H-2A ビザでタマウリパス州から越境する日雇い労働者の経験を描くイスカラ＝パラシオスの研究（2010, 2011），H-2B ビザによりノースカロライナ州のロブスターの水産加工工場で雇用されるシナロア州やタバスコ州出身の女性移民を描くビダル＝フェルナンデス他（2002），モントーヤ＝サバラ（2008），トゥニョン＝パブロス＆アジュス＝レジェス（2009）の研究，そして最後に H-2B により巡回型の祭りやカーニバルで雇用され，毎年国境を越えるベラクルス州北中部地域出身の男女に関する筆者自身の研究を考察

86   第 I 部　ラテンアメリカ域外移民

する．その際に特に注目するのは，移民の動態を構成する３点——雇用制度，労働条件，移民労働者本人あるいはその出身コミュニティに対する移民の影響——である．

3.1.　アメリカ合衆国におけるタマウリパス州出身の移民労働者

　イスカラ＝パラシオス（2010, 2011）が描いたタマウリパス州出身の日雇い労働者は，タバコ，リンゴ，玉ねぎの収穫作業のため H-2A ビザにより主にノースカロライナ州，ジョージア州，ワシントン州に向かう人々である[3]．そしてこれらの移民が生じるのは，子どもへの教育費に代表される家庭の支出を補うための経済的機会が出身コミュニティには不足しているからである（Izcara Palacios 2010：92-93）．

　正規移民が選択されるのは，隣国における社会的ネットワークが欠如しているためであり，さらにそこに同郷人ネットワーク下で機能するローカルな人材募集システムと綿密な選別プロセスが拍車をかけている（Izcara Palacios 2010：109）．米国人雇用者は一般的に，被雇用者である農業労働者つまり雇用期間を全うした労働者に対して，彼ら同様に「働き者」で農業の経験があり，越境もするであろう人物を紹介するよう依頼する．これは農村特有の雇用形態によって説明されることでもある．ある意味でこの雇用形態は，雇用者に対して熟練の労働力を保障する仕組みであり，「それゆえにその人物を雇用する．なぜなら彼はこれらの農作物を栽培する地方出身者で，都市の人ではないから（タマウリパス州出身の日雇い労働者の証言，Izcara Palacios 2010：117からの引用）」である．加えて若い男性の移民労働者が好まれ，女性労働者は排除される．2017年に在モンテレイ米国領事館がタマウリパス州の農業労働者に対して発給したビザ合計件数のうち，わずか2.7％（39件）が女性に対して発給されたものであった．女性労働者の排除は，農作業には体力が強く求められることや，出身コミュニティにおいても伝統的に男性が作業を担ってきたという農業活動の性質ゆえに，労働者たちによって正当化される（Izcara Palacios 2010：114）．

　労働と雇用の条件に関しては，農業労働者は労働時間によって収入を得ることが H-2A プログラムによって規定されているにも関わらず，出来高払いが横行している．農業労働者は，米国人雇用者によって自由裁量的に定められた労働サイクルに従事することが求められる．期待どおりに労働を遂行できない者は，解雇あるいはメキシコへ送り返すと脅され，またあるいは次のシーズン

時の雇用機会を失うだろうと脅迫される．このことが「ホワイトリスト」や「ブラックリスト」の存在につながり，これらのリストによって望ましい労働者とそうではない労働者とがシーズン終了時に識別される（Izcara Palacios 2011：66-68）．農業労働者は，集中を要する労働リズムに加え，鬱憤と孤独に耐えなければならない．なぜなら大部分の時間「仕事場である農地に閉じ込められたままで（中略）余暇空間へのアクセスもなく，気晴らしも最小限（Izcara Palacios 2011：102）」であるからだ．近隣の町へ出かけるという行為は，そのような行為を生産性が低いと見なす雇用者からも，「第一の目的である貯蓄」から労働者を遠ざける行為であると見なす他の農業労働者からも，良い行いとは見なされない（Izcara Palacios 2011：102）．

　困難にも関わらず，タマウリパス州出身の日雇い労働者たちは，H-2A ビザによる移民という道が生まれたことに満足している．主に，貯蓄あるいは子どもたちを学校へ送ることができるということや，国境を越え，その後，出身コミュニティに戻り，そこで送金によって相対的な窮乏に何とか対処するという「トランスナショナルな生活の方法」を選択肢に入れることができるからだ（Izcara Palacios 2010：177）．しかしイスカラ＝パラシオス（2011：113-115）は，より批判的な視点でタマウリパス州出身の日雇い労働者たちの期限付き移民を見ており，このような移民労働者集団を新しい「インフラ階級」の一部であると考えている．つまり，労働者としての権利も認められておらず，国家の社会保障制度にも入らず，非正規化するという脅迫によって労働組合から遠ざけられ，より良い労働条件を訴えることもできない，低い程度での組織化に留まる社会集団であると考えるのだ．

3.2. ノースカロライナ州のロブスター水産加工業への女性移民

　ビダル＝フェルナンデス他（2002），モントーヤ＝サバラ（2008），トゥニョン＝パブロス＆アジュス＝レジェス（2009）らが描く，シナロア州やタバスコ州出身の女性たちがH-2B ビザによりノースカロライナ州のロブスター水産加工業へ組み入れられる過程では2つのことが起こっている．1つは人種による区分化，もう1つはジェンダーによる区分化である[4]．これらの研究では，まず，1980年代末に移民労働者たちの出身地に海産物梱包会社が設置されたことや，ノースカロライナ州の姉妹会社に向けて人材募集を推進することになる雇用者ネットワークが確立されていったことが描かれている．シナロア州出身者の移

民は，1988年にヴァージニア州で働くために募集された35名の女性たちから始まったのに対し，タバスコ州出身者の移民は，1989年にノースカロライナ州の複数の会社によって始められた．これらの女性たちが労働市場へ組み込まれたことは，同産業部門を特徴づけていた黒人女性の労働力に彼女たちが取って代わることへとつながった（Griffith 2002：35）．次に，ロブスター水産加工業に女性労働者がより好まれるのは，ジェンダー観に由来するものでもある．これには女性であることの文化的特性が不可欠な要因として機能している．「ロブスターの肉を削ぎ，最後にその骨を取り除き，完成された一定で美しい商品を生むための，器用な手先であり（中略）それゆえに雇用者は女性の労働力をより好む（ロブスター水産加工業リクルーターのコメント，Montoya Zavala 2008：202）」のに加え，「女性たちには不服従の傾向がないことや，経済的あるいは越境の制約に対する脆弱性」も女性の労働力が雇用者により好まれる要因である（Tuñón Pablos y Ayús Reyes 2009：55-56）．

　雇用プロセスに関しては，タマウリパス州とシナロア州出身女性の雇用開始後の最初の数年間，会社側は彼女たちに一定の便宜を供与する．出身コミュニティからの交通費を支給したり，無料の住居を提供したり，あるいは彼女たちが家族に残すための現金も提供する（Montoya Zavala 2008：203）．移民の流れが成熟し，ロブスター水産加工業に従事する女性たちがノースカロライナ州に定住し始めるにつれて社会的ネットワークが確立されると，プログラムへの人材募集費と滞在費が増加し始める．このことはロブスター水産加工工場で働くある女性が次のように語るとおりである．

　　「彼らパトロンは移民労働者がここまで来るのにお金を貸し付け，貸し付けを受けた労働者はその後ここでその分を返済しなければなりません．他の場合にはテレサ（メキシコ側のリクルーター）に500米ドルを支払います．その額がその労働者の賃金だからです」（ロブスター水産加工業の女性労働者のコメント，Tuñon-Pablos y Ayús Reyes 2009：60）．

　他方，出身コミュニティでの人材募集がロブスター加工業に就く移民労働者にとっての唯一の労働仲介の機会なのではなく，仲介業者はアメリカ合衆国での雇用にいたるまでのすべての過程で存在する．トゥニョン＝パブロス＆アジュス＝レジェス（2009：60）はこの過程に介入する女性たちを「通訳者」と呼び，人材募集やパトロンと女性労働者の間の仲介を行うだけでなく，彼女た

第 3 章　メキシコからアメリカ合衆国への「正規」国際労働移動の動態　*89*

ちが「女性移民労働者を監督し保護する役割を持っている」と指摘する．次の
証言から明らかになるとおり，いくつかの事例においては，これらの女性たち
は会社の外にまでその支配力を広げる．

> 「エリザベス社で私は彼女（通訳者）との間にトラブルを抱えていました．
> 私たちは21時には就寝しなければならず，それが規則だったのです．しか
> し，ある日，私は同僚女性の髪を切ってあげるために居残りました（中略）
> 私たちは彼女（通訳者）に謝罪し，下手にでなければなりませんでした」
> （ロブスター水産加工業の女性労働者の証言，Tuñon-Pablos y Ayús Reyes 2009：71）．

　いくつかの事例における労働仲介は，ロブスター水産加工業に従事する女性
労働者たちが晒される身体的な負担や危険な状況——具体的には立ちっぱなし
の12時間労働や，科学薬品に常に晒されていること，あるいはロブスターの殻
で手を切ったり手がしびれたりするという危険に常に晒されていること——よ
りもさらに重い精神的負担となることもある．

　これらの著者たちは，結論として，期限付き移民によって，ロブスター水産
加工業に従事する女性たちは，その出身コミュニティにおいて貯蓄や投資を行
うためのより良い給与へアクセスすることが可能になるということと，彼女た
ちの移民はノースカロライナ州のロブスター水産加工工場周辺のコミュニティ
における社会的ネットワークの確立にも寄与するということを指摘する．この
ことは，H-2B ビザによる移民が，女性たちの夫や子供，さらにはその親族の，
正式な入国・滞在手続きを経ない移民を引き起こすことにもつながる．いくつ
かの事例では，ロブスター水産加工工場の女性労働者の期間付き移民の継続は，
正式な入国・滞在手続きを経ずに越境し，女性たちの職場近くで定住を開始す
る彼たちの親族を伴う，家族の再統合の要因ともなるのである．

3.3.　アメリカ合衆国のカーニバルで働くベラクルス州出身の移民労働者

　2003年，ベラルス州北中部に位置するトラパコヤン（ムニシピオ）に雇用仲介
業者 JKJ ワークフォース社の事務所が設立された．JKJ ワークフォース社は，
同ムニシピオや近隣のコミュニティから男女を問わず多くの人材をアメリカ合
衆国へ送り出し，同国の巡回型のカーニバルに不可欠な労働力へと転身させる
仲介業者である[5]．1996年にアメリカ合衆国のサーカスで働くために友人から
招かれ，H-2B で初めて越境した移民労働者のパイオニアと，そのサーカスの

米国人管理人との間の友情と信頼関係によって，このトランスナショナルな雇用仲介業者が誕生した．アメリカ合衆国において同社オーナーがメキシコ人労働者を必要とする米国の会社を「リクルート」する一方で，メキシコでは彼のパートナーがメキシコ人労働者を募集する．この仲介業者は，現在のところ，「娯楽およびレクリエーション施設の従業員」という分類で毎年付与されるすべてのビザ件数の80％近くの労働者を送り出している．つまり，アメリカ合衆国のカーニバルで働くために雇用された H-2B ビザのメキシコ人労働者の80％（4000人を超える労働者）がベラクルス州のこのムニシピオの出身者なのである（Martinez y Sisley 2016）．

　農業やロブスター水産加工工場での雇用とは異なり，カーニバルでの労働者の雇用は，アメリカ合衆国内で補われるべき専門化された労働力への需要に応えるものではない．むしろこれは「移民産業」が確立された結果である．雇用仲介業者は外国人労働者を取り込むことを望む企業向けのサービス提供者として機能し，「理想的な労働力」として期間限定の労働者を売り込むのだ．同仲介業者のウェブサイトには次のように書いてある．

　　「御社のビジネスの利益を増やすための最も簡単な方法は，御社のサービスに精通する期間限定労働者を雇用することです」（JKJ Workforce）．

　しかし，アメリカ合衆国に初めて移民するトラパコヤン出身者はカーニバルを運営するという経験をほとんどあるいは全く持っておらず，英語運用能力も持ち合わせていない．これらの人々の多くは，農業（同地域の特色であるオレンジ，料理用バナナ，コーヒーの収穫など）や建設業に従事するか，多種の事務職やムニシピオの都市部にある市場内の店や露店の従業員か，またあるいはテシウトラン（Teziutlán）やマルティネス・デ・ラ・トーレといった近隣のムニシピオのマキラドーラで働く人々である．

　カーニバルで働くために雇用された移民労働者たちは，H-2B ビザの労働者のうち4番目に多いグループである．男性労働者は一般的に電動遊具のオペレーターとして働き，女性たちは食べ物の屋台を運営するために雇用される．雇用者は極めて多様化している．3カ月の間，5名から10名の労働者を雇用する小規模営業のオーナーから，多くの電動遊具や食べ物あるいは（電気遊具ではない）ゲームの屋台などすべてが揃った遊園地を運営し，毎年8カ月から9カ月の間，30名から600名を雇用する巡回型カーニバルのオーナーもいる．労働

者の労働条件と住環境も多様であるが，以下に挙げるさまざまなレベルでの不安定さは共通している．まず給与に関して，週給制ではあるものの何時間働いたかは考慮されず，超過労働への支払いはない．次に安全性に関して，過酷な労働時間に関係なく働かなければならず，ときに睡眠時間がとれないこともある．そして住居に関しては，窮屈（1.5m²）で最小限のサービスしか備えられていないトレイラー（移動式住宅）に暮らしている．

　さらに雇用仲介業者は，労働者たちが労働条件や住環境の改善を要求することを妨げる調整役にもなる．雇用主に対する文句を口にしたり「反乱」を企てたりする労働者たちは，国外追放という手段によって罰せられるか，次回のシーズン中に「出口を与えられる（雇用仲介業者からお呼びがかかる）」ことはない．反抗する労働者に対しての報復は，ビザを得られるか得られないかに関してのみ行われる訳ではない．リクルーターも一緒になって素行の悪い労働者本人や「悪い労働者」の家族を公然と非難するということもよくある．

　正規移民は，出発地の経済の重要部分を占めるものとなった．それゆえ労働者の大部分は H-2B ビザを得るという機会を恩恵として捉えており，このことがリクルーターによって利用されてきた．リクルーターのなかには，選挙の票を金で買い，毎年移民をし続けることができるという条件で圧力をかけ，そうすることによってその土地の公的職務に就いた者もいる．労働仲介に関するこれらの側面は，次節でより深く議論する．

4　期限付き移民労働者向けプログラムのなかでの労働仲介

　第1節で言及したとおり，新自由主義モデルのなかで新たな労働の組織化がもたらしたいくつかの重要な変化は，外部委託（アウトソーシング）と雇用の柔軟化への傾向である．H-2A と H-2B のビザプログラムは，低い給料，無きに等しい（社会保険などの）給付，そして労働者の権利が保障されるということがほとんどないという点によって特徴づけることのできる短期雇用プログラムと化すことで，雇用の柔軟化の傾向に従うものである．加えてこれらのプログラムでは，雇用プロセスに参加し，ときに移民労働者の管理にまでその役割を拡大することもある一連の請負人や仲介人が急増した．なお，移民労働者を管理するという仲介人の役割は，アメリカ合衆国内のカーニバル向けに雇用された労働者に関して筆者が調査を行っていた際に顕著だったものであり，その詳細

について以下に例示する.

　ベラクルス州トラパコヤン（ムニシピオ）における H-2B ビザによる期限付き移民は，比較的近年の現象であるとはいえ急速に増加してきた．2003年に募集された労働者は100名であったのに対し，現在では4000名以上の労働者たちがこのムニシピオを出発地とする期限付き移民の年間の流入を形成している．それゆえ，シーズン終了時の再雇用とアメリカ合衆国への再入国は，常にトラパコヤン出身の移民労働者の悩みの種となっている．プログラム参加中，労働者たちには一定の行動，具体的には雇用会社とその労働者の出身コミュニティにとって不都合とならない行動が求められる．

　　「（領事館で）面接を受ける前日，パトロン（雇用主）とこれから私たちが働く会社の情報が書かれた一枚の紙をもらいます．（中略）問題を起こさないようにと注意もされます．もし（労働者への）扱いは良いかと尋ねられたら「はい」と答えるようにと注意されます．「はい」と答えないとビザはもらえないからです」（ジョランダ，期限付き移民労働者，H-2B ビザでの就労経験6シーズン）．

　　「（リクルーターの）ビクトルは，労働者たちが雇用仲介業者やアメリカ合衆国での労働条件について陰口を言うのを好みません．彼は会合の際にはいつも，就労ビザを取得するのは非常に困難で，もし私たちが彼に何か迷惑をかけるなら地元（コミュニティ）の人々にはもうビザは与えられないだろうと言います．結局のところ働きに行きたい人はたくさんいるのだと私たちに言うのです」（マリオ，期限付き移民労働者，H-2B ビザでの就労経験6シーズン）．

　この類の証言は，筆者が聞き取り調査を行った移民労働者に共通するものである．労働者たちは移民の機会を失うことを回避するためだけではなく，自身の家族の移民へ影響を及ぼさないように，あるいは誰かを推薦することができるように，自らが晒されている権利侵害についてしばしば口を閉ざすのである．このように移民ネットワークの機能は，リクルーターや雇用仲介業者の介入によって衰退しつつある．リクルーターの「推薦」は，「問題」を起こす移民労働者に対して処罰を遂行させる役目を担う米国人雇用者の，労働者支配のメカニズムの一部でもある．筆者は2017年にルイスに聞き取り調査を行った．彼は

第3章　メキシコからアメリカ合衆国への「正規」国際労働移動の動態　　*93*

2011年と2012年に期限付き移民のために越境したものの，最後に越境して以降，要求された書類を提出しているにも関わらず，雇用仲介業者の事務所から呼び出されることはなかった．ルイスは自身の経験を次のように語っている．

> 「私は苦情を言いました．それが実際に起こったことなのです．ある調査者（女性）が労働条件と住環境について私たちに尋ねに来たとき，私はパトロン（女性の雇用者）に対する苦情を言いました．私はただ真実を話しました．（中略）彼女はパトロンを叱り，パトロンに私たちをそのように扱ってはいけないと言ったのです．私たちに休憩を与えなかったり，トイレに行くことを許可しなかったりするのは問題だと注意したのです．（中略）そのカーニバルが終わるやいなや，私はメキシコに送り返されました．何の説明もないままです．（中略）私の貯金も私が最後に働いた分の給与も未払いのままです．（中略）私は書類を出し続けていますが，パトロンによると私は悪い労働者として通報され，ブラックリストに載っているそうです」
> （ルイス，期限付き移民労働者，H-2B ビザでの就労経験2シーズン）．

　2018年に再び筆者がルイスを訪問した際，ついに彼が，アメリカ合衆国のとあるカーニバルで働くために国を発ったということを筆者は彼の姉妹より耳にした．しかし，それは別の仲介業者をとおしてのことであった．別の仲介業者をとおして再雇用されるためには複雑なプロセスを経る必要がある．多くの移民労働者は他の仲介業者の存在を知らないか，それらの仲介業者をとおして越境した者を1人も知らないためである．しかし，多くの仲介業者が「紹介」により機能していることからこれらの情報はいずれも必要となる．さらに別の事例においては，仲介業者と米国人雇用者が，労働者に対して他の仲介業者をとおして越境することは不可能だと考えるように仕向ける社会的コントロールを行使する．ロシオとフェルナンドの事例からは，期限付き移民のための，より良い別の経路を探す労働者の機会を妨げる，仲介業者の高圧的な行為が明らかになる．

> 「2月にパトロン（それ以前に雇用されたことのある祭りのオーナー）が私の娘に話をし，娘に仕事を与え，アメリカ合衆国で働くために必要なことをすべて教えたのに「どうしてそんなことができたものか！」と娘をどなりつけました．そのような形で娘が彼女を裏切ることも，別の会社へ働きに行く

94　第Ⅰ部　ラテンアメリカ域外移民

ことも不可能だとどなったのです．（中略）私の娘は別の会社に移りたいと言っていました．アメリカ合衆国側の担当者（H-2B ビザの別のメキシコ人労働者）の娘たちへの対応が悪く，娘はもうそれに耐えられないのだと言っていました．そこで娘と彼女の夫は，別の会社で働くために別の仲介業者からビザを取得する方法を模索していました．しかし，そのことがパトロンの耳に入ったのです．（中略）パトロンは私の娘を呼びつけただけでなく，（雇用仲介業者の）事務所にも事の次第を話しました．そこで事務所から娘に話が行き，娘は事務所からもパトロンにそのようなことはできないと言われる訳です．（中略）数日後に仲介業者が開催した会合で，私の娘は皆の面前で侮辱され，彼女とパトロンとの間に何が起こったかを公表されました．私の娘と義理の息子はそのカーニバルに戻り，働き続けなければなりませんでした」（期限付き移民労働者の父親，H-2B ビザでの就労経験 3 シーズン）．

　トラパコヤンのムニシピオで営業している雇用仲介業者は，期限付き移民労働者が不安定な労働条件に同意し，従順に行動するように仕向けるためのさまざまなメカニズムを採用する．これはメキシコ人の期間限定の移民労働者が良い労働者のモデルであり続けることを目的としたもので，このことによって仲介業者をとおした労働力への需要と雇用機会が維持される．米国人の雇用者にとっては，この仲介のおかげで，支配や抑圧の源泉がリクルーターと仲介業者にのみ集中するように見せかけることが可能になる．このようにして，雇用者は移民労働者から非難されることなく，低い給与と悪い住環境を提供し続けることができるのである．

　本節においてトラパコヤンで機能する雇用仲介業者の事例から示したとおり，アメリカ合衆国内のカーニバルにおけるメキシコ人労働者の雇用を請け負うことで，労働仲介は期限付き労働者向けプログラムにとって鍵となる役割を果たしている．これらの仲介業者は，仲介人（リクルーターや仲介業者自体）でありながら，メキシコ人労働者を管理するための道具なのである．

お わ り に

　H-2A と H-2B のビザプログラムは一方向的なプログラムであり，これらを規制する権限はアメリカ合衆国政府にのみ握られている．このことは，メキシ

コにおける雇用実践の多様化を誘発し，多くの場合，不正行為や移民労働者に対する権力の乱用をも誘発する．雇用システムの複雑性について把握するには，2017年だけでもメキシコでは287の雇用仲介業者が機能しているということを挙げておくだけで良いだろう．この287という数は，期限付きビザプログラムに参加する80カ国を越える国々に分布している合計700の仲介業者のうちの数値である．

他方，H-2A と H-2B のビザプログラムを介した外国人労働者を活用する産業が急増していることを，期限付き労働者にとってのより良い労働条件の開始だと理解すべきではない．それはむしろ労働者の社会保障や給与を減らし，不安定就業の状況を生む労働の外部委託と柔軟化という傾向を伴う，雇用の再構造化の結果なのである．このように，期間限定の労働ビザによって提供されるさまざまな職種に組み入れられる労働者の経験は，均質的な移民動態に一括できるものではなく，複雑さに満ちたものである．ここまで見てきたとおり，移民の流れは今日より一層多様化しており，より高い教育レベルを備えた移民労働者や多くの女性，またさまざまな経済部門に組み入れられる男性たちを含んでいる．このことは，高度に分節化され多様化された経験を許容するものであり，それらの経験は期限付き労働者が組み入れられる雇用や労働条件の性質によって異なっている．グローバリゼーションは，間違いなくメキシコ人正規移民労働者の新たな波を呼び込んだ．そしてその波は，今日の移民労働者が生きる現実を明らかにするという目的でこれからも記述されていくべきである．

［付 記］

2018年2月と3月そして9月の間，客員学生（estudiante huésped）として筆者が湾岸キャンパス（Unidad Regional Golfo）にて文献調査を行うことを許可してくださったメキシコ国立自治大学社会人類学高等研究所（CIESAS）のご協力に感謝いたします．とりわけ筆者の調査滞在中にご助言をいただき，本章へもコメントをくださったパトリシア＝エウヘニア・サムディオ＝グラベ博士に感謝申し上げます．

注
1）1942年から1964年にかけてのメキシコからアメリカ合衆国への移動労働者の多くは男性であり，二国間協定であるブラセロプログラムによるものであった．
2）認可済み就労ポスト数は，同会計年度に最終的に付与されたビザ数とは一致しない．

96   第Ⅰ部　ラテンアメリカ域外移民

　　なお，最終的に付与されたビザ数は13万4368件であった．
3）イスカラ＝パラシオス（2010, 2011）は，タマウリパス州の地方出身で，H-2A ビザ
　　プログラムに一度ないし数回参加したことのある25歳から59歳の労働者50名の経験を分
　　析した．
4）ビダル＝フェルナンデス他（2002）は2000年2月から6月にかけてタバスコ州パライ
　　ソ（ムニシピオ）のチルテペックのエヒードでフィールド調査を実施した．トゥニョン
　　＝パブロス＆アジュス＝レジェス（2009）の研究は，ビダル＝フェルナンデスの研究に
　　基づくものである．他方，モントーヤ＝サバラ（2008）はシナロア州パミルコ（ムニシ
　　ピオ）のガブリエル＝レイバ・ソラノのコミュニティ出身で，ノースカロライナ州のそ
　　れぞれ異なるロブスター缶詰工場で働く10名の女性に聞き取り調査を行った．
5）本節で用いるデータは，H-2B ビザによりアメリカ合衆国へ向かうトラパコヤン出身
　　の正規移民労働者について論じる筆者の博士論文に関する調査結果の一部である．
　　フィールド調査は2017年と2018年にそれぞれ実施した．

参考文献

Anguiano Téllez, M. E.（2005）"Rumbo al norte: nuevos destinos de la emigración
　　veracruzana," *Migraciones Internacionales*, Vol. 3, Núm. 1, pp. 82-110.
Canales, A. I.（2003）"Mexican Labour Migration to the United States in the Age of
　　Globalization," *Journal of Ethnic and Migration Studies*, Vol. 29, No. 4, pp. 741-761.
Castles, S.（2013）"Migración, trabajo y derechos precarios: perspectivas histórica y
　　actual," *Migración y Desarrollo*, Vol. 11, Núm. 20, pp. 8-42.
García Gutiérrez, P.（1999）"Los poblanos migrantes en Nueva York y el nuevo espacio
　　social," en Lerman Alperstein, A.（Comp.）, *Globalización-Regionalización*, México, D.
　　F.: Universidad Autónoma Metropolitana-Unidad Xochimilco, pp. 153-168.
Griffith, D.（2002）"El avance del capital y los procesos laborales que no dependen del
　　mercado," *Relaciones*, Vol. 23, Núm. 90, pp. 18-53.
Henderson, T. J.（2011）*Beyond Borders: A History of Mexican Migration to the United
　　States*, Malden: Wiley-Blackwell.
Hernández-León, R.（2008）*Metropolitan Migrants: The Migration of Urban Mexicans to
　　the United States*, Berkeley: University of California Press.
Izcara Palacios, S. P.（2010）*Los jornaleros tamaulipecos y el programa H-2A de trabaja-
　　dores huéspedes*, Ciudad de México: Plaza y Valdés.
―――（2011）*Nuevas infraclases: Los jornaleros migratorios de Tamaulipas*, México, D.
　　F.: Miguel Ángel Porrúa.
Marcelli, E. A. y Cornelius, W. A.（2001）"The Changing Profile of Mexican Migrants to the
　　United States," *Latin American Research Review*, Vol. 36, No. 3, pp. 105-131.
Martin, P.（2006）"Managing Labor Migration: Temporary Worker Programs for the 21st
　　Century," International Symposium on International Migration and Development.
　　Turin: Population Division, Department of Economic and Social Affairs, UN.
Martinez, M. 'M. i. G.' y Sisley, J.（Directores）.（2016）*Farewell Ferris Wheel*［DVD］.

第3章　メキシコからアメリカ合衆国への「正規」国際労働移動の動態　　*97*

Estados Unidos/México.

Massey, D. S, Durand, J. y Malone, N. J. (2002) *Beyond Smoke and Mirrors: Mexican Immigration in an Era of Economic Integration*, New York: Russell Sage Foundation.

Montoya Zavala, E. (2008) "En búsqueda de mejores salarios y de la unión familiar: jaiberas sinaloenses con visas H2B en carolina del norte. ¿Una solución encontrada o una solución desesperada?" *Relaciones*, Vol. Vol. 29, Núm. 116, pp. 189-230.

Nonnenmacher, S. (2008) "International Labour Mobility in the Evolving Global Labour Market," en *World Migration 2008: Managing Labour Mobility in the Evolving Global Economy*, Geneve: IOM World Migration Report Series, pp. 23-49.

Rojas Wiesner, M. y Ángeles Cruz, H. (2008) "Gendered Migrations in the Americas: Mexico as Country of Origin, Destination and Transit," en Piper, N. (ed.), *New Perspectives on Gender and Migration. Livelihood, Rights and Entitlements*, New York: Routledge, Taylor & Francis Group, pp. 189-245.

Sassen, S. (1998) *Globalization and Its Discontents*, New York: The New Press.

Tuñón Pablos, E. y Ayús Reyes, R. (2009) "Mujeres tabasqueñas migrantes en Estados Unidos: un estudio sobre condiciones de vida y trabajo en el despulpado de jaiba," en Freyermuth-Enciso, G. y Meneses Navarro, S. (coords.), *De crianzas, jaibas e infecciones. Indígenas del sureste en la migración*, México, D. F.: CIESAS, pp. 49-80.

U. S. Department of Labor (2011, 2014, 2016) "Office of Foreign Labor Certification-Annual Report (2011, 2014, 2016)." URL：[https://www.foreignlaborcert.doleta.gov/performancedata.cfm] 20 de diciembre 2017.

U. S. Department of Homeland Security (2005, 2010, 2015) Yearbook of Immigration Statistics (2005, 2010, 2015). Washington, D. C.: U. S. Government Printing Office.

US Department of State (2016) "Nonimmigrant Visas by Visa Class and Nationality." URL：[https://travel.state.gov/content/visas/en/law-and-policy/statistics/non-immigrant-visas.html] 10 de diciembre 2017.

Vidal Fernández, L., Tuñón Pablos, E., Rojas Wiesner, M. y Ayús Reyes, R. (2002) "De Paraíso a Carolina del Norte, redes de apoyo y percepciones de la migración a Estados Unidos de mujeres tabasqueñas despulpadoras de jaiba," *Migraciones internacionales*, Vol. 1, Núm. 2, pp. 29-61.

World Bank (2002) *Globalization, Growth, and Poverty: Building an Inclusive World Economy*, Washington, D. C.: World Bank y Oxford University Press.

第4章　「革命の子どもたち」が親になるとき
――バルセロナで生きるキューバ人の戸惑い――

田沼幸子

は じ め に

問題提起

「君はキューバ人なのか！　キューバ人のレジ係は見たことがないな」

バルセロナのある大学に勤めるキューバ人女性オルガ（仮名，54歳：以下，氏名は仮名，年齢は2018年8月執筆時のもの）は，にこやかに現地の男性に言われたという．米国のキューバ人のように一代で政治経済的地位を築いた「成功」した集団でもない一方，在西キューバ人は他の移民に比べ数も多くなく，集住もせず，目立った活動もしていないため，「集団」として認識されてすらいないように見える．それは彼らが抑圧された人々としてグローバルシティで不可視化され，放逐（サッセン 2017）されたからであろうか．先行研究によればそうではない．キューバ人が不可視なのは，スペインの最後の植民地の1つであり，19－20世紀にはスペインからの移民を受け入れてきた歴史的なつながりの強さのうえ，キューバにいながらスペイン国籍を取得し渡西するなど，統計上現れない者も多いためだ．

1990年以降，キューバからスペインへの移動者は増え続けてきた．だが革命直後に渡西し自らを「亡命者」とみなすキューバ人を主なインフォーマントとする研究が中心であり，彼らは近年の渡西者を経済的な理由による「移民」だとみなす．しかしこの20年以内に渡西した当事者がどのように自らの境遇を捉えているかを明らかにした研究はまだ僅少である．1959年の革命を経て生まれ，「革命の子供たち」として育ったのちにスペインに渡ったキューバ人達は，どのような理由で，どのようなやり方で移動し，自己を現在の状況でどのように認識しているのだろうか．参与観察と聞き取りからなる人類学的研究によって，

これを明らかにするのが本章の目的である．「革命の子どもたち」が国外で
——本章のケースでは，スペインはバルセロナで親になるとき，どのように子
どもを育てようとするのか．本章はこの問いがきっかけとなって始まった．親
となろうとする／なった彼らに焦点を当てた理由は，キューバ長期調査時
（2002–2004年）に知り合い，その後国外に去った友人グループを世界各地（イギ
リス，米国，チリ，スペイン）に追ったとき（田沼 2010），キューバにいたときの価
値観を保ちつつ生きようとしているように見えたバルセロナ在住のカップルが，
10年近い滞在の後，子供を持ったことがきっかけである（田沼 2010，2014参照）．

　まず，次節で本章に関わる先行研究を概観する．1つの流れは渡米者を中心
とするキューバを起点とした移民研究であり，もう1つの流れはサッセンが牽
引してきたグローバル移民研究である．続いて在西キューバ人先行研究を紹介
する．2節では，本論の調査概要と結果を述べる．最終章では全体を通じて得
た考察をまとめる．

1　先行研究

1.1.　移民研究の理論的枠組み

　本章の理論枠組みに関わる先行研究には2つの流れがある．キューバ移民研
究と，グローバル移民研究である．

1.1.1.　キューバを起点とした移民研究

　キューバは1492年のコロンブス到着に伴う植民地化によって先住民人口が壊
滅された後，ヨーロッパとアフリカ出身の人々，のちにはアジアや中東からと
いう多様な背景からなる移住者によって住民が構成されてきた．1959年の革命
以降，キューバ国民として一体化して米国に対抗するというナショナリズムの
高まりと1961年の社会主義宣言により，こうした方向性に与しない人々の出国
が相次いだ．一時避難のつもりでマイアミ市を中心に渡米した多くのキューバ
人が帰国できなくなり，彼らの地位を現状に合わせるため1966年，キューバ難
民地位調整法（Cuban Adjustment Act）が施行された．同法は，いかなる手段や
理由で出国した場合でも，キューバ人であれば，米国入国1年後（当初は2年）
に市民権の申請を認めた．近年の国交回復まで，キューバを去ることは，米国
にとっては「共産主義」への異議申立てと見なされ，キューバ政府にとっては

「裏切り」と呼ばれてきた.

　米国への移動が米国・キューバ政府双方から政治的な意味づけを付されてきたのに対し，スペインへの移動の意味は曖昧なものだった．キューバ革命直後のスペインは，フランコ独裁政権下の貧しい移民送り出し国であった．この時期キューバから渡西したのは主にスペインからの移民かその子供達であり（Portes and Bach 1985），スペインは最終目的地である米国への中継地点という位置付けだった（González Yanci & Aguilera Trilla 2002；Fullerton 2014）．キューバ難民地位調整法は，第三国で過ごした場合にも有効であったため，スペイン滞在後，渡米する者も多かった．フランコは国内の共産勢力を激しく弾圧し，第二次大戦後は米国から経済援助を受けたにもかかわらず，キューバとの国交を保った．このため，スペイン滞在に必要な査証がないにも関わらず，ロシア行きのトランジットを利用してマドリード空港で保護を求めるキューバ人に対し，一時滞在を許可するという例外的な措置が取られてきた（Fullerton 2014）．

　1999年，筆者が半年間ハバナ大学に語学留学をした当時は，スペイン人観光客との結婚による渡航が社会現象のようになっていた．ソ連崩壊とともに資本主義国からの国際観光が解禁・推進されると，外国人観光客，特に初老のスペイン人男性や中年の独身スペイン人女性が数多く訪れた．彼らと短期間で恋愛関係になり，結婚するキューバ人も少なくなかった．キューバからの出国は政府によって厳しく審査され制限されていただけでなく，当時平均月給が10ドル相当のペソ払いだった国民にとって，渡航先の入国査証申請に必要な往復航空券（1000ドル以上）やパスポート（100ドル），出国許可証（160ドル）の支払いは不可能だった．以上の条件を最も容易に満たすことができるのは，外国人との結婚による出国だったのだ（詳しくは田沼 2008参照）[1]．

　ホスト国の友人に実際は超過滞在する意図を告げ，合意の上で「招待状」（carta de invitación）を書いてもらい，短期滞在許可を得てヨーロッパの第三国へ渡り，陸路でスペインに行く例もよく耳にした．ラテンアメリカ出身者であるため，スペインに辿りつけばいずれは滞在許可を得られた（深澤 2016参照）．スペインで生活したあとも，収入の伸び悩みやスペイン社会への不満から渡米する人は少なくないが，スペインを目的地とするキューバ人移民は徐々に増え続けている（表4-1）．

　キューバを起点とした移民研究を見ると，旧宗主国であるスペインと，その後キューバを実質的な保護領とした米国との政治的関係が彼らの移動の条件を

第4章 「革命の子どもたち」が親になるとき　*101*

表4-1　スペインへの国際移民総数とキューバ出身者数

（単位：人）

年	スペイン移入民合計	キューバ出身
1990	821,605	21,854
1995	1,020,067	28,314
2000	1,657,285	45,738
2005	4,107,226	71,614
2010	6,280,065	103,189
2015	5,891,208	131,134
2017	5,947,106	132,378

出典：United Nations Population Division Department of Economic and Social Affairs 2017. Table 1. Total migrant stock at mid-year by origin and by major area, region, country or area of destination, 1990-2017より筆者作成.

左右してきたことが分かる．ではグローバルな経済的な流れはどのような影響を及ぼしてきたのだろうか．

1.1.2.　グローバル移民研究

　従来の移民研究が国民国家を所与の単位としてきたのに対し，サッセンは移民がグローバルな資本の移動と労働環境の変化によるものだと喝破し，人の移動の新たな研究の道を開いた．中でも重要なのはジェンダーの視点から，女性の賃金労働への参入によって工場生産やサービス業が女性化し，労働自体の価値も低下していったという視点を組み入れたことだ．雇用側は若年女性の雇用を好む．すると，移民する男性に帯同し女性が移動するという従来のモデルと異なり，女性個人が移動するというパターンが見られるようになった．

　女性移民は滞在の長期化を意味する（サッセン 2004：161）．グローバルな多国籍企業は世界各地に拠点を持つが，それらは他の多くの多国籍企業の拠点が集中するグローバルシティ（サッセン 2008）に集中する．多国籍企業に雇用されるグローバルエリートの集住に伴い，彼らのビジネスに関わる会食や滞在をサポートするサービス業も集中する．そうしたグローバルエリートや，ホスト国のホワイトカラー女性の再生産労働を代替する労働者として移民，とりわけ女性の雇用が生まれる．

　上記で紹介したキューバ移民研究とグローバル移民研究は，これまでしばしば別々に扱われてきた．キューバ移民は米国に近い小国で起きたキューバ革命

102　第Ⅰ部　ラテンアメリカ域外移民

によって他のラテンアメリカ移民とは異なる政治的地位を得た上に，当事者であるキューバ出身の研究者によってリードされてきたため，その特殊性や独自性，時には卓越性を示すものとなってきた（ex. Portes 1969）．他国の移民との比較研究にしても，米国内で競合するメキシコ人移民と比較し，キューバ人の卓越性を方向づけた政策を比較する視点にとどまる（Portes and Bach 1985）．そこには，米＝キューバ関係が在米キューバ人の短期間の社会的上昇を後押ししたという視点はあるものの，世界的な資本の移動や労働環境の変化が影響したというグローバルな広がりは見られない．

　一方，グローバルなエリートの移動とそれを支える移民労働という視点からは，そのどちらにもぴたりと当てはまらない在西キューバ人を位置付けることができない．社会主義国出身の彼らはグローバルな多国籍企業に雇用されてグローバルシティにたどり着くのではない．短期滞在のビザで訪問し，さまざまな職でつないで生活するのだ．政治難民として保護されずとも，国外追放されることなく滞在が許される．

　注意すべきは，政治的な問題から出国しても，彼らが社会主義に反対するとは限らないということだ．逆に，キューバ政府が社会主義を標榜しながらも，実際には国際観光や部分的な市場化を推進する一方，個人の活動を違法とみなすといった矛盾する政策をとることに批判的である例も少なくない（田沼 2014）．在西キューバ人の場合，渡米せずスペインにとどまること自体，社会主義的な価値観と革命の倫理に基づいた判断として行っている側面もある．そしてそれは，彼らが本国でできなかった自己実現を仕事を通して行う際だけでなく，彼らが子供を持ち育てる時に一層，明確になる（第2節）．

1.1.3.　在西キューバ人移民研究

　在西キューバ人に関する研究，とりわけ参与観察や当事者への聞き取りに基づいた研究は，スペインの大学研究費の削減など調査環境全般の厳しさだけでなく，在米キューバ人らがスペインで目立たないためか非常に少ない[2]．首都マドリードのキューバ人について調査研究した人類学者バーグは，在西キューバ人をスペインに着いた時期をもとに「世代」で腑分けする．渡西の時期が1959年から60年代の間の者を「亡命者」（the exiles），1970年代から1980年代までを「革命の子ども達」（the children of the revolution），1990年代以降を「移民」（the migrants）としている．年代が異なっても重なる部分もある，と断っては

いる（Berg 2009：271）ものの，この分類は，「亡命者」の視点に基づいており，後続者の移住の理由を経済的なものとして矮小化する危険がある．

　1990年代，キューバへの国際観光が解禁・推進され多くのスペイン人が訪れると，彼らと結婚する国民が急増した．革命の最大の成果として「無償の教育と医療」を挙げてきた政府は，1999年，外国人と結婚した後，辞職し5年経過してからでなければ出国できないという条件をつけた．無償教育の成果を還元せずに去ることへの制裁だった．同様の措置は，出張や短期滞在ビザでスペインに渡り，そのまま居残る人々にもなされる．今度は5年間，キューバへの帰国が叶わなくなる．大使館で，自分が「裏切り者である」という書類にサインさせられるケースもあるという（Berg 2011：113）．

　在西キューバ人女性に関する民族誌的調査で博士号を取得（Garcia-Moreno 2011）し，その後，彼女たちの就職の傾向に関して調査（Garcia-Moreno 2015）を行ったタラゴナ大学の人類学者ガルシア＝モレノの研究は，経済や就業に着目しつつ，個々人の移民の背景に以下のようなキューバ特有の政治的状況があったことを聞き取りから明らかにしている．

　キューバ政府による厳しい出国制限のため，移民は原則的にできない．短期滞在のための出国さえ許可されるかは不確定である．短期滞在申請をしても実際は帰国しないのではないかと疑われれば申請却下に繋がりかねないので，出国申請は個人単位のものとなる．出国時に頼りとする人間関係は，兄弟のうちの1人や，スペイン人の恋人や配偶者に限られ，家族単位で移民することはほとんどない．出国後一定期間が過ぎるとキューバの財産が接収され，在住権も失い，キューバには一時帰国の短期滞在しかできなかった．このため，一旦，スペインに滞在すると，定住するための道を模索する人がほとんどである．他のラテンアメリカからの移民――エクアドル人，ボリビア人など――が国に残る家族への送金のため，確実に月々の収入が得られる家事労働や高齢者施設の仕事に従事することが多いのとは異なり，キューバ人女性はこれら再生産労働に関わることが少ないという．つまり，サッセンのいう「移民の女性化」が起きにくい（Garcia-Moreno 2015：196）．彼女たちは，収入と社会的地位の向上を目指して転職を繰り返す．革命教育によって培われた自尊心の高さや，社会格差と男女格差の比較的小さな社会で生きてきた考え方や行動が反映されているという．移民直後こそ同郷者ネットワークを利用するが，その後は独自の人脈やインターネット検索，飛び込み営業などで自身の新たな活路を見出す．ある

104　第Ⅰ部　ラテンアメリカ域外移民

インフォーマントが「機会があるのに何もしないのが信じられない」(Garcia-Moreno 2015 : 212) というように，キューバではやりたくてもできなかったことをスペインで試みるのだ.

1.2. 問題設定

　以上の先行研究を踏まえて浮かび上がってきた本章の問いは，専門職に就く可能性のあるキューバ人がスペインにとどまる積極的な理由は何か，である.

　従来，渡米までの中継地点でしかなかったスペインはその後，経済発展を遂げたためキューバ人の定住先となりつつある．しかし依然として渡米した方が給与水準は向上する可能性が高く，本国にも近いため，より好ましいというという認識は国内外のキューバ人の間で根強い．スペインにとどまり続けるか，定住を志向する人々はなぜそうするのであろうか.

　消極的な理由としては，言語の違いや米国では生活の向上が見込めないという可能性があげられる．バーグのいう「移民」(migrant) のように，スペインとキューバを行き来する非熟練労働者がこれに当たるだろう．しかし，専門職の人々は，現在，かつての同級生が米国で専門を生かした仕事をしており，自分にも可能性があることをソーシャルメディアを通じて知るようになった．もう1つの仮説としてはスペインの社会保障制度の充実が挙げられる．キューバ政府の米国批判でも高額な医療費や保険制度の不備がつとに指摘されてきた．これに対し，スペインの社会制度は納税していれば受診時に診療代がかからないうえ質も高い.

　しかし，実際のところどうなのだろうか．以下，当事者達の視点から彼らがスペインに住む理由を明らかにしてゆく.

2　「革命の子どもたち」

2.1. 調査概要

　2015年から毎年夏にバルセロナに一カ月間滞在し，主に40歳前後のキューバ人男性と女性（録画・録音は計10人程度）に継続的に聞き取りと参与観察調査を行った[3]．筆者（1972年生）と，ハバナ郊外で生まれ育ったキューバ人の夫（1974年生）の友人や幼なじみを対象に聞き取りを行ったために，ほとんどが同世代である.

当初は友人として付き合い始めたが，改めてこの調査を行う上で目的を明らかにするため，調査のタイトルと内容を説明した．私が説明した内容を，夫がわかりやすく彼らに伝えた．その際，当事者に対し「革命の子ども達」という言葉を使うことに，一抹の居心地の悪さと不安を感じた．自国に不満があって出国したことが明らかだったため，彼らを「革命」（la Revolución）という強い政治的含意のある語を用いて名指すことで，怒りや不快さを感じさせてしまうのではないか，もしくは冷笑されるのではないかと内心穏やかではなかった．しかし誰もそのような反応をせず，真顔で夫の顔を見て頷きながら説明を聞き，承諾の意思を示した．

　彼らと話していて在米キューバ人／キューバ系アメリカ人と大きく異なる点だと認識したのは，自らの出国に母国の政治的な状況が深く関係しており，経済的上昇が目的ではないと認識していても自らを「移民」（inmigrante），移動を「移民する」（inmigrar, emigrar）と呼んでいたことだ．米国では，「移民」（immigrant）は経済的上昇のためホスト国への移動を希望してきた，という含意があるため，キューバの政治状況によってやむなく出国したと考える人々は，この語で呼ばれることを嫌い，「亡命者」（exile）と名乗ってきた（Behar 2000）傾向とは対照的である．

　以下はインフォーマントの概要である．次に移民に関する当事者の視点を見ていく（表4-2）．

2.2.　出国の動機とスペイン社会への統合

➤ フリオ（48歳）とシェイラ（41歳）

　フリオとレイラは大学時代から20年近く連れ添っている．筆者がキューバで2002年に知り合った最も古くからの知り合いである．

　フリオはレーニン高校卒業後，ハバナ大学で心理学を学んだ．卒業後，精神科医になり，ラカンの精神分析に傾倒，仲間たちと勉強会をし，診察に生かそうとした．しかし，精神分析はキューバでは認められておらず，従来通りのやり方が要求された．同僚だったホアンの言葉を借りれば「仕事をさせてくれなかった」（田沼 2014：148）．フランスの学会に参加し，帰国した後，友人の招待で渡欧した彼は，フランスにいる友人の家に滞在しようとするが，断られる．このため，キューバに残る恋人のシェイラの友人を頼ってバルセロナにたどり着き，彼らの家に居候させてもらった．超過滞在しつつ初めはアラブ人らと建

106　第Ⅰ部　ラテンアメリカ域外移民

表 4-2　インフォーマント概要

	渡西時期	最終学歴	渡西方法	家族状況	職業
フリオ(48歳)と シェイラ(41歳)	2003	大学(学部)	観光ビザ超過滞在→正規化特別措置→永住権→スペイン国籍	娘2人(スペイン国籍)	ブラジリアン柔術講師 薬剤師
アレックス(40歳)とベルキス(37歳)	2006 2007	大学(博士)	EU市民との書類上の結婚→スペイン国籍	長年同居し子供を持つことも考えていたがいない	就職困難者への支援 ウェブマーケティング
アナ(44歳)	1996	大学(学部)	スペイン人との結婚→スペイン国籍	息子1人. その父親(コロンビア人)とは別離.	私立病院医師の秘書
リナ(42歳)	2004	技術学校(高校卒業後に実践的な技術を3年間学ぶ)	母親の母国ロシアから渡西→スペイン(カタルーニャ)人と結婚	息子(8歳)と娘(4歳)	専業主婦
ジャン(38歳)	2013	大学(学部)	渡西→旧植民地出身のため在住2年で合法手続き→スペイン国籍	エクアドル人の妻との間に娘(2歳)	バルのウェイター
オルガ(54歳)	2004	大学(博士)	博士号取得のため渡西→スペイン人研究者と恋愛結婚, 離婚→スペイン国籍	本国での前夫との間に息子1人. 14歳で渡西し, 現在20代後半	大学教員

設業で, 次にウルグアイ人らと果物屋で働いた. 後から来たシェイラはベビーシッターをした. どちらかが働いているときはもう一方は仕事がなく, 2人合わせて500ユーロにしかならなかったが, 当時の彼らは「大金」だと, 喜んだ. 非正規移民の正規化措置が取られ (深澤 2016：72-89) 滞在が合法化されると, フリオは麻薬常用者施設の指導員, のちに障害者施設の指導員として, シェイラは薬剤師として働いた. シェイラはハバナ大学で学んでいた生化学の勉強を続け, 修了しようとしていたが, 何度か中断せざるを得なかった. そろそろ年齢的に子供を持つべきと考え, 30代半ばにテラスハウスに引っ越した直後に妊娠, 出産した.

　その直前, フリオは40歳で大腸ガンを患ったが, 早期発見と手術によって完

治した．保健医療制度が整備されたスペインでは手術入院費がかからなかった．すでに就業していたため，疾病による生活補償が月々，無期限で支払われている．その額は，現在，大学の新卒者がこの程度しか稼げないとしばしば言及される「1000ユーロの人」(mileurista；オルガによれば，言葉ができた頃は少ないと言うニュアンスだったが，現在はそれだけ稼げるなら良いのに（Ojalá），とされる）と同じである．フリオは支給が中断されるのではないかと不安に思い，オンライン大学でマーケティングの修士号を取った．今のところは，長年，趣味としてきた柔術を近所のジムで毎日教えているが謝金は少なく，生活費には満たない．

シェイラは薬局を辞め，失業手当てと育児手当てを受け，子育て中の者に優先的に支給される大学の奨学金を受け勉強を再開していた．しかし，予想外に二児を妊娠・出産．この出産に対する手当が2018年の4月に終了すると同時に就職活動を始めると，程なく近所の薬局での採用が決まった．シェイラは実は，出国のきっかけはキューバでフリオの両親との同居がストレスだったことも一因だったという．

➤ アレックス（40歳）とベルキス（37歳）

アレックスとベルキスとはバルセロナで初めて会ったが，キューバで知り合った友人の友人であったため，すぐに打ち解けた．2人とも地方出身者である．ハバナ大学に進学し，卒業後はどちらもハバナの研究所に勤めながら付き合い始めた．

アレックスはヨーロッパのある国に2年間の予定で留学した．「もうキューバから出国できなくなるかもしれないというパラノイア」におびえつつも一時帰国し，期間の延長を申請，受理された．しかし，修了後はヨーロッパのどこかに残ると決めていた．紆余曲折ののち，恋人のベルキスの姉（イタリア国籍）のいるバルセロナにたどり着いた．就業ビザがないままレストランで資格外労働をしたが，規制が厳しくなったときには無職になった．さまざまな大学の博士課程に申請したが滞在資格がないため受理されないことが続いた．知人の助言でヨーロッパ国籍を持つ知人と便宜上結婚し，「書類を揃え」たうえでスペインで進学し，博士号を取得した．

ベルキスはハバナ大学で社会学の修士課程修了後，親しい同期の友人3人で一緒に働ける場を探し，人類学研究所に勤めていた．キューバ東部の小さな村の民族誌的調査を行ったり，地方からハバナに移住し，不法建築物を建てて暮らす人々の聞き取り調査をするなど（調査許可が降りなかったため，中断された）研

究に夢中だった．友人も仕事も好きだったため，ずっとキューバで暮らしていたかった．しかし月20ドル程度の仕事を続けること自体が人の迷惑になることに気づかざるをえず，ヨーロッパに行くことにしたという．

キューバでは，一般の人が給与内で支払い可能な低額の賃貸住宅が存在していない．このため，アレックスは就職してからもハバナのレグラ地区にある父の実家に居候し，最初はソファで，後にはおばと同じベッドで寝ていたという．ベルキスは定住所すらなく，デイパックを持って友人の家々を渡り歩いていた．しばらくは，ベルキスの姉が賃貸に必要な月20ドルを送金してくれたため，年配の男性のアパートの一部屋を借りることができた．ただし，この賃貸自体，合法的なものではなかった上，アレックスを同居させるため，貸主と親しくし，徐々に認めてもらう必要があった．キューバにいる限り，誰かの厚意に甘えなければならないのは明らかだった．彼女の姉がヨーロッパ人の知人に頼んで書類上婚姻関係を結び，渡西した．知り合いだったシェイラのいる薬局で働き始めたが，経済状況が悪くなると解雇された．

➤ アナ（44歳）

アナは筆者の夫の幼馴染である．軍人が集住するハバナ郊外の集合住宅街で育った．母親は地区で誰もが知る保育園直属の看護師であった．小学校低学年の2年間は父親が派遣されたエチオピアに住んでいたこともある．

アナはインフォーマントの中で，最も早く渡西した．大学で障害者教育を学んでいた際に，同世代のスペイン人と結婚したのだ．その後別れてアパレル販売などで働き始め，バルセロナにたどり着いた．キューバ系アメリカ人の恋人ができるとマイアミに移住し，数年過ごしたが破局し，バルセロナに戻った．車でショッピングモールを行き来するマイアミには馴染めなかったという．バルセロナでは，グラシアという地区に住んでいる．チェーン店ではない小規模な飲食店や小売店が多く，地域としてのまとまりがあり，毎年，地区の祭（Festa Mayor）で賑わいを見せる場所だ．

マイアミでは大学の勉強を生かした保育士，バルセロナでは歯科院の受付などを経て，私立病院の医師の秘書となった．出会い系アプリで20歳近く年下のコロンビア人との間に子供ができ，38歳で出産．しばらく同居するも離別し，シングルマザーとなった．

➤ リナ（42歳）

リナは筆者の夫と同じハバナ郊外で始発のバスを待つ間（時刻表がなく，1．

2時間待つことも珍しくない）に話し親しくなった．彼女の父，中国系キューバ人のルイスは革命が勝利した時期からこれに賛同し，革命軍に参加した．選ばれた若者が派遣されたソ連への留学で工学技術を学んだ．多くの留学生と同様，ロシア人女性と恋愛結婚してキューバに戻り，娘2人が生まれた．

　中佐になったルイスは，軍の中堅層が集住する地区で暮らしていた．リナは，おもちゃなどはなかったものの，何不自由なく感じ，出国など考えたこともなかったという．しかしある時，ルイスは嫌疑をかけられ，長時間拘束され尋問を受けた．その後，慣れ親しんできた地区から移住させられるなど，さまざまなハラスメントを受けたため，出国してスペインに留まることにした．妻の実家に行くかのようにロシア行きの航空券を手に入れたが，経由地のマドリードで降りた．スペインの空港職員は，彼が超過滞在するつもりであることを見抜いた．しかし，「心配するな，私たちはキューバ人を送り返すことはしない」と放免された（Fullerton 2014参照）．

　リナはクラシック音楽専門のラジオ局の音響技師であり，同僚にも恵まれ，仕事にも誇りを持っていた．しかし父が苦しみ去ったキューバに失望し，母親の親戚とともにロシアで暮らし始めた．だが文化と気候の違いに耐えかね，半年後に，ルイスに電話すると，彼は手はずを整え，娘を迎えた．レストランでウェイトレスとして働いていたリナは，客のスペイン人弁護士に見初められ，結婚．ルイスと妻は高齢だが，ロシア人観光客の多いコスタブラバのホテルに住み込み，地下のゲームセンターで遊具のメンテナンスに携わっている．リナは働きたいが，元の仕事である技師として働ける見込みがない上，接客業が好きではなかったことから，現在は手のかかる8歳の息子と3歳の娘の育児と教育に専念する．「移民のよくないところはそこ．前の仕事を続けられるとは限らない」．

➤ ジャン（38歳）

　ジャンと夫は，共通の友人を通じてバルセロナで知り合った．母親が大学でフランス語を教えていたためか，フランス風の名を持つ彼は，フリオと同じく，レーニン高校を卒業しハバナ大学に進学した．専門職の親は，自分の子もそうであってほしいと思うものだから，と彼は思い起こす．だが進学後，その専攻がやりたいこととは感じられず，別の学科に転入した．それもこれこそは，と感じたわけではなかったが，後に出版に関わる仕事に就く．だが自分がしたいことは何かまだ分からず，もっと広い世界が見たいと感じるようになった．

母親がスペイン在住の遠戚に3000ドルを送り，出国に必要な書類を揃えてもらった．その親戚が手配する宿と仕事で1年ほどつなぎ，自立した．レストランやバルのウェイターとして働いている．2016年，エクアドル人のパートナーが2度目の流産を経験した直後も，自分が本当にやりたいことは何かを見つけるために，自己啓発セミナーを受けていた．「スーパーマン」のような気分になったという．そう熱く語りながらも，しばらくするとまた日常に逆戻りなんだけど，とどこか冷めて見ているところもあった．彼の家族は，「グサーノ」（反革命的）だったという．医師で渡米後，資格を取り直して歯科医となった兄を含め，家族のほとんどはマイアミにいる．

➤ **オルガ（54歳）**

オルガは地方の大学に勤務しつつハバナに通い当該地にしかなかったパソコンやインターネットにアクセスし研究を続けた．キューバでは革命後，無料の教育が保証されているものの，教員数を確保することが困難な状況が続いた．現役の大学生が小中学校の教員を務めることも多い．大学院進学も近年まで稀であったため，学部卒業後，すぐに大学で教鞭をとることが普通であった．修士号や博士号は，大学の職場で認められた者のみが取得を目指すことができた．

オルガはスペインで博士課程を履修するプログラムに応募し受理された．滞在中に現地の研究者と交際が始まる．しかし，受け入れ大学で博士論文を提出することは本国の大学で許可されず，キューバで博士号を取得したのち，辞職して14歳の1人息子とともに渡西し結婚した．カウンセリングの経験があったため，自宅に個人診療の看板を出し，自分で営業し顧客を持ち当面の収入を得たという．同時にオンライン大学や市民大学で非常勤職を掛け持ち，現在の大学でほぼ常勤の仕事を得て，学科長まで務めた．しかしテニュア職の公募がなされ審査を通ったのは渡西後14年のことだった．

ここまで見てきたように，本調査のインタビュイーは，ほとんどが高等教育を受けており，キューバで専門的な仕事をしていたが，その収入では生活は厳しかった．とはいえ彼らの出国は，外国でより良い収入を得て帰国するという「出稼ぎ」を目的としてではない．自国で1人立ちして生活できるようになるという希望が持てないため，あるいはいつ自分の身にも災難が降りかかるかわからないため，またはより広い世界をみるため，国外になんらかの活路を見出そうとしたのだ．その際，具体的にどのような方法や手段で生活できるように

なるかまでは誰も予測していなかった.

2.3. スペインの生活

「革命の子ども達」が米国ではなくスペインに渡ったのは,たまたま友人や恋人,親戚のつてがあり,言葉が通じるため何とか生き延びるすべを見つけやすかったことがきっかけである.スペイン人との違いがあまり目立たず,在留許可がなくても国外追放されず,違法滞在をしてもいずれ居住権および国籍の取得が可能であることから滞在が長期化し,その間,社会関係を形成したり,必要な勉強をしたりしながら順応していった.ただし,渡西前から,彼らは革命政権下の教育システムで規律訓練され,過剰な富や自由を求めず,学びと勤勉さを価値として内面化していた.皮肉にも「革命の子ども」という主体のあり方が,流動的で変動の多い経済にうまく「適合」したとも言える.例えば彼らの誰も,住宅を購入していない.2008年の経済危機に際しては,エクアドル人をはじめ多くの移民が住宅ローンの債務不履行に陥ったが[4],キューバ人たちはこうした問題に巻き込まれることは無かった.

更に,教育や医療が無料で平等に保障されるべきだという社会主義的価値観を内面化してきた彼らにとって,それらが廉価で提供されているスペインは一定の安心をもたらす.キューバでは収入に対して高額な食費と食料供給の不足と不安定さ,豆のスープと米,肉か卵という単調な食事に悩まされてきた彼らにとって,スペインの食のバリエーションの豊かさと値段の安さは感嘆の対象である.

では現状に満足しているかと言えば,必ずしもそうとは言えない.バルセロナの賃貸料は高額で,収入の半分かそれ以上が住居費だけで消えてしまい,新たな生活や万が一に備えて貯金することも難しい.キューバと比べて人とのつながりは薄れる一方,スペインでは情報や職を得ることにおける社会関係資本が有効でもあるため,人付き合いにもそれなりの時間と労力,資本をかける必要がある.加えて自己投資も必要であるが,社会関係が薄れるほど専心できない.

専門を活かせる仕事に就くための競争は,大学進学者が少なく,ライバルがあまりいないキューバよりも厳しい(Garcia-Moreno 2012).ベルキスは一端,失職したら再び同じような仕事に就くことが保障されていないため,本来,受け取るものよりも多くを要求されていると感じても,それに答えざるを得ないと

いう．家族や友人，知人といったセーフティーネットがないどころか，本国の
家族からは援助を期待される側でもある．それゆえ彼らは，人とのかかわり方
も変えていく．

2.3.1.　「チップが変わったから」

　例えば，自らスペインに順応したという人々は，同胞との付き合いがほとん
どない．「どうして？」と聞くと，2人（リナとアナ）から「チップ（chip）が変
わったから」と同じ答えが返ってきた．考え方が変わった，という意味だ．
チップとは，携帯電話に入れる SIM カードのことである[5]．入れ替えること
により，他国でも通話やデータ通信が可能になる．アナは兄を引き合いにして
説明した．

　「私の兄は，ここに順応できなかった．だからしょっちゅう帰国するし，
こっちにもキューバにも女がいる．でもスペイン（の収入）で2つの家を持つ
なんて不可能」．彼女は親しいキューバ人はいるものの，本国にいたときのよ
うな付き合い方はしなくなったことを示唆した．

　リナはこう説明した．「もう友達はスペイン人が多いし……チップが変わっ
たから．キューバではパーティーに音楽とダンスがないなんてありえなかった．
だけど……」．子供が公共交通機関で静かにしていられないため「バルセロナ
（市街地）にはもう何年も行っていない」と郊外で子育てに専念する彼女には，
パーティーも都市ももはや関心にない．

　アレックスとベルキスも「チップを変えた」と言える．彼らは就業やステッ
プアップに必要な資格を勉強し，費用も自分たちで働いて工面している．ベル
キスはインターネットで調べた結果，現在のスペインで修士号取得が就業につ
ながる唯一の分野がマーケティングだと知り，オンライン大学で勉強を始めた．
博士号もとり，すぐにインターンの仕事が決まった．仕事と勉強の両立のため，
私的な時間は限られている．このため，人間としては「大好きだけど」時間に
ルーズなキューバ人とは会わないようになっていった．

　時間や仕事への影響を度外視して相手との関係性を優先させることは，
キューバでは珍しくない．ソ連崩壊による経済危機直前の1988-1990年に地方
の村で調査を行ったローゼンダールは，あるインフォーマントが友人関係を保
つために，写真や釣りといった趣味を，多大な労苦とストレスにもかかわらず
続けているという発言を引用する．「趣味によって多くの友人を得られれば，

第 4 章 「革命の子どもたち」が親になるとき　*113*

彼らの助けによってほとんどのものを手に入れることができるから」(Rosendahl 1997：41). 物が希少で, 情報へのアクセスも限られるため, こうした互酬関係はキューバで生活する上で不可欠である. 「貨幣があっても人はただ, 出かけていってそれを購入することができないためだ」(Rosendahl 1997：43). こうしてキューバでは人々は, 寛大で, ホスピタリティを持ち, 社交的で, 明るく ("happy") あることが「文化的」(having cultura) な人間であることの証とされてきた. しかしスペインでは, 市場に物は溢れているが, それを手に入れるためには一定の労働時間を取られる上, キューバのように, 友人と一緒に仕事を探す (cf. ベルキスの例) ことは難しい. こうして彼らは疎遠になっていく.

　シェイラとベルキスの両カップル, それにベルキスの姉とパートナーとも郊外のタラサ (Terrassa) に住んでいたが, ベルキスたちは中心地により近く, ジェントリフィケーションが進んだ海辺のポブレ・ノウ (Pobre Nou) に移動した. シェイラとフリオにとっては, 月600ユーロで大きなベランダ付きのテラスハウスに住めるタラサは, 移民が多くても「フランスみたいにゲットー化しない」理想の場所だ. しかし, より中心地に向かったキューバ人達にとっては, 移民が多く, 主流社会への統合と社会的上昇の機会を逸する場に見える.

　さらに主流社会への統合の壁となっているのは, カタルーニャで近年, 高まりつつある地域ナショナリズムである. ガルシア＝モレノは, キューバ人女性らが受け入れられた理由を「同じ言語を話すから」だとしている (Garcia-Moreno 2015：211). しかし, 彼女が属するタラゴナ大学やバルセロナのあるカタルーニャ州では, スペイン語 (カスティーリャ語) は通じるが, 公用語はカタルーニャ語である. 同州ではフランコ独裁時代に使用が禁止されていたカタルーニャ語の普及に努め, 移民に対し, 初級は無料, 中級からも格安の語学教室を開き, 語学上達と現地に溶け込むための手助けをするカタルーニャ人を語学パートナーとして斡旋している. アレックスとベルキスはこの制度で知り合ったパートナーと親しくつきあった. 彼女からの情報は, アレックスが任期付きではあるが州政府の仕事を得ることにつながった.

　バルセロナではほとんどの職場で国内外からの移住者が協働しており, スペイン語が通じるため, 日常会話以上のカタルーニャ語使用の必要性は感じられない. だが近年, さまざまな職の採用条件として高度なカタルーニャ語力 (レベル C) が求められつつある. 20年以上前に渡西したアナによれば, かつてはこれほど高度な水準は要求されていなかったという. 同州の人たちでさえその

試験には合格できないのではないかと疑う．その言葉を裏付けるように，大学教員のオルガは「私が（カタルーニャ人の）同僚のカタルーニャ語の綴りを直している」という．逆に言えば，高水準のカタルーニャ語が習得できれば，アレックスやオルガのように自治州政府や教育に関連する職に就くことも可能である．

　フランス語と英語もできるフリオとシェイラは，子供が乳児だった頃は一地方でしか通じないカタルーニャ語での教育に否定的で，保育園が始まるまでスペイン語のみで会話しつつ，英語を教えようとしていた．しかし娘が保育園に通い始めると，難なくカタルーニャ語を話せるようになったため，この点に関しては不満をもらさなくなった．現在の不満は，キューバとは大きく異なる幼児教育の方向性である．

2.4.　「革命の子ども」としての子育て

　「革命の子ども達」がキューバで熱心に学び働いてきたにもかかわらず，スペインに留まったきっかけは，自由に，自分の働きで生きられるようになりたい，という素朴なものだ．スペインにも問題はあるが，それを明るみにする報道の自由があり，現時点では武力による弾圧も，キューバで日常的に見聞したような抑圧も行われていない．不満や問題がある際，彼らがそれを口にしつつ，スペインにいるのは，そうした背景があるためだ．

　ただ，自分の子供が３歳という幼さで「教育」の場に送り出され，ほとんど選択の余地がないことを思い知る時，彼らは衝撃を受ける．子供たちは３歳になると，P3（ペ・トレス）とよばれる就学前学校（preescolar）に通い始める．義務教育ではないが，ほぼ100％の在籍率であるため[6]，そう思い込んでいる人も少なくない．０歳から２歳までの保育園の入園（guarderia）は需要に対して供給が足りない上に有料であるのに対し，P3は公立は無料であり，私立と国から助成を受けた．廉価なコンセルタード（半公立・半私立）もあり，希望者は必ず子供を入学させることができる．

　息子の通う公立のP3のありかたに，アナは大きなショックを受けた．キューバでは両親とも働いていれば，乳児から保育園に通うことができ，遊びを始めとした社会化のための活動が中心となっている．朝食，昼食ともに給食があり，午睡の時間もある．キューバでは就学前の準備クラス（preescolar）が始まるのは小学校入学の一年前である．保育園（circulo infantil）に通っていれ

ばそこで受けることもできるし，入学予定の小学校の校舎で受けることもできる．ところが，リナの息子が通う P3 では，午睡がない（学校によって異なる）上に，遊ぶ時間も短く，読み書きや計算の学習が始まる．

　フリオとシェイラは，子どもがのびのび過ごせる，オルタナティブな教育を実践する P3 に通わせたいと考えていた．しかしそうした私立保育園は，月額500ユーロかかる．同様のプログラムを行う公立校もあるが，居住地からも職場からも遠く断念した．近所で検討し，見学の際，娘の調子に合わせて柔軟に対応してくれるというコンセルタードの P3 を選んだ．しかし，実際に新学期が始まると，初日に「それでは多くを失う（勉強し損ねる）から」と教員に言われ，翌日から全日登園を始めざるを得なかった．このように，一旦通い始まると，親の判断で自由に出欠を決められなくなる．その上，カタルーニャの教育機関ではカタルーニャ語が主要言語となる．スペイン語は必須ではなく，英語と同様，第二外国語の選択肢の１つという扱いで，就学前学校では使われない．他地域から転入してきたスペイン人や外国人の父兄に対しても，教員は校舎の敷地内でカタルーニャ語でしか話さないとリナは不満を述べる．彼女の息子が通学し始めたところ，教室でほとんど話さないと教師に呼び出され，精神科の受診を進言されたという．「うちではカスティーリャ語を話していて，カタルーニャ語だけ飛び交う場に行くのが初めてだったからなのに」．このように，児童の問題を学校の課題として捉え，地域でともに解決しようという提案はなされない．

2.4.1.　キューバの子供時代

　キューバでは子育ても教育も，私的のみならず公的領域に属する．リナは，出国時に不満はあったものの，子供時代は「美化されているのかもしれないけど」とても幸せだったと思い起こす．おもちゃはなかったが，近所の子供たちと外で遊び，互いの家にも気兼ねなく入れた．放課後も近所の家庭に集まって宿題をし，分からない子に，理解できた子が説明して一緒に学習するシステムが小学校の指導で，児童の保護者の協力のもと行われていた．革命「勝利」の翌年に農村へ教師だけでなく学生も指導員となり識字運動を担ったように，すべての国民が教育を受け，革命に資する人材になることは革命とその人民の使命でもあった．保育園は，女性の就労を推進する上で必要なものであり，初等教育は，各教科を学ぶだけでなく，社会主義を実現する上で不可欠な社会性と

価値観を身につけさせる場でもある．小学生は自動的にピオネーロ共産主義少年団の一員に組み込まれ，毎朝の朝礼（matutino）ではキューバと社会主義の歴史に関わる「〇〇年の今日」の出来事が紹介され，最後は「共産主義のためのピオネーロ．私たちはチェのようになります」という号令で締めくくられた．10年前まで，高校はほとんどが郊外の農場に隣接した全寮制で，進学校であっても農作業等も学業の一部だった．大学進学がその後の収入の上昇や生活を保障する訳ではないため，入学者は革命精神を内面化し，勉強が好きな者に限られた．そういった生徒には，教員が声をかけ，入学試験の情報を提供していた．しかし高等教育の機会や目的は，収入の増大ではない．キューバでは勉強自体，よりよい人間としての価値を身につけることとして評価されてきた．収入の多寡ではなく，社会にとって有益な人間になること自体に価値があるという見方が背景にある．

　これに対し，スペインの子育てと教育は，私的領域のものであり，国や州はその施設や制度を提供するに過ぎない．どの教育機関に子を託すかを決める判断と責任は親に委ねられる一方，一度託したら，ほとんどその方針や内容に関わることはできなくなる．キューバでは教育の場で重視されていた，集団主義や連帯という価値はほとんど評価されない．リナは，スペインの公園で会う子供の親は，別の子が自分の子のおもちゃに関心を示しても貸そうとしないどころか，一緒に遊ぶのを避けようとするという．その一方で，個々人の子ども達が，この年齢であればこの程度の読み書きができ，この水準の絵を描くべき，といった規格に合うかどうか，といった比較評価がなされる．これは革命の理念を価値のあるものとみなして育ってきた「革命の子ども達」にとっては「個人主義的」で「エゴイズム」に見える．

2.4.2.　スペインに住み続ける理由

　以上のように，スペインに住むキューバ人は子育てで初めて初等教育のギャップに驚く．それでも彼らがスペインに止まるのはなぜか．そこには子供のための安心と，親として教育に関わる時間が取れること，そして子供自身に未来を任せられるという展望がある．

　アレックスとオルガは博士課程を修了し，専門職に就くために莫大な時間と労力をかけた．彼らが現在の地位を築いたのは勉強や競争によってだけではない．現地のカタルーニャ人やスペイン人との人間関係から築いた社会資本も大

きく作用している．彼らは別れたが，さまざまなつながりがバルセロナにある．

スペイン人と結婚したリナとも同様である．家族が皆揃っていることもあり，カタルーニャを離れることは視野にない．教育の在り方に不満はあるが，近くに住む夫の家族やカタルーニャ外から移住してきたスペインの友人達がいる．

アナは子供が幼いうちは，父親がいるバルセロナにい続けようと考えている．貯蓄はできないが，スペインの公立教育であれば大学進学することになっても本人の努力で費用の捻出は可能である．実際，現職では働きながら大学に通う同僚もおり，自分がそのために犠牲になるべきではないと考えている．

ウェイターからの転職ができないジャンは，マイアミへの移住を希望する．しかし「ユマ（キューバでの憧れを伴った米国の俗称）には行きたい．でも，娘のことを考えると，あの国はイヤだ」．

シェイラは近年，マイアミに高校時代の同級生が数多く移住し成功していることから，渡米への期待を口にすることもあった．しかし，フリオは感情的に反対した．理由は，彼らの学歴では米国でキューバやスペインで同等の専門職に就けず，スペインのような安価で質の高い医療が受けられないというものだ．しかし，シェイラが「マイアミのことになると，私のパパみたいになる」と苦笑したように，かつての革命支持者にとって，反革命のシンボルだったマイアミと米国に行くことは，強い反感を引き起こす．スペインでは手続きや物事のペースが遅く，計画通りに事が進まないが，逆に娘達と過ごす時間をとることはできる．「またゼロから始めて，移民したばかりの時のような扱いを受けるのは嫌」と，シェイラも納得しつつある．

以上のように経済的要因と，政治的状況が絡まり合ったキューバの状況は，内部の事情を知り得ない外部からはなかなか見えてこない．また，こうしたキューバ特有の複雑な事情に関して，彼らも他国の人に話しても分かってもらえないと感じ，ほとんど語らない．本章が当事者の視点から移動の意味づけを明らかにしようとしたのは，こうした事情が政治的・経済的なマクロな視点では捨象されてしまうことを長年のキューバ人との関わりから認識していたためである．

おわりに

本章の目的は，バルセロナ在住のキューバ人がどのような理由で，どのよう

118 第Ⅰ部 ラテンアメリカ域外移民

なやり方で移動し，自己を現在の状況でどう認識しているかを明らかにすることであった．先行研究のレビューと当事者への聞き取りから，在西キューバ人は順応しているものの，スペインの政治経済システムに共感しているとは限らず，本国で叶えられなかった理想を，仕事や子育てを通じて実現しようとしていることが明らかになった．まとめると以下の２点である．

（1）グローバル化による労働の価値の低下とジェンダー化がグローバルシティでの女性を含む移民労働の増大につながっているという流れが，キューバ人のサービスや再生産に関わる労働市場への参入を容易にしているものの，本人たちの意思や努力と市場の要求がマッチすれば専門職への移行が可能であり，そうした志向性が高いこと．

（2）（1）の専門職への志向性と移行は，ホスト国で進むネオリベラリズム化に順応したものではなく，それらへの抵抗として想起される「革命の子ども」として養育・教育された記憶と価値観を以ってなされている．

　ある時期まで，彼・彼女らの自己認識は，キューバで育んだ価値観を裏切ることなく自己実現できた，というものだったと言える．しかし子供が生まれると，彼・彼女を取り巻く環境が理想とは程遠いことが明らかになる．自分の子供時代には当然のように周りにいた人々や教育のあり方が，スペインにはない．逆説的だがスペインで子を持ち，腰を据えて長期的な生活の基盤を持った時にこそ，彼らは過去を振り返って自己を「革命の子ども達」として認識する．そしてスペイン生まれの子供にその価値を伝えながら，そこで生き続けるための新たな意味づけを模索し始めるのである．

　注

1）外国人との結婚の場合，海外滞在許可証（PRE：Permiso de Residencia en el Exterior）が得られるため，他の手段で出国すると，11カ月以上の超過滞在（2012年からは24カ月以上に延長）でキューバの在住資格を失う，という事態も回避することができた．

2）研究環境の厳しさに関する情報は，大学で調査・研究経験のあるインフォーマントのオルガとアレックスから得た．

3）調査は以下の助成により可能になった．記して感謝の意を述べたい．平成27年首都大学東京傾斜的研究費（若手奨励研究費）部局分配当，平成27年「外国で子育てをするキューバ人の映像人類学的研究」研究代表者，平成28-30年基盤研究（B）（特設分野研究）「ラテンアメリカの国際労働移動とジェンダーとエスニシティからみた国際分業

の変容」（代表：同志社大学・グローバル地域文化学部・教授・松久玲子）研究分担者，平成28‐30年基盤研究（C）（一般）「革命の子供たちが親になるとき：スペインにおけるキューバ人の子育ての人類学的研究」研究代表者.

4）「住宅ローン被害者の会」を調査した池田朋洋氏の教示による．会の詳細については池田（2016）参照.

5）スペインでは携帯電話が普及する以前から使われており，コンピューターゲームやパーソナルコンピューターの部品から発しているという意見もみられる．（WordReference. com Language Forumes, "Cambio de chip"（Discussion in 'Sólo Español' started by Sikundr, No 5, 2007）https://forum.wordreference.com/threads/cambio-de-chip.709039/

6）Ministerio de Educación y Formación Profesional "Educación Infantil" Gobierno de España（スペイン政府）. http://www.educacionyfp.gob.es/contenidos/estudiantes/educacion-infantil.html（2019年9月16日アクセス）Ministerio de Educación y Formación Profesional 2018.

参考文献

池田朋洋（2016）「スペイン「住宅ローン被害者の会」におけるエンパワーメント——個人の自律性と運動の集合性をめぐって」超域文化科学紀要（21）東京大学大学院総合文化研究科超域文化専攻，pp. 75-95.

サッセン，サスキア（2004）『グローバル空間の政治経済学——都市・移民・情報化』田淵太一・尹春志・原田太津男訳，岩波書店.

———（2008）『グローバル・シティ——ニューヨーク・ロンドン・東京から世界を読む』筑摩書房.

———（2017）『グローバル資本主義と〈放逐〉の論理——不可視化されゆく人々と空間』伊藤茂訳，明石書店.

田沼幸子（2008）「YUMA-CUBA——ここではないどこか，私ではない誰か」石塚道子・冨山一郎・田沼幸子編『ポスト・ユートピアの人類学』人文書院，pp. 241-263.

———（2010）『Cuba Sentimental』（60分 監督・編集・撮影：田沼幸子，編集構成：市岡康子）.

———（2013）「キューバン・ディアスポラ——在米キューバ人の表象に関する考察」『グローバル人間学紀要 2012』第5号，pp. 5-27

———（2014）『革命キューバの民族誌——非常な日常を生きる人びと』人文書院.

深澤晴奈（2016）「スペインの移民政策とラテンアメリカ出身移民——その実態と背景としての法的優遇」『社会科学』第46巻第1号，pp. 65-91.

Behar, Ruth（2000）"Post-Utopia: The Erotics of Power and Cuba's Revolutionary Children", in D. J. Fernández and M. C. Betancourt（eds.）, *Cuba, the Elusive Nation: Interpretations of National Identity*, Gainesville: University Press of Florida pp. 134-154.

Berg, Mette Louise（2009）"Homeland and Belonging among Cubans in Spain," *The Journal of Latin American and Caribbean Anthropology*, Vol. 14, No. 2, pp. 265-290.

———（2011）*Diasporic Generations: Memory, Politics and Nation among Cubans in Spain*, Berghahn Books.

120 第Ⅰ部 ラテンアメリカ域外移民

Fullerton, Maryellen（2014）Cuban Exceptionalism: Migration and Asylum in Spain and the United States. 35 U. Miami Inter-Am. L. Rev. 527. Available at: https://repository. law.miami.edu/umialr/vol35/iss3/4（2019年8月4日アクセス）

García-Moreno, Christina（2010）*Mujeres Migrantes Cubanas. "Resolviendo"e"Inventando" También en España*. Tarragona. Tesis doctorado, Universitat Rovira i Virgili.

――――（2012）Trayectorias laborales de las mujeres migrantes cubanas en España. *MIGRACIONES INTERNACIONALES*, Vol. 8, Núm. 1, ENERO-JUNIO DE 2015: 189-219.

González Yanci, María Pilar & María José Aguilera Trilla（2002）La inmigración cubana en España: razones políticas y de sangre en la elección de destino. *Revistas Espacio, Tiempo y Forma*. Serie VI, Geografía, 15, pp. 11-27（DOI: https://doi.org/10.5944/etfvi.15.2002.2592）.

Portes, Alejandro（1969）Dilemmas of a Golden Exile: Integration of Cuban Refugee Families in Milwaukee. *American Sociological Review*. August 34（4）, pp. 505-517.

Portes, Alejandro and Robert Bach（1985）*Latin Journey: Cuban and Mexican Immigrants in the United States*, Berkeley: University of California Press.

Rosendahl, Mona（1997）*Inside the Revolution: Everyday Life in Socialist Cuba*. Ithaca: Cornell University Press.

United Nations Population Division, Department of Economic and Social Affairs（2017）International migrant stock: The 2017 revision. Population Division, International Migration. http://www.un.org/en/development/desa/population/migration/data/estimates2/estimates17.shtml（2019年1月3日アクセス）

第5章　ラテンアメリカからスペインへ
——家事労働分野における女性移民労働者——

深澤晴奈

は じ め に
——ラテンアメリカからスペインへ——

　20世紀末から21世紀初頭に新たな国際分業体制が形成され，グローバリゼーションの過程が単一の市場合理性によって貫徹・収斂化するものではないとする複数のグローバリゼーションが把握されるようになった．そして現在，グローバリゼーションはその第三局面に際している（Sassen 1998, サッセン 2004, 足立 2008）．第一局面は20世紀半ばまでに進んだ段階であり，古典的国際分業体制の下，先進資本主義諸国は工業生産を行い，途上諸国では第一次産品や原料・食料の生産を行うのが特徴である．第二局面では，1960年代以降，先進諸国に集中していた製造工業が途上諸国に移転・再配置され，途上諸国における世界市場向けの工業生産が可能となった．先進諸国向けに安価な商品を輸出するためには途上諸国の安価な労働力が必要とされ，そのなかで女性労働力が「再発見」された．現在進行している第三局面では，それまでの生産領域の国際分業化型グローバリゼーションの進展に加えて，再生産労働が市場化・商品化されて国際労働力となり，再生産領域の国際分業化が起こっている（足立 2008）．

　本章で扱うスペインは，こうした生産領域とともに再生産領域においてもグローバリゼーションが進行するなかで，短期間に大規模な移民流入をともないつつ移民受け入れ国となった．特に2000年代には年平均50万人にのぼる流入を経験し，外国人数は1999年の約75万人から2010年の570万人へと激増した．全人口に占める移民の割合も10年間に1.8％から12.2％へと急上昇し，スペインは短期間に紛れもない移民受け入れ国へと変貌を遂げた（表5-1，図5-1）．

表5-1 スペイン住民登録における外国人数とその割合（1999～2015年）

年	住民登録における外国人数（人）	全人口に対する割合（％）	スペイン全人口（人）
1999	748,954	1.8	40,202,160
2000	923,879	1.8	40,499,790
2001	1,370,657	2.2	41,116,842
2002	1,977,946	3.3	41,035,271
2003	2,664,168	4.7	42,196,231
2004	3,034,326	6.2	42,547,454
2005	3,730,610	7.0	43,296,335
2006	4,144,166	8.4	44,009,969
2007	4,519,554	9.2	44,784,659
2008	5,268,762	11.4	46,668,938
2009	5,648,671	12.0	46,239,271
2010	5,747,734	12.2	46,486,621
2011	5,751,487	12.2	46,667,175
2012	5,711,040	12.1	46,818,216
2013	5,546,238	11.7	46,727,890
2014	5,023,487	10.7	46,512,199
2015	4,729,644	10.1	46,449,565

出典：スペイン国立統計局（INE: Instituto Nacional de Estadística），「住民登録，居住者」（"Padrones Municipales, Población residente"）のデータより作成．

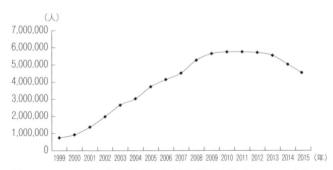

図5-1 スペイン住民登録における外国人数（1999～2015年）
出典：INE, "Padrones Municipales" のデータより作成．

移民の出身国についても，アフリカ，ラテンアメリカ，東欧，アジアから多様なエスニシティの移民労働者が流入した（図5-2，図5-3）．本章では，2000年代の特に前半における移民流入急増の主軸であり，この間に100万人以上が

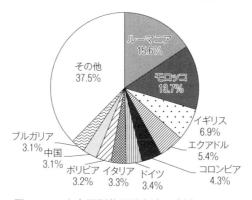

図5-2 出身国別住民登録者の割合（2012年）
出典：INE, "Padrones Municipales" のデータより作成.

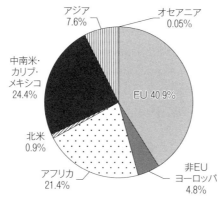

図5-3 出身地域別住民登録者の割合
（2014年）
出典：INE, "Padrones Municipales" のデータより作成.

流入したラテンアメリカ出身移民を取り上げる．なかでも，2000年代の国際労働力移動の構造的変化である再生産領域のグローバル化とそれに伴う雇用機会の女性化の影響によって，ラテンアメリカ出身女性の多くが移民先のスペインで家事労働部門に従事している様相に焦点を当てる．そうすることで，新国際分業体制におけるジェンダー分析の第三局面の一端をラテンアメリカとスペインの間で進行している事例を通じて分析するとともに，家事労働部門におけるジェンダー・エスニシティや，経済危機下での女性の雇用機会の実態を探って

124　第Ⅰ部　ラテンアメリカ域外移民

いきたい.

　スペインにおけるラテンアメリカ出身女性移民に関する主な研究は，2000年代以降に始まった．先行研究では，移民先において家事労働業での労働機会を得やすいことから男性よりも女性が先行して移民することや，それと関連して女性移民の割合が多いことなどが明らかになっている（Oso 1998, Parella 2003, Pedone 2006）．また，経済移民の場合，出身国での貧困層はスペインまで移動する費用を捻出すること自体が困難であり，ゆえに移民者の出身地域は出身国における後進地域ではなく政治経済の中心地域であることが多い傾向もある．コロンビアからスペインへの移民の事例研究では，移民者の約80％がスペインへの渡航費を自費でまかなっており，第三者からの借金により旅費を捻出した移民は20％にとどまっている（Actis 2009：149）．また，比較研究からは，スペインにおけるラテンアメリカ出身移民女性の割合（54.8％）が米国（31.5％）においてよりも大幅に高いことが示されている（2011年データ）（Aysa-Lastra y Cachón 2012）.

　スペインにおける移民とジェンダー研究については，1980年代の女性移民の不可視状態を問う潮流から，移民の女性化を指摘する1990年代を経て，2000年代には移民の主役としての女性という研究がスタンダードとなった．ラテンアメリカ出身女性移民については，女性で移民であることから社会的に周縁化されがちであることをさまざまなデータから指摘する研究もあるが（Benitez 2015），女性移民が男性移民の付き添い役（acompañante），もしくは移民先における家族経営の商売において賃金を得ずに長時間労働を行うという副次的な存在から，労働市場において自立的な立場，例えばエスニックマーケットなどの自営業の経営者（empresariado étnico）となる研究も現れるようになった（Oso y Villares 2008, Oso 2010：34.）.

　こうした先行研究をふまえて，本章では，ラテンアメリカ出身の女性移民労働者が，1980年代の流入初期，定着していく1990年代，そして大規模な流入が起こった2000年代前半を経て，2000年代後半の経済危機を経験する過程でいかなる立ち位置にあったのかに注目しつつ，その姿を国際労働移動の観点からみていきたい.

1　スペインのラテンアメリカ出身移民

　2000年代に流入したラテンアメリカ出身移民は約100万人で，特に2000年代前半に急増した．主要各国への流入移民の出身地域の割合をみても，ラテンアメリカ出身移民が多いのは，米国（53.9%），スペイン（36.8%），ポルトガル（28.7%）の順であり，ヨーロッパ地域内でも，イタリア（7.6%），フランス（3.9%），イギリス（2.1%），ドイツ（1.1%）と桁違いの差が見られる（表5-2）．言語の影響が大きいと考えられるが，こうしたラテンアメリカ出身者の大規模な流入は，移民受け入れ国となったスペインの特徴となっている．2000年代において，ラテンアメリカ地域からスペインへの移民で最も多いのはエクアドル人，次にコロンビア人であり，この二国からの移民は2000年代前半に急激に増加した．続いて，ボリビア，ペルー，アルゼンチン，ドミニカ共和国出身者の順となる（表5-3）．ラテンアメリカ出身移民の大部分は大都市に集中し，特に首都のマドリード自治州やスペイン経済の中心都市バルセロナを抱えるカタルーニャ自治州に居住している．マドリードやバルセロナといったグローバルシティは，労働市場の二重性を伴って急速に外国人労働者を吸収し，彼らは，経済発展を促す原動力，少子高齢化の福祉国家を支え得る必要な労働力，インフォーマル経済での労働を含めたいわゆる3K労働力，スペイン人女性の社会進出に代わる再生産労働力などと認識されていった．

　ラテンアメリカ出身の移民労働者が参入する経済部門については，2015年第

表5-2　主要各国に流入した移民の出身地域（2010年）（%）

	全人口に対する移民の割合	ラテンアメリカ・カリブ	EU15カ国	EU拡大12カ国	その他ヨーロッパ	北アフリカ・中東	アフリカ・サブサハラ	アジア	北米・オセアニア
スペイン	13.8	**36.8**	19.6	16.7	4.5	12.9	3.7	5.1	0.8
ドイツ	13.2	1.1	15.9	20.2	40.9	5.2	1.1	14.3	1.3
フランス	10.3	3.9	24.9	2.9	8.1	39.4	12.4	7.2	1.2
ギリシャ	10.0	0.4	6.0	12.9	67.3	4.1	0.8	6.5	2.0
アイルランド	20.1	0.8	55.2	22.9	1.8	0.0	5.0	7.5	6.7
イタリア	7.4	7.6	5.9	28.7	25.0	14.7	3.7	14.4	0.0
ポルトガル	8.6	**28.7**	11.8	10.6	16.9	0.4	25.0	5.9	0.7
イギリス	10.4	2.1	21.2	15.6	2.4	3.9	17.8	29.4	7.6
米国	13.8	**53.9**	6.5	2.3	3.9	2.8	2.8	25.3	2.5

出典：Cebolla Boado y González Ferrer 2013：45より作成．

126 第Ⅰ部 ラテンアメリカ域外移民

表5-3 ラテンアメリカ出身移民の出身国別住民登録者数とラテンアメリカ出身
移民全体に占める割合（1999年～2014年・5年毎・上位6カ国）

	1999年（人）	（%）	2004年（人）	（%）	2009年（人）	（%）	2014年（人）	（%）
ペルー	22,747	16.3	68,646	5.5	139,179	7.6	90,312	7.3
アルゼンチン	21,096	15.1	130,851	10.5	142,270	7.8	85,803	6.9
ドミニカ共和国	20,168	14.5	47,973	3.8	88,103	4.8	84,689	6.8
コロンビア	13,399	9.6	248,894	20.1	296,674	16.3	181,875	14.7
エクアドル	7,155	5.1	475,698	38.4	421,426	23.2	218,883	17.7
ボリビア	1,430	1.0	52,345	4.2	230,703	12.7	150,703	12.2
中南米・カリブ・メキシコ出身移民合計	134,356		1,237,806		1,815,149		1,230,322	

出典：INE 及び Padrones Municipales のデータより作成.

表5-4 スペインにおけるラテンアメリカ出身移民の経済部門別従事人数と
割合（2015年第4四半期）

経済部門	男女（人）	割合（%）	男性（人）	割合（%）	女性（人）	割合（%）
産業全体	592,400	-	252,000	-	340,400	-
農業	25,500	4.3	20,700	8.2	4,800	1.4
製造業	41,400	6.9	31,900	12.6	9,500	2.7
建設業	38,900	6.5	37,400	14.8	1,600	0.4
サービス業	486,500	82.1	162,000	64.2	324,400	95.2

出典：INE, 労働力調査（EPA：Encuesta de población activa）のデータより作成.

4四半期のデータで見ると，全体の82.1%がサービス業に従事しており，製造業（6.9%），建設業（6.5%），農業（4.3%）である（表5-4）．男女別にみると，男性は，サービス業（64.2%），建設業（14.8%），製造業（12.6%），農業（8.2%）と，建設業や製造業に従事する割合が女性に比べて高い．女性については，ほぼ全てがサービス業（95.2%）に従事している．また，ラテンアメリカ出身移民労働者全体の約6割を女性の労働者が占めており，移民の女性化も見られる．次節では，サービス業部門のなかで特に家事労働に従事するラテンアメリカ女性移民労働者について，そのスペインへの流入と定着の過程を見ていく．

2 家事労働分野におけるラテンアメリカ出身女性移民労働者

移民先国の労働市場に家事サービス及びケア部門の需要があるために女性が

移民のパイオニアになることは，先行研究において知られているが，スペインではこの分野に多くのラテンアメリカ出身女性移民労働者が参入してきた（Oso 2010：33）．本節では，主にスペインへ移民が流入し始めた1980年代半ばから経済危機が発生する直前の2007年までに，ラテンアメリカ出身の女性移民労働者がどのように家事労働部門に参入し，従事していたのかを見ていきたい．

1980年代半ばから1990年代初頭にかけての移民流入初期において，ラテンアメリカ出身の女性移民として，まず，ドミニカ共和国出身者が主に住み込みの家事労働者（interna）として流入した．続いて，ペルー出身者が家事労働及びケア分野においてスペイン労働市場へ参入するようになった．1990年代初頭頃までは，特に病院の看護師が不足していたため，看護師免許を有するペルー人女性がその需要に応じていた．しかし1991年にはその需要もなくなり，多くの看護師たちが家事サービスや高齢者の介護部門に転換せざるを得なくなった（Escrivá 2003, Tornos y Aparicio 1997）．2000年代に入ると，特に2007年までの間にラテンアメリカからスペインへの移民が急増し，女性移民についてもエクアドル人とコロンビア人がその大部分を占めた（Pedone 2006）．他にも，経済危機を経験したアルゼンチンや，2000年代半ば以降にはボリビアからも女性移民の増加が見られるようになった（図5-4）．

男女の割合についての出身国別の特徴としては，ドミニカ共和国出身者は流

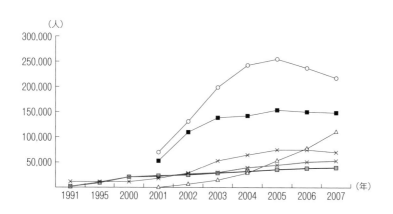

図5-4　スペインにおけるラテンアメリカ出身女性数（1991年～2007年）
出典：INE, "Padrón Municipal", Oso 2010：36.

128 第Ⅰ部　ラテンアメリカ域外移民

入初期から女性移民が圧倒的に多く，1996年には77％が女性であった．ペルーやコロンビア出身者についても同様で，移民流入初期に当たる2001年のデータによると，ペルー出身移民の61％，コロンビア出身移民の60％を女性が占めていた（INE, "Padrones Municipales, Población residente"）．エクアドル人については，2001年のデータでは男女差は見られないが，1995年までさかのぼると女性が64％を占めていた（Oso 1998 : 130）．

3　移民初期の手段としての住み込み家事労働業

　本節以降では，1980年代半ばから2010年代までに，家事労働分野に従事するラテンアメリカ出身の女性移民がどのようにスペイン労働市場に参入し，スペイン移民政策のなかでどのような位置づけにあったのかを見ていきたい．

　家事労働分野における需要は，1980年代から1990年代にかけて，特にマドリードやバルセロナなどの大都市において増加した．こうしたニッチな労働市場の存在が，移民男性と比較して家事労働分野に参入しやすい女性移民労働者の流入を促したことから，ラテンアメリカ出身者のスペインへの移民が女性化した．初期の流入先は，マドリード北部郊外の高級住宅街（Aravaca 周辺）の戸建て地区に集中しており，その需要が飽和すると，次第に他地域に拡散していった（Gregorio 1998）．

　住み込み家事労働は，単身の女性移民や連鎖移民の一番手となる移民者にとって，最も妥当な職のひとつとされている（Oso 2010 : 36.）．それは，移民先で即座に居住場所を確保することができ，受け入れ社会との接点ができる上に，生活費がかからないことからその分を貯蓄に充てることが可能なためである．つまり，職の確保と住居の確保が直結しているということである．他方で，1990年代には，多くのラテンアメリカ諸国とスペインの間には査証廃止協定が締結されていたことから，移民の多くは観光客としてビザなしで入国し，ビザなしで滞在できる90日間を過ぎてもオーバーステイ状態で働いていた．そうした法的に非正規の身分で滞在する際にも，住み込みの家事労働者であれば労働監査が入る可能性は極端に低下するため，移民の入国直後の職として定着していった．

　加えて，1990年代のスペイン政府の移民政策も，家事労働業への流入を後押しすることとなった．1993年から1999年にかけて実施された経済部門による移

第5章　ラテンアメリカからスペインへ　*129*

民の割当制（contingente）では，毎年一定数の移民労働者を受け入れる政策を採っていたが，なかでも家事サービス分野（servicio doméstico）は，サービス部門のなかの特別枠としてカテゴライズされ，期限なし雇用として募集された．割当制度が実施された初年度の1993年には合計2万600件の募集が行われ，そのうち期限付雇用（empleos temporales）が1万500件，期限なし雇用（empleos permanentes）が1万100件であった．経済部門別内訳は，農業1万件（期限付7000件，期限なし3000件），建設業1100件，サービス業9500件で，サービス業のうち期限なしとされたのが家事（6000件）であった（**表5-5**）．

　しかし，2万600件の募集に対する申請者数は6000件のみで，そのうち5220件が承認された．結果として，承認件数は募集件数の約25％にしか満たなかった．大都市においては平均よりも高い割合であり，マドリード州（県）では72％（マドリード州は1州1県制），バルセロナ県では51％，カナリア州（ラス・パルマス県及びテネリフェ県）では44％であった．経済部門別に見ると，申請件数の83％を家事サービス業が占め，これに対して期限付き農業労働にはわずか160件，その他サービス業には714件の申請しかなかった（Izquierdo 1996：94）．申請者の出身国については，ドミニカ共和国（1412件）及びペルー（1220件）で全申請者の約60％を占めており，モロッコ（586件），フィリピン（378件）が続いた（**表5-6**）．

　この申請のうち最終的に承認されたのは，家事サービス業が全体の72％，その他サービスが20％であり，農業（1.6％）や建設（0％）にはそもそもほぼ申請者がいなかった．ただし，これは1990年代の割当制導入によって家事サービス業に従事することが多い女性移民労働者の流入が増加したという訳ではない．なぜこういった極端な偏りが発生したのかといえば，申請者のプロフィールがドミニカ共和国やペルーであることを鑑みると，申請者は外国から申請したと

表5-5　1993年割当分の経済部門別分布

（人）

	経済部門			計
	農業	建設業	サービス業	
期限付	7,000	－	3,500（その他）	10,500
期限なし	3,000	1,100	6,000（家事）	10,100
合計	10,000	1,100	9,500	20,600

出典："Resolución de 14 de junio de 1993" より作成．

130　第Ⅰ部　ラテンアメリカ域外移民

表5-6　1993年割当分の出身国別申請者数

	人	%
ドミニカ共和国	1,412	30.7
ペルー	1,220	26.5
モロッコ	586	12.7
フィリピン	378	8.2
コロンビア	140	3.0
中国	128	2.8
その他	737	16.0
合計	4,601	(100)

出典：Ministerio de Asuntos Sociales, Dirección General de Migraciones.

　いうよりは，すでにスペインに滞在し家事サービス業でインフォーマルに労働していた外国人であると判断される．こうしたことから，割当制度は非正規移民の身分の正規化の機会として利用されたと考えられる（Izquierdo 1996：95）．また，この間に行われた数度の非正規移民の正規化特別措置（いわゆる不法移民の合法化措置）においても，家事サービス業従事者の多くが申請し，正規化された．

　住み込み家事労働の問題点としては，生活空間のプライバシーを欠き，労働時間の線引きが曖昧かつ閉鎖された空間での搾取や，従属関係のような不都合な側面が指摘されている（Martínez Veiga 2000, Colectivo IOÉ 2001）．また，高等教育を受けた移民女性が，移民先の足がかりとして家事労働者となるケースも散見される．1990年代末の調査によると，ペルー人移民女性の63％が高等教育，31％が中等教育レベルであり，エクアドル人移民女性の40％が高等教育，53％が中等教育レベルであった．ドミニカ人移民女性については，初等教育レベルが42％とやや低下するものの，中等教育レベルは42％であった（Colectivo IOÉ 2001）．

　多くの場合，こうした教育レベルと家事サービス業に対する賃金相場が一致しないことから，特に住み込み家事労働従事者たちは，機会があれば転職をしたいと考える傾向にある．住み込み家事労働業は，渡航費用等の借金返済や他の職を探し当てるまでの一時的な職で，いずれは通いの家事サービス業（externa fija）もしくは時給で働く家事サービス業（por horas）に移行するための「トランポリン」として位置付けられている（Oso 2010：37）．つまり，住み込み

の家事労働業は，単身での移民の足がかりとして，ある程度の貯蓄をして家族を呼び寄せるまでの時期に，スペイン労働市場に即時に参入しやすい手段として利用されてきたのである．その間，一家の稼ぎ頭として，出身国に残してきたトランスナショナルな家族を養うために送金をする方法として，自身の教育レベルと必ずしも一致しない住み込みの家事労働業に就いているケースが多く見られる．こうしたラテンアメリカ出身移民女性たちは，移民後数年を経ると，次第に家族再統合のプロセスや転職の機会を探るようになっていった．

4　家族再統合と女性移民労働者の雇用機会

2000年代に入ると，それまで女性の割合が圧倒的に高かったラテンアメリカ出身移民の男女差が次第に縮小されていった（図5-5）．1996年と2007年のデータを比較すると，女性の割合はまだ高いとはいえ，ドミニカ共和国出身移民は77％から56％，ペルー出身移民は61％（2001年）から51％，コロンビア出身移民は60％（2001年）から56％に縮小している．これは移民後数年から十数年を経た2000年代に，次第に男性や子どもを呼び寄せて家族再統合がおこなわれた過程と考えられる．こうして，1990年代に女性移民を特徴としていたラテンアメリカ出身移民は，2000年代半ばまでに，家族移民という局面を迎えた．

ラテンアメリカ出身男性の流入増加については，この家族再統合の過程と並

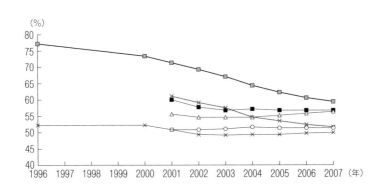

図5-5　スペインにおけるラテンアメリカ諸国出身女性移民の割合
（1996年〜2007年）

出典：INE, "Padrón Municipal", Oso 2010：38.

132 第Ⅰ部 ラテンアメリカ域外移民

行して，2000年代前半のスペイン経済の急成長とスペイン政府の政策が影響している．スペインでは，1994年から続く好景気の勢いで，2004年までの10年間に約500万の雇用が創出され，失業率も24％から11％に半減した．1999年にスペインはユーロの原加盟国となり，そのことも経済成長に拍車をかけた．高成長の主な原動力は，1994年以来途切れなく拡張し続けた建設業であった（Toharia 2004）．建設業界が労働者不足に陥り，そこに移民労働者が必要とされて流入が促されたのは言うまでもない．逆に言えば，高成長が続いたのはスペイン労働市場に移民労働者が流入したこととも大いに関係している．そして，男性労働者の雇用が優先される傾向の建設業部門に，ラテンアメリカ出身の男性移民が多数流入した．

この好景気と経済のグローバリゼーションが重なって，スペインは2000年代に「移民の時代」（"age of migration"）（Castles and Miller 2009）に入った．こうしたなかで，政策上も，急増する移民に対応する新たな法制度が必要となっていた．通常，スペインの二大政党である右派国民党（PP）と中道左派社会労働党（PSOE）の間では政策争点の距離が大きいが，短期間に対応しなければならなかった2000年代の外国人法制については，結果としてイデオロギーを超えた現実的な対応を行い，社会統合政策においては温度差があったものの，特に入国管理については大差のない政策を採ってきた．

2000年代初期には，大規模な流入と同時に非正規移民の増加も顕在化した．非正規移民労働者の急増やその劣悪な労働実態などがメディアの煽りなどもあり社会問題化されたのである．スペイン政府は，これに対応するために，ラテンアメリカ諸国との二国間協定によって正規移民の流入を促す政策を目指した．例えば，スペイン南東部の農業地帯ムルシア州で数万人のエクアドル出身者が非正規移民として劣悪な環境で農業部門に従事していたことを受けて，2001年，スペイン政府とエクアドル政府は，移民に関する二国間雇用協定を締結した．その内容は，非正規移民労働者であったとしても，政府が渡航費を負担する自主帰国プログラムによって一旦帰国し，エクアドルで正規の労働許可証を獲得すれば再度スペインに戻って労働することが可能になるというものであった．結局は，自主帰国プログラムが開始されて帰国者が増加するにつれて徐々に帰国の条件が緩和され，最終的には正規化措置の申請のために必要とされた帰国の義務を廃止するという顛末ではあったが，プログラム申請者の総数は2万4098人で，そのうち2万352人の正規化が認められた．その多くがムルシア州

で農業部門に従事する移民労働者であり，農業部門には男性が従事する割合が高い傾向があったため，これによってエクアドル人男性移民の数がデータ上も増加したと考えられる．2015年のデータによれば，農業部門に従事するのはラテンアメリカ出身移民全体の4.3%であるが，男女別に見ると，男性は8.2%，女性は1.4%であった（INE, EPA）．

さらに，非正規移民対策として，それまでスペイン入国の際に滞在が90日以内であれば査証が免除されていた国々に対して査証を義務づけることが決定したため，義務付け前の駆け込み的な入国が相次いだ（表5-7）．この査証免除は，20世紀後半まではむしろスペイン人移民がラテンアメリカ諸国へ移民していたという歴史的な経緯による．主に1960年代から1970年代にかけて，多くのラテンアメリカ諸国とスペインの間で査証廃止協定が締結された．例えば，エクアドルとの間に1963年に締結された「査証廃止協定」は，エクアドルで就労していたスペイン人労働者の帰国と再入国の手続きが煩雑にならないようにとスペイン政府主導で締結された協定であったが，それが21世紀初頭にはスペインに流入するエクアドル人労働者に適用されるようになった．ところが2000年以降，移民流入急増を懸念したスペイン政府と，流出増加を危惧した出身国政府の利害が一致したこともあり，コロンビア（2001年から），エクアドル（2003年

表5-7　90日以内の滞在の査証免除に関する二国間協定の廃止
（ラテンアメリカ諸国）

査証が必要な国 （査証義務化の年）	査証が義務化された後に再度免除となった国 （査証義務化の年）→（再度免除された年）	査証が必要でない国
ボリビア（2007） エクアドル（2003） キューバ（1999） ドミニカ共和国（1993）	コロンビア（2001）→（2015） ペルー（1992）→（2015）	アルゼンチン ブラジル チリ コスタリカ エルサルバドル グアテマラ ホンジュラス メキシコ ニカラグア パナマ パラグアイ ウルグアイ ベネズエラ

出典：Cebolla Boado y González Ferrer 2013: 49, La Moncloa 2015より作成．

から),ボリビア(2007年から)からの移民に対して査証が義務化された.そのため,まず女性が単身で移民し,しばらく後にそのパートナーや家族をスペインに呼び寄せることを考えていた人々が,呼び寄せの計画を前倒し,査証義務化の前に家族再統合を行うことを選択したと考えられる.こうした諸方面の理由によって,2000年代前半に,単身もしくは家族再統合によるラテンアメリカ出身の男性移民労働者が増加した.

他方で,同時期のラテンアメリカ出身の女性移民労働者には,より良い条件の職に移行しようとする傾向が見られた.つまり,全体的に家事労働分野に従事する割合が若干減少したのである.例えば,社会保障制度に加入していたラテンアメリカ出身者のうち,2001年に家事労働分野に類別されていたのは20%近くであったが,2006年には13%となっている(図5-6).しかしながら,一般的には,移民初期から参入していた家事サービス業からの転職は困難であった.2003年の調査によると,多くの場合,移民先での滞在が6年を超えなければ,非正規身分や失業や搾取状態を克服して非熟練業種以外へのよりよい条件での転職が可能な状態にはなっていない.実際,滞在3年目では家事サービス業部門の労働者の3/4が初期の職に留まったままであった(Oso 2010:39).しか

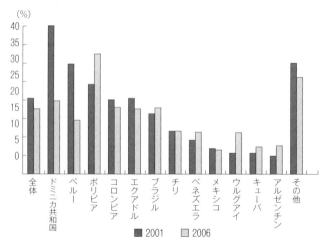

図5-6 社会保障制度家事労働分野におけるラテンアメリカ諸国出身国別の割合(2001年及び2006年)

出典:Ministerio de Trabajo y Asuntos Sociales, "Anuario de Estadísticas Laborales y Asuntos Sociales", Oso 2010: 38.

も，ラテンアメリカ出身女性は家事労働分野を脱することがさらに困難であるとの調査もある（Colectivo IOÉ 2001）．そもそも社会保障制度において家事労働分野の62%をラテンアメリカ出身者が占めている状況である上に，家事労働分野を脱した割合は，エクアドル人が12%，ドミニカ人が15%，コロンビア人が17%，ペルー人が22%と，ラテンアメリカ出身者は軒並み低い数値となっている（2001年のデータ）．ラテンアメリカ以外の出身者については，中国人48%，ポルトガル人33%，モロッコ人27%，ポーランド人16%などである．

　例えば，家事労働分野を脱した割合が22%と比較的高いペルー人女性は，主に大都市で起業し，商店，清掃業，介護，配達業，飲食業などの分野に参入している．こうした場合，単身で先に移民していたペルー人女性の元に家族再統合などによってペルー人男性がやって来たことで，異業種での経験がある男性の後押しによって女性が家事サービス業を脱する「移民女性のキャリア推進」（empuje a las carreras migratorias femeninas）も起こった（Escrivá 2003）．子供がいる場合には，店舗で育児をしながら商売を続けられるようなエスニック商店やインターネットカフェなどでの起業（"empresa-guardería"）が選択され，ワーク・ライフ・バランス上の利点を考慮する余地もできた（Oso 2010：43）．

　ペルー人女性は主に1990年代に流入していたことから，2000年代になってから流入した他のラテンアメリカ出身女性と比較して2000年代に異業種への移行を経験する割合が高いが，主に2000年代に入ってから流入が始まったエクアドル人女性やコロンビア人女性については，大部分が家事労働分野に留まったままであった．ただし，ペルー人女性と同時期もしくは最も初期に流入したドミニカ人女性については，2000年代に入ってもその大部分が家事労働分野に留まったままであった．その理由としては，ドミニカ人女性の教育レベルがペルー人女性と比較して相対的に低いことや，図5-5にも見られたように，2000年代になっても単身女性移民の割合が高く，家族再統合のプロセスが相対的に遅いことが関係すると考えられる．トランスナショナルな家族を抱えた一家の稼ぎ頭であるまま異業種へ移行する機会は少なく，転職は困難であり，転職がある場合にはもっぱら同業内での水平的な転職（movilidad ocupacional horizontal），つまり，住み込みの家事従事業から通いの家事サービス業への移行であった（Oso 2010：40）．実際，ラテンアメリカ出身女性のうち住み込みの家事従事分野から抜け出した割合が最も高かったのはドミニカ人女性で（35%），続いてペルー人女性（29%）であった（2001年の調査，Colectivo IOÉ 2001）．入れ替わ

りとして住み込み家事従事分野に参入したのは，2000年前後に流入が始まった
エクアドル人女性であり，それもその後2000年代半ばにボリビア人の流入が始
まると入れ替えが見られた（Oso 2010：40）．

こうしたことから，ラテンアメリカ出身女性による同業内での水平的な転職
は移民年数と直結しており，家事サービス業においては，移民初期の住み込み
家事従事者から数年経った後に通いの家事サービス業もしくは時給で働く家事
サービス業に移行し，次第に労働環境を改善する機会を得てきたことがわかる．
同時に，ペルー人女性の例に見られるように，垂直的な転職（promoción verti-
cal），つまり異業種への転職の機会を得る場合もあり，その際には，ドミニカ
人女性に見られるように，教育レベルやトランスナショナルな家族を抱えた一
家の稼ぎ頭として送金を続けなければならないかどうかが雇用機会の主なファ
クターとなっている．ただし，移民先で男性パートナーを見つけて共同経営者
として銀行に起業資金を借り入れできたケースや，スペイン人との結婚によっ
て起業手続きがスムーズになったケースも見られる．これは，夫であれ共同経
営者であれ，ドミニカ人であれスペイン人であれ，男性の存在が起業へのプロ
セスを容易にしたということであり，ジェンダー関係においては，起業そのも
のは必ずしも移民女性のエンパワメントと結びついていないことも示している
（Oso 2010：46）．

より後年に流入したエクアドル人女性，コロンビア人女性，ボリビア人女性
については，移民初期における経済的にも法的にも不安定な状況が要因で，当
座の雇用機会として住み込みの家事従事者となることが多かった．特に経済的
に渡航費用などの借金を背負っている場合や送金に追われている場合，また，
法的に非正規身分である場合などに，階級やエスニシティによる差別や周縁化
の対象となるケースもある（Catarino y Oso 2000）．この点，移民の形態が，ラ
テンアメリカ出身女性のスペインにおけるキャリア形成に影響を及ぼしていると
考えられる．つまり，単身移民，トランスナショナルな家族の存在，パート
ナーの存在，家族再統合，移民先での結婚などの要素が女性移民労働者の雇用
機会に作用しているのである．

5　経済危機と女性移民労働者の雇用機会

2000年代前半のスペインのバブル景気と労働市場における需要増加という経

済的要因，ラテンアメリカ諸国における諸問題による移民の決断といった移民の出身地域における要因，そして査証義務化や非正規移民の正規化措置などの移民政策という政治的な要因がさまざまに組み合わさって，2000年代に大規模なラテンアメリカ出身者の流入が生じた．2000年代半ばには，ラテンアメリカ出身女性移民が移民後数年から十数年を経て，転職や起業，家族再統合を行う局面を迎えるようになっていた．しかしながら，1994年から続いていた好景気は2007年の米国サブプライム住宅ローン危機や2008年のリーマンショックの余波を受けて終わりを迎え，スペインは経済危機の時代に入った．それまでの高成長を支えていた建設業と不動産業分野が2007年半ば頃から陰りを見せ，2008年に入ると一気に落ち込んだ．特に2008年9月には世界金融危機の波がスペイン経済にも波及し，雇用が壊滅的な打撃を受けて失業率が急上昇した．2008年末から2009年はじめにかけての解雇件数は150万件で，そのうち76万件は2009年第一四半期に集中していた．なかでも移民労働者の解雇は22万5000件を超えており，移民労働者全体の失業率は30％に上った．特に建設業に従事していた男性移民労働者が大量に失業者となった．本節では，2008年以降の経済危機の時代に，ラテンアメリカ出身女性移民がスペイン労働市場でいかなる位置にあり，いかなる雇用機会を捉え，その際にジェンダー・エスニシティの側面ではどのような変化が見られたのかについて検討していきたい．

　2007年から2013年にかけての経済危機時代の移民労働者の失業率は30％超，この間に労働市場に留まり続けた移民労働者は20％のみであった（Arranz, Carrasco y Massó 2017：341）．ただ，この時期の就業率データからは，女性の就業率が男性よりも若干高いことが読み取れる．女性労働者に偏りがちな家事やケア分野に従事していた移民女性は，経済危機の発生によっても職種が変わることがなく，突如大打撃を受けて大量の失業者を出した建設部門に集中していた男性移民と比較して失業するケースが少なかった（Martínez Buján 2011）．特にケア労働については，経済危機下でも需要があった．男性よりも雇用機会に恵まれていたとも考えられるが，それは，移民女性の多くが，たとえ他業種で失業してしまった場合にも，より賃金が低い下方の垂直的な転職を行うことによって家事労働やケア労働に従事することを即座に決断し，失業状態に陥らずに済んだためである．他方で，男性は一旦失業してしまうと停滞状態に陥り失業状態が長引く傾向にあった．こうした状況下では，移民女性が「救命具」（"salvavidas"）として低賃金かつ不安定な職に就きながらも，稼ぎ頭となって家族を支

138 第Ⅰ部　ラテンアメリカ域外移民

えていた（Arranz, Carrasco y Massó 2017：329）．以下では，2000年代前半に入国したラテンアメリカ出身移民女性の例から，経済危機下で女性が稼ぎ頭となっていたケースを見てみる．

　　私はパラグアイのアルゼンチン国境に近い農業地帯の出身ですが，結婚後，職を求めて夫とアルゼンチンに移民して，自宅も建てました．自宅からはパラグアイの家族の家にもよく帰郷していました．しかし，アルゼンチンが不況に陥って長期の失業状態が続き，物不足で十分な食べ物が入手できないほどになったため，スペインへ移民することを決心しました．

　　私の場合は，双子の姉妹が先にマドリードに移民していたので，彼女を頼って来ました．今からちょうど14年前の2003年9月です．エクアドル人に対してスペイン入国の際のビザが義務づけられたと聞いてから3カ月後です．夫とともに姉妹を訪ねに観光目的で（ビザなしの90日間滞在）スペインに入国しました．

　　入国直後は，マドリード市内南部のパテラ・アパートに入居していました（パテラ：密航者がすし詰状態でジブラルタル海峡を渡ってくる小さなボートの意）．あそこでは，マンションの1室にあるいくつかの部屋を総勢20人くらいでシェアしていました．長らくスペインに滞在しているというパラグアイ人女性が経営していました．私と夫は，家具なしの1部屋を月300ユーロで借りていました．この間，夫は日雇いの建設現場で仕事をし，私は姉妹の助けを得ながらマドリードでの生活場所を探っていました．3カ月後に，より物価の安い郊外に夫婦共に住み込み業で引っ越すことができました．その後，入国から3年後に夫とともに身分の正規化をし，私が月に500ユーロ，夫が月に1000ユーロ，計1500ユーロの稼ぎが見込めるようになってから，住み込みの家を出て近くの村にアパートを借りました．それ以来，我々はマドリード北部地域に住んでいます．

　　経済危機で夫の建設業での仕事がなくなると，すでにマドリードの北部地域に引っ越してはいたものの，いつもの近隣の村での家事サービス業に加えて，バスと地下鉄で約1時間かかるマドリード中心部に家事サービスの職を求めて働きに出ていました．交通費が出るので全く構いませんでした．そして，帰国しようなどとは考えてもいませんでした．夫は，しばらくして，近隣の村で庭仕事やリフォームや家の修理などを口コミで受けるようになりました．（M. N. パラグアイ出身女性，50代，家事労働業）（対面及びインターネットを通したテレビ電話での筆者によるインタビュー，2017年及び2018年）

経済危機下では，長期の失業状態を打開するために，スペイン国籍取得をして求職をする移民，出身国に帰国する移民，第三国に移民するケースが増加するとみられていたが，実態は全体からすると僅かであった．まず，スペイン国籍取得について，ラテンアメリカ出身者であれば正規滞在後2年を経た時点でスペイン国籍取得のための申請が可能となる．このことから，一般には，スペイン国籍を取得してスペイン国籍所持者として求職する手段が有効となるのではと考えられたが，実際にはその効果は薄かったことが明らかになっている．2011年から2016年にかけての国籍取得数はそれ以前50年間と同規模であるだけではなく，二重国籍取得者の失業率は，外国籍の者よりも僅かに低いだけであった（表5-8）(Martínez de Lizarrondo 2016：30-31)．

また，スペインからさらに第三国へ移民する際に，スペイン国籍を取得しスペイン人として移民するラテンアメリカ出身移民がとくに増加したことをデータから示すことはできない（図5-7）．経済危機下で流出した移民は，「外国生まれの外国籍の者」が約8割を占めており，二重国籍取得者とみられる「外国

表5-8　国籍別（スペイン国籍，二重国籍，外国籍）の失業率
（2009年〜2014年）（％）

年	全体	スペイン国籍	二重国籍	外国籍
2009	17.9	15.9	24.8	28.3
2010	19.9	18.0	25.6	30.0
2011	21.4	19.3	26.3	32.6
2012	24.8	22.8	30.7	35.9
2013	26.1	24.2	34.1	37.0
2014	24.4	22.8	31.7	34.5

出典：EPA, Martínez de Lizarrondo 2016: 30.

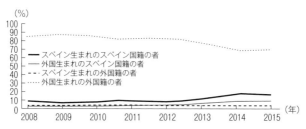

図5-7　出生地及び国籍別の移民流出率（2008年〜2015年）
出典：INE, Stanek y Lafleur 2017: 186.

生まれのスペイン国籍の者」は1割にも満たないのである（Stanek y Lafleur 2017：186）．

　失業によって出身国に帰国する移民については，想定されていたよりも少なかった．スペイン政府によって，失業した移民には帰国費用が支給される自主帰国支援策も実施されたが，この補助金を利用して帰国した移民は2003年から2011年までに約1万4000人という少数であった．2014年には移民の帰国はさらに減少傾向となり，前年の9.8％から2.5ポイント減となった．他方で，失業によって帰国した移民の場合，帰国後には，経済的な問題だけではなくジェンダーの問題も顕在化している．例えばエクアドル人移民に関する調査によると，帰国後，女性移民は「女性の役割」（rol femenino）として再生産労働やケア部門に関連付けられることになる．しかし同時に社会的には移民の間に故郷で失われていた役割を回復することになる．一方，男性移民はスペインで失業状態に陥ると「男性性の危機」（crisis de las masculinidades）を伴うことが多い．その結果，稼ぎ頭として「動的」（móviles）であろうとするために帰国を決心することがある．スペインで働く妻を残して単身帰国する場合もあるが，妻を伴って帰国する場合，女性は再び伝統的な再生産の役割に戻っていくこととなる（Cortés y Oso 2017）．

お わ り に

　20世紀末から21世紀初頭にかけてのスペインへの大規模な移民流入の大部分は，ラテンアメリカ出身者であった．多くの場合，女性が先行して移民したが，好景気やスペインの移民政策などによって家族再統合を早期に実現させることが可能となっていた．そのため2000年代前半には男性の割合も増加し，スペインのバブル景気を支える労働者として正規・非正規の身分を問わずスペイン労働市場に参入していった．

　その後，2000年代半ばには，EUの東方拡大に伴いルーマニアやブルガリアからの移民も急増した．東欧出身の移民女性の多くは，まずは家事サービス部門に参入していった．こうした局面で，ラテンアメリカ出身女性と東欧出身女性の間に家事サービス部門におけるエスニック対立は発生していただろうか．前述のインタビューのラテンアメリカ出身女性は，対立は見当たらないと答え，むしろ東欧出身者との接触自体がほとんどないと言う．人づてで就業先を探す

ネットワークは，まずは家族や親族関係者，次に同じ出身地域や出身国の人，そしてラテンアメリカ出身者全般ということで，東欧出身者と言葉をかわすことは近所にいない限り稀だという．

　また，ラテンアメリカ出身者であれ東欧出身者であれ，家事労働分野に従事する移民女性の多くはインフォーマルで働いており，社会保障制度に加入せず，当然のことながら所得税も納めていない．この点，雇用者側は，多くの場合，非正規移民の雇用による雇用者罰則や勤務中の事故の責任追及リスクを恐れて，家事労働分野での身分の正規化の申請や，すでに正規化されている場合には折半で社会保険料を支払って社会保障制度に加入することを希望しているが，インフォーマルで働く労働者自身の大部分がほぼこうした申し出を断っている．それは，失業状態にある方がむしろ失業手当や種々の補助金の給付を受けることが可能であることや，少額とはいえ社会保険料を支払うことへの抵抗などの理由による．

　しかしながら，インフォーマルで雇用されていた家事サービス業の移民女性が，作業中に転倒して障害を負う怪我をした，勤務3日目で解雇されたなどの理由で訴訟を起こし，賠償金を求める事例が特に2010年代になってから相次いでいる．なかには集団で同様の事件を訴えるケースも現れた（todoexpertos.com, abogae.com などのネット上の法律相談フォーラムに頻出）．こうしたことから，スペイン人のなかには，自身の生活における家事やケア労働を支えるために不可欠だとして雇用しているにもかかわらず，移民は失業手当をだまし取っている，社会保障制度にただ乗りしている，さらには偽りの理由で訴訟を起こして賠償金をせしめている，といった反感も僅かながら拡がっている．

　スペインでは，2000年代前半の外国人法制の策定に続き，2000年代半ばの大規模な流入のなかで社会統合政策が模索されつつ制定された．スペインの移民の社会統合政策の特徴は，移民と自国民の「双方向からの統合」の重要性であり，これは当時の左派政権（社会労働党：PSOE）の遺産であった．だが，2010年代初頭には，右派政権（国民党：PP）が経済危機と財政悪化を理由として社会統合政策に全く手を付けず，予算も皆無となった．2018年には左派政権が返り咲いたことから，2000年代半ばに行っていた大規模な社会統合政策と同じ政策決定者が再び政策決定の場に戻ってくることとなった．他方で，移民に対する小規模なバックラッシュや，新規の極右政党（VOX）が移民排斥を唱えて誕生し，2019年4月の総選挙で初めて国会で議席を獲得するという近年の動きもあ

142   第Ⅰ部　ラテンアメリカ域外移民

る.

　本章では，新国際分業体制の第三局面の一端がラテンアメリカとスペインの間で進行している事例を検討した．スペインが複数のグローバル化が定着した時代に移民受け入れ国となり，2000年代の国際労働力移動の構造的変化である再生産領域のグローバル化とそれに伴う雇用機会の女性化によって，多くのラテンアメリカ出身女性がスペイン労働市場の家事労働分野に参入してきたことが明らかになった．さらには，移民受け入れを通じて，今後のスペイン社会の様相を予測させるような課題も立ち現われ，成熟しつつある移民受け入れ社会の将来の一端も提示された.

参考文献

足立眞理子（2008）「再生産領域のグローバル化と世帯保持」伊藤るり，足立眞理子編著，『国際移動と〈連鎖するジェンダー〉——再生産領域のグローバル化』作品社，pp. 224-262.

サスキア・サッセン（2004）『グローバル空間の政治経済学——都市・移民・情報化』田淵太一他訳，岩波書店.

Actis, Walter（2009）"La migración colombiana en España: ¿Salvados o entrampados?," *Revista de Indias*, Vol. 69, No. 245, pp. 145-170.

Aja, Eliseo, Arango, Joaquín y Oliver, Josep（eds.）（2009）*Inmigración y crisis: entre la continuidad y el cambio*, Barcelona: CIDOB.

Arranz, José María, Carrasco, Concepción, Massó Lago, Matilde（2017）"La movilidad laboral de las mujeres inmigrantes en España（2007-2013）," *Revista Española de Sociología*, Vol. 26, No. 3, pp. 329-344.

Aysa-Lastra, María y Cachón, Lorenzo（2012）"Latino immigrant employment during the great recession: a comparison between the United States and Spain,"*Norteamérica*, Vol. 7, No. 2, pp. 7-45.

Benítez Burgos, Geoconda（2015）*De condición femenina, inmigrante y excluida: La mujer latinoamericana en España*, Madrid: Biblioteca Nueva.

Castles, Stephen and Mark J. Miller（2009）*The Age of Migration: International Population Movements in the Modern World*, 4th ed., Basingstoke: Palgrave Macmillan.

Catarino, Christine y Oso, Laura（2000）"La inmigración femenina en Madrid y Lisboa: hacia una etnización del servicio doméstico y de las empresas de limpieza," *Papers*, No. 60, pp. 183-207.

Cebolla Boado, Hector y González Ferrer, Amparo（eds.）（2013）*Inmigración: ¿Integración sin modelo?*, Madrid: Alianza Editorial.

Colectivo IOÉ（2001）*Mujer, inmigración y trabajo*, Madrid: Ministerio de Trabajo y Asuntos Sociales.

Cortés, Almudena, Oso Laura（2017）"Avecillas y pájaros en vuelo transnacional: Retorno, género y estrategias de movilidad e inmovilidad entre Ecuador y España," *Revista Española de Sociología*, Vol. 26, No. 3, pp. 359-372.

Escrivá Chordá, María Ángeles（2003）"Inmigrantes peruanas en España: conquistando el espacio laboral extradoméstico," *Revista Internacional de Sociología*, No. 36, pp. 59-83.

Godenau, Dirk, Rinken Sebastian, Martínez de Lizarrondo Artola Antidio, y Moreno Márquez Gorka,（2014）*La integración de los inmigrantes en España: Una propuesta de medición a escala regional.* Madrid: Ministerio de Empleo y Seguridad Social.

Gregorio, Carmen（1998）*La migración femenina y su impacto en las relaciones de género*, Madrid: Narcea.

Izquierdo Escribano, Antonio（1996）*La inmigración inesperada: La población extranjera en España（1991-1995）*, Madrid: Editorial Tratta.

La Moncloa（2015）"Rajoy muestra su satisfacción por la rúbrica de los acuerdos entre la UE y Colombia y Perú para la exención de visados", 11 de junio.

López Sala, Ana, Oso, Laura（2015）"Inmigración en tiempos de crisis: dinámicas de movilidad emergentes y nuevos impactos sociales," *Migraciones*, No. 37, pp. 9-27.

Martínez Buján, Raguel（2011）"La reorganización de los cuidados familiares en un contexto de migración internacional," *Cuadernos de Relaciones Laborales*, Vol. 29, No. 1, pp. 93-123.

Martínez de Lizarrondo Artola, Antidio（2016）"Naturalizaciones en España: indicador de integración y estrategia frente a las cirisis," *Migraciones*, Vol. 39, pp. 3-37.

Martínez Veiga, Ubaldo（2000）"Evolución y clasificación del trabajo doméstico inmigrante," *Ofrim suplementos*, No. 6, pp. 75-96.

Ministerio de Asuntos Exteriores（1982）"Canje de Notas de 30 de octubre de 1963 sobre supresión de visados entre España y Ecuador, hecho en Madrid," *BOE*, No. 76, de 30 de marzo de 1982.

——————（2001）"Acuerdo entre el Reino de España y la República del Ecuador relativo a la regulación y ordenación de los flujos migratorios," el 29 de mayo de 2001.

Oso, Laura（1998）*La migración hacia España de mujeres jefas de hogar*, Madrid: Instituto de la Mujer, Ministerio de Trabajo y Asuntos Sociales.

——————（2010）"Movilidad laboral de las mujeres latinoamericanas en España y empresariado étnico," *Familias, niños, niñas y jóvenes migrantes: rompiendo estereotipos*, Grupo Interdisciplinario de Investigador@s Migrantes, Madrid: Iepala Editorial, pp. 33-46.

Oso, Laura y Villares, María（2008）"Latinoamericanos empresarios en España: una estrategia de movilidad ocupacional," *América Latina migrante: estado, familias, identidades*, Herrera, Gioconda y Ramírez, Jacques, pp. 159-175, Congreso Latinoamericano y Caribeño de Ciencias Sociales.

Parella Rubio, Sònia（2003）*Mujer, inmigrante y trabajadora: la triple discriminación*, Barcelona: Anthropos.

144   第Ⅰ部　ラテンアメリカ域外移民

Pedone, Claudia（2006）*Estrategias migratorias y poder. Tú siempre jalas a los tuyos*, Quito: Ediciones Abya-Yala.

Resolución de 14 de junio de 1993, de la Subsecretaría, por la que se dispone la publicación de la de 4 de mayo de 1993, por la que se dictan instrucciones generales y de procedimiento sobre determinación de un contingente de autorizaciones para trabajadores extranjeros para 1993, conjunta de los Directores Generales de Asuntos Consulares, de la Policia, de Politica Interior y de Migraciones, *BOE*, núm. 144, de 17 de junio de 1993, pp. 18702-18708.

Sarrible, Graciela（1998）"Migraciones y género: la feminización de la población activa migrante," *Perspectiva Social*, No. 40, pp. 159-184.

Sassen, Saskia（1998）*Globalization and its discontents*. New York: The New Press.

Stanek, Mikolaj y Lafleur, Jean-Michel（2017）"Emigración de españoles en la UE: pautas, implicaciones y retos futuros," Arango, Joaquín, Mahía, Ramón y Sánchez-Montijano, Elena（dir.）, *La inmigración en el ojo del huracán*, Barcelona: CIDOB, pp. 180-203.

Toharia, Luis（2004）"El mercado de trabajo en España: Situación y perspectivas," *CLM Economía*, No. 44, pp. 77-106.

Tornos, Andrés y Aparicio, Rosa（1997）*Los peruanos que vienen: quiénes son y cómo entienden típicamente la inmigración los inmigrantes peruanos*, Madrid: UPCO.

第Ⅱ部

ラテンアメリカ域内移民
──「南」から「南」への労働移動──

第6章 「トランジット」移民の再定義
——遠隔母親業と家族再統合のプロセスからの考察——

浅倉寛子

は じ め に

　本章の目的は，メキシコ，ヌエボ・レオン州モンテレイメトロポリタン地区に居住する中米移民女性の経験をもとに，トランスナショナルな家族の構成のプロセスを，終わりなき移動過程に基づいて記述・分析することにある[1]．

　人，金，物資，情報，シンボルが絶え間なく流通する昨今，1つ屋根の下に住むことは，多くの家族にとって贅沢なこととなっている．物理的空間での共存は，何らかの親族関係を持つ異なる年齢や性別の人々を結束し，それを維持するための本質的要素ではなくなり，社会生活のグローバル化・トランスナショナル化のプロセスに対抗するため，今まで以上に「家族になる（doing family）」[2]（Dill 1994）資質が問われ，試されている．

　世界レベルでは，約2億5700万人，すなわち世界人口の3.4％が国際移民と推測され（国際移住機関 2017年），女性はその約半数（48.4％）を占めている（国際移住機関 2017年）．ラテンアメリカにおいては，その比率はさらに高くなり，2017年には50.7％に達した（国際移住機関 2017）．越境する女性人口が増加し，彼女たちによる新しい人の流れが形成されるにつれ，移民の女性化を示唆する研究者もいる（Sassen 2000）．そしてこの現象は，再生産労働の国際分業化を内包する，生産労働の国際分業化の再編成プロセスと深く関係している．

　再生産労働の国際分業化の過程は，差異の新形態を生み出してきた（Hondagneu-Sotelo 2007；Parreñas 2000）．グローバルシティに生まれ住む白人女性らは，家庭の中で自らのジェンダーに基づく従属を抹消しようと，自分たちとは異なる人種・エスニシティと社会階層によって従属させられている他の女性たちに家事・育児の責任を移譲することを模索する．こうした従属は，国籍，移民ス

テイタス，そして多くの場合には，言語によっても行われる．そして，経済的に優遇された女性たちは，子どもたちの文化教育や家族の余暇を指揮するのに必要な時間を確保しようと，専門活動や消費活動に活発に参加する（Hondagneu-Sotelo 2007）．結果，家庭・家族内における男性の優遇的地位は手付かずにおかれ，現在のグローバル規模の新しい女性間の差異が構築される．この再生産労働の移譲過程は，受け入れ社会の中間階層の専門職をもつ女性と家事労働に従事する移民女性の間でだけでなく，これらの移民女性と彼女たちの出身国で代わりに家事・育児を担う他の女性たちの間でも発生する．

　一般的に，移民，特に女性の移民は，この3つのグループに属する女性たちの家族内の再構成を招く．優遇された地位にいる女性の育児は移民女性によってなされ，移民女性たちの子どもの世話は，彼女たちが賃金を稼ぎ養育費を絞り出す間，出身地の別の女性たちによって行われる．そして，この連鎖の最後に位置する女性たちの子どもたちの面倒は，他人の子どもたちの世話と並行して，彼女たち自身が行うことになる．これらの女性たちの間では，労働時間が倍増しても，その報酬は皆無にすぎない．このようにして，家族の再生産は世界の異なる場所で，階層的に行われ，その中間レベルで，国境を挟んで生産・再生産活動を行うトランスナショナルな家族（Mummert 2012）という，特殊な家族のあり方が形成される．

　社会再生産のための基本的単位とされる家族の中で，人は社会生活に必要な規則と価値観を学ぶ．その中には，ジェンダーイデオロギー，すなわち，男女に対する一定の役割と素行の指定・階層化・正当化も含まれる．メキシコや中米のようにユダヤ的キリスト教の教えが支配的社会においては，家族内におけるジェンダー役割分業が根付いている．父親は経済的稼ぎ手であり，母親は家族，主に子どもたちの身体的・愛情的世話を担う，というものである．しかし，トランスナショナルな家族がおかれている状況では，このジェンダーに基づく役割分業を完全に遂行することは無理であり，国境を挟んで親の役目を果たすというトランスナショナルな父親業と母親業の形態が生み出される．

　移民研究においては，子どもを出身地に残す移民の親，特にトランスナショナルな母親業の経験に関する研究が盛んである（Bernhard, Landolt y Goldring 2005；Dreby 2010；Herrera 2011；Hondagneu-Sotelo y Avila 1997；Lagomarsino 2014；Mummert 2010；Parreñas 2001, 2005；Pedone y Gil 2009；Solé y Parella 2005；Thorne *et al.* 2003；Wagner 2008）．これらの研究結果は，母親の方が家族を「捨てた」と

いう仮定のもと，子どもと社会から強く批判される，という点で一致している．この非難は，父親が移民の場合されることはあまりない．家庭と子どもの世話の責任者を女性に限定する社会思想においては，この空間から外れ役割を遂行しないことは，ジェンダーの境界を越えることを意味する（Parreñas 2005）．移民女性は，賃金労働に従事することで，家族の経済的稼ぎ手となり家庭を捨てる，と解釈されるのである．

　しかしながら，女性が移民した後の家庭の力学は，ジェンダーの矛盾を内包している（Parreñas 2005）．トランスナショナルな構造における家庭の再編成は，女性の家庭性のイデオロギーを疑問視する．彼女たちは男性同様，経済的に家族を養うため外に働きに行くが，育児は女性によって実戦されるため，育児に関する伝統的視点が維持され再生産される．さらに，育児は生物学的母親によって遂行されるのが良い，それには物理的存在が必要だ，という考えが根強いため（Parreñas 2005），移民女性は，子どもに費やす多大な時間と物理的接触に基づいて母親の役割を定義する「熱心な母親」モデル（Hays 1998）に到達しようと，二重の努力をする．女性によって深く内面化されている社会的に指定された役割を完璧に遂行したいという思いは，母親たちの間で，地理的に分散された家族を再び一緒にする，という重圧になっている．

　メキシコに滞在する中米移民女性は，母親の役割を遂行するにあたり，より多くの困難と重圧に直面している．彼女たちの最初の目的は，家族に経済的により良い生活を与えるため，「チャンスの国」米国に渡ることである．稼ぎ手の役割を遵守することで，直接子どもの世話をするという，良き母親の重要な側面の1つを諦めることになる．この条件は，彼女たちだけでなく，その家族の将来設計にも影響を与える．これらの女性たちにとって，最初メキシコは，移動するにあたり，目的達成の場としては挙がってこなかった．しかしさまざまな事情から，中継地点と考えていた——中には今でもそう考えている場合もある——この土地に，かなりの期間とどまることになる．日常が彼女たちを捕らえ，現状から脱出することを不可能にする．しかし，アメリカ合衆国に渡る夢，もしくは出身地に帰る夢が完全に消えることはない．常に最終目的地へ進む，または故郷へ帰る可能性があるという点で，彼女たちは絶え間ない移動状態に捕らえられているかのようである．

第6章 「トランジット」移民の再定義　*149*

方法論

　本章は，2つの異なる時期に収集した情報を基にしているが，最初に聞き取り調査した女性たちの何人かとは，常にコンタクトを取っていた．第1期は2010年9月から2011年8月に，メキシコ，ヌエボ・レオン州モンテレイメトロポリタン地区でフィールドワークを行い，遠隔母親業の感情的経験を考察するため，出身地に子どもを残してきた7人の中米女性——ホンジュラス出身6人，グアテマラ出身1人——に聞き取り調査をした（Asakura 2014）．第2期は2015年6月から8月にかけて，2014年に家族——全員もしくは一部——を呼び寄せることに成功した3人の女性と再びコンタクトを取り，家族再統合のプロセスを考察するため，聞き取り調査をした．

　本章で紹介するエスノグラフィーは，断片的で判然としないかもしれない．それは，常に移動を繰り返し不安定な状態にある中米移民の本質からくるものと言える．7人中5人の中米移民女性とは最初のフィールドワークから，電話やフェイスブックまたは直接会って常にコンタクトを取ってきた．彼女たちの家を訪ねたり，何らかの手続きを手伝ったりもしくは単に同行するため，さまざまな場所に行った．しかし，第2期においては，モンテレイメトロポリタン地区に在住していたのは3人だけで，1人はスペインに移動し，もう1人はホンジュラスへ帰国していた．他の2人は音信不通になっていた．以下の**表6-1**にインタビューをした7人の女性のプロフィールを提示しておく[3]．

　本章の構成は以下の通りである．第1節では，メキシコにおける中米移民の状況を簡単に紹介する．それにあたり，モンテレイメトロポリタン地区における女性移民の労働・社会参入に焦点を当てる．第2節では，主にメキシコの中米移民に用いられる「トランジット移民」の用語に関する議論を紹介する．第3節では，2004年から2011年にかけてモンテレイメトロポリタン地区に滞在した7人の中米移民女性の経験を基に，トランスナショナルな家族や遠隔母親業などの，移民過程の一定の時期に行われる実践と生活を考察する．第4節では，2014年に家族の一部または全員を呼び寄せることに成功した3人の女性のさまざまな家族再統合の経験を紹介する．本研究の目的は，考察する現象を一般化したり代表的なケースを提示したりするのではなく，トランスナショナルな移民過程において，家族の紐帯が内包する困難ともろさを提示することにある．最後に，中米移民において「トランジット」と考えられている場での母性の経験や家族再統合に関する結論を述べる．

150　第Ⅱ部　ラテンアメリカ域内移民

表6-1　インタビューをした中米移民女性のプロフィール

名前	出身国	年齢	戸籍上の身分	始めて結婚または事実婚した年齢	学歴	子供の数と年齢	モンテレイメトロポリタン地区に滞在し始めた年	移民ステイタス
カタリーナ	ホンジュラス	35	離婚	19	高卒	3 (11, 8, 7)	2004	FM3*
ディアナ	ホンジュラス	41	事実婚解消後ホンジュラスで再度事実婚	15	小卒	4 (23, 18, 15, 12)	2007	FM2*
スサナ	ホンジュラス	38	事実婚解消後メキシコで再度事実婚	21	高卒	3 (17, 15, 15)	2008	FM2
ソレダ―	グアテマラ	32	離婚後メキシコで事実婚	15	無学歴	3 (16, 14, 10)	2009	滞在許可書無し
カメリア	ホンジュラス	29	ホンジュラスで事実婚	19	小卒	1 (10)	2010	滞在許可書無し
ロレーナ	ホンジュラス	32	離婚後ホンジュラスで事実婚しメキシコで解消	14	小卒	5 (17, 12, 11, 8, 5)	2010	滞在許可書無し
アマリア	ホンジュラス	33	離婚	20	高卒	3 (12, 10, 8)	2010	滞在許可書無し

*移民フォームの FM3と FM2は,「非移民」と「移民」を証明するため, メキシコ内務省から発行され, 両者とも就労・学習が許可される. 現在は, FM3が一時滞在に相当し, 何度も更新した後, 永住権を申請できる. (出典：2010年9月から2011年10月にかけて行ったフィールドワークで得た情報をもとに筆者作成.)

1　中米移民
——メキシコ北東部における特徴——

　コアウイラ，ヌエボ・レオン，タマウリパスの3州は，メキシコ連邦共和国の北東部に位置する．この地域は，隣接するサンルイスポトシ州とチワワ州と緊密な関係を持つ．その上，アメリカ合衆国テキサス州南部と明白に繋がっている．この地域の特徴として，中米移民の絶え間ない流れ，オペレーションリオ・グランデ——1997年からテキサス州で行われた——などの反移民政策，中米移民とブラジル移民の強制帰還などが挙げられる（Arzaluz 2007）．さらに，これらの要因に国内の他の地域から来る先住民移民の存在を付け加える必要があるだろう．

　1970年代までは，中米移民は同地域内で行われていたが，現在では，彼らの視点はアメリカ合衆国へ向けられている（López 2003；Puerta 2005）．この新しい国際移動形態の発端は，20世紀後半から始まった，メキシコ，中米，カリブにおけるアメリカ合衆国の経済的・戦略的干渉にある．この国における中米人正規移民は年々増加しており[4]，ほぼ40年前から，中米はカリブ諸国や南米より多くの移民をアメリカ合衆国に排出している．最も増加が激しかったのは1980年と2000年の間で，235万8203人の中米人がこの国に入国した（Puerta 2005：66）．その後減少が続き，2010年に正規滞在許可書を獲得した中米出身者は，わずか4万3597人だった（United States, Department of Homeland Security 2011：10）．

　20世紀後半の20年間に起こった中米移民の増加を説明するには，さまざまな要因を考慮する必要がある．まず，ニカラグア，エルサルバドル，グアテマラで起こった内戦を考えると，1990年までのこの地域の移民は安全を模索するものだったと言える．第2に，経済改革と調整を掲げる新自由経済政策が国内経済に大きな影響を与え，失業と貧困が深刻化し，労働移民を生み出した．平和を求めて越境していた人々は，今度は日々の糧を求めて移動するようになった．最後に，1998年のハリケーンミッチはこの地域の多くの国々を破壊した．この自然災害は，ホンジュラス経済の70％にダメージを与え，その損害は100億ドルに及んだ（Puerta 2005）．国内の深刻な経済状況によって，市民にとって十分な職が捻出されなかったのである．

152　第Ⅱ部　ラテンアメリカ域内移民

表6-2　メキシコで留置され返送された中米移民の件数（2005年〜2015年）

国籍	2005年	2006年	2007年	2008年	2009年	2010年	2011年	2012年	2013年	2014年	2015年
グアテマラ	100,948	86,709	56,222	42,689	29,604	29,154	29,255	35,137	30,231	42,808	64,844
ホンジュラス	78,326	60,679	38,584	30,696	24,040	23,788	17,889	29,166	33,079	41,661	47,779
エルサルバドル	42,674	28,080	17,201	13,576	10,355	10,573	8,427	12,725	14,586	19,800	27,481
合計	223,953	177,474	114,014	88,969	66,008	65,525	57,582	79,040	79,909	106,283	142,119

出典：Rodríguez, Berumen y Ramos（2011）; Rodríguez y Martínez（2011）; Secretaría de Gobernación（2012, 2013, 2014, 2015）をもとに筆者作成.

　日々の糧と平和の探求にもかかわらず，国境警備の強化は凄まじく，メキシコ側でもアメリカ側でも，中米移民の多くが強制送還されている．だが，中米移民が入国するトランジット国や受け入れ国の移民政策が強化されても，その流れは止められないと推測される．たとえ，2011年10月メキシコ移民局長が，2005年から2010年にかけて，非正規入国者，主に中米人の入国が，42万2000人から14万人（約70%）に減少したと発表したとしても，である（Milenio 2011年10月11日）．こうした激減は，データ取得の方法論や他の理由の影響とも考えられるため，懐疑的になる必要がある．むしろ，中米移民が米墨国境を渡る新たな障害を回避するため，スペインやイタリアなどヨーロッパへ移民先を多様化させたと考えた方が無難である．その上，表6-2に見られるよう，「返送された」中米移民の回数は2012年から増加傾向にある．

　同様に，国境地帯の安全対策強化に伴い，移民たちは新たな経路を模索せざるをえなくなってきている．以前はメキシコ北西部の国境が主なルートだったが，現在ではコアウイラ州，ヌエボ・レオン州，タマウリパス州が，米国へ渡る経路決定において，その重要性を高めてきている．実際，メキシコ北東部では，移民と移民シェルターの増加が見られる．この移民シェルターの目的は，正規滞在許可書を持たず入国した外国人に寝食の場を提供することであり，メキシコ移民局の管理下にある[5]．正規滞在許可書を持たない外国人たちは，出身国に「返送される」[6]まで，最長60日間これらの建物に一時的に滞在させられる．2000年には，北東地域ではレイノサとタンピコの2カ所にしかなかったこの移民シェルターが，2005年には7カ所に増えた（Casillas 2007）．シェルターは移動経路の戦略的地点に設置されるため，数の増加はこの地域の重要性が高まっていることを証明している．

　本章の序章で示したように，現在女性は国際移動人口全体の48.4%を占めて

第6章 「トランジット」移民の再定義　　*153*

表6-3　メキシコで返送された中米移民の性別による件数（2004年〜2012年）

	2004年	2005年	2006年	2007年	2008年	2009年	2010年	2011年	2012年
女性	16.7	19.6	18.8	17.5	18.8	15.9	13.8	13.0	12.8
男性	83.3	80.4	81.2	82.5	81.2	84.1	86.2	87.0	87.2
合計	100.0	100.0	100.0	100.0	100.0	100.0	100.0	100.0	100.0

出典：Rodríguez *et al.*（2014: 16）, *Migración centroamericana en tránsito por México hacia Estados Unidos: diagnóstico y recomendaciones. Hacia una visión integral, regional y de responsabilidad compartida*, México, ITAM, p. 16をもとに筆者作成

いる（国際移住機関 2017）．中米地域はアメリカ合衆国へ移動，もしくはメキシコ領土を通過する女性の割合が男性と比較してそれほど大きくなく，異なる景観を提示していると言えよう．メキシコでは，移民局が2008年にやっと外国人入国者の性別ごとの統計を発表し始めた[7]．これは，人の移動の流れにおいて女性は少数であり，女性は男性に同伴するものという神話から，女性の存在を不可視化してきた移民研究における男性中心主義に主に原因があると言える．

Rodríguez *et al*（2014：16）の研究によれば，**表6-3**に見られるように，メキシコから出身国に「返送された」中米移民女性の割合は，この10年間に少しずつ減少している．2004年には16.7％だったのが，2012年には12.8％になっている．女性の割合が最も高かったのは2005年の19.6％である．しかし，この数字も慎重に受け止める必要がある．実際，これらの数字は移民の流れを示しているのではなく，強制的に帰国させられた数字を表しているからである．解釈の１つとして挙げられるのは，移民先が多様化（中でも，ヨーロッパの幾つかの国が挙げられる）したため，メキシコ領土を通過する移民が減少した，というもの[8]．もう１つは，中米移民は米国への入国に成功した，というもの．また，暴力の危険に身をさらすことなく，故郷以外の場所で手に入れた収入で家族の生活を向上させる，という移民の最初の目的を最低限遂行するため，メキシコ領土に留まることを選択した人もいる，と解釈することもできるだろう[9]．この強制送還の減少を理解するのに興味深いデータとして，メキシコ政府の援助を受け自主的に帰還することを選択する中米女性の割合が増加している，というのがある[10]．メキシコ内務省の数字によれば，2010年から2015年にかけて，このオプションを選択した中米女性の割合は，13％から21％に増加している（Secretaría de Gobernación 2010, 2011, 2012, 2013, 2014, 2015）．

　いずれにせよ，中米移民はそれが何を内包するにせよ，秘密裏に行われる移

民であり，よって信頼できる統計を挙げるのは実質的に不可能である．移民先の多様化，越境の困難さ，メキシコ国内での長期にわたる滞在は，中米移民の減少を説明するための原因の幾つかに過ぎない．実際，女性移民が可視化されてきたのは，現代における顕著な事実である．

ヌエボ・レオン州の首都モンテレイには4つの移民の家がある．その他に，中米移民女性も受け入れてきた先住民女性のための移民の家もある．そこから女性たちはモンテレイメトロポリタン地区で家事労働者として仕事を見つけてもらったり，米墨国境越えの手立てを模索したりする．モンテレイは，国内移民だけでなく中米移民女性をも惹きつける都市となっている．家事サービスといった女性を的にした職の供給が，新しい先住民女性の移動の流れを形成し，多くの若い女性が家計を「援助」するために出身地から出てきている．そして昨今，この流れに中米移民女性が加わってきた．中米移民は，完成した移民ネットワークを持たないため，受け入れ社会への参入の仕方が，これらの女性の職種を決定することが多い．現地の先住民女性と「移民の家」を共有することは，中米移民女性がジェンダーによって分節化された労働市場をも共有することにつながってきたのである．

この2つの女性人口は，社会的ネットワークがあるかないかによって差異化される．若い先住民女性の大半は，家族を通して都市にたどり着く．それゆえ，割合早く何らかの職を見つけることができるが，同じネットワークが家事労働など職の分節化を構築する．その一方で，中米移民女性は大抵，メキシコでの知り合いの援助無しで入国する．唯一この種のネットワークと考えられるのが，移民の家のスタッフたちである．それゆえ，インタビューした女性の大半が，移民の家の責任者の推薦で家事労働市場へ参入したことは，驚きに値しない．南部国境地帯と違い，ホンジュラス女性に対するエキゾチックで誘惑的だというステレオタイプがないおかげで，これらの女性たちは，たとえジェンダーとエスニックに基づく分節化された労働市場でも，職を見つけることができた．しかし，この人口の本質的性格——大半が非正規滞在者——と，メキシコ北東地域での研究はまだ日が浅いことから，性格なデータを入手するのは容易ではない．それゆえ，モンテレイの現実を考察するにあたり，この中米女性たちを中心に置く重要性が出てくるのである．

メキシコ側に留まる移民の多くは，アメリカ合衆国を最終目的地と考えている．それは物理的だけでなく主観的にも，いる・いない，という不確定でアン

ビヴァレントな状態である．「一時性（臨時性）」と呼ばれるこの状態は（Arriola 2012），物理的に滞在する場所に根付かず，常に出発時に夢見た目的地や，（アメリカ合衆国にいれば）出身地に残してきた家族のために今よりもっと稼げていたはずだ，と考えるため，中米移民女性たちに多くの感情的負荷を与える．その一方で，いつの日か帰れる日が来るという期待とともに，常に故郷を懐かしむ女性もいる．次節では，滞在期間に関係なく，メキシコ領土を通過・留まる中米移民に付与されるトランジット移民を取り上げる際に発生する複雑さを考察することにする．

2　トランジット移民とは

　メキシコ，ヌエボ・レオン州モンテレイメトロポリタン地区に「暫定的に」住む中米女性の「継続的」移動過程の中で，遠隔母親業と家族再統合の形や条件を理解するには，「トランジット移民」の定義と解釈に関して考察する必要がある．

　中米移民は，それが内包すると「推測される」特徴，すなわち，最終目的地（アメリカ合衆国）の存在，メキシコ領土における——常にそうであるわけではないが——短期滞在，非正規移民ステイタスなどのために，しばしば「トランジット移民」と定義される．しかしながら，現在この定義は，主に，さまざまな地理的地域から東ヨーロッパへの国際移動を研究する者によって疑問視されている（Collyer, Düvell y Haas 2012；Düvell 2010；Hess 2012；Papadopoulou-Kourkoula 2008）．

　誰が完全なトランジット移民と定義されるか（Hess 2012）という問いに，この状況を扱う複雑さが凝縮される．移動経路は予見できず，それは移民が過去に立てた計画と一致するとは限らない（Papadppoulou-Kourkoula 2008）．不安定な一時的滞在やより広い国境地域における人の循環が増大したため（Hess 2012），時空間でもって「トランジット移民」を明確に定義するのは難しい．この移動過程においては，「移民」や「定住」といった概念はますますぼやけたものとなってくる（Hess 2012）．移民を，出発・旅行・到着・適応といった線状のプロセスと定義する古典的視点では，この複雑で予見できない動きを的確に捉えることはできない（Papadppoulou-Kourkoula 2008）．

　トランジット移民研究におけるもう1つの問題は，その二極的で静態的な視

156　第Ⅱ部　ラテンアメリカ域内移民

点にある．すなわち，出国移民（emigration）／入国移民（inmigration），強制移民／自主的移民，正規／非正規，送り出し国／受け入れ国，などの見方である．移民の動きの現状はもっと複雑で，二極的な考え方では観察できない．移民は，場所・時間・方法・動機といったさまざまな変数が存在する過程である（Papadppoulou-Kourkoula 2008）．その上，「トランジット」移民と非正規移民は，その特異性を考慮することなく，しばしば同義語として用いられる（Düvell 2010；Papadoupoulou-Kourkoula 2008）．1人の移民がトランジット状態にある時，正規・非正規のステイタスを組み合わせ，さまざまな方法で何度も目的地へ到達しようとする．そして，さまざまな要因と状況によって，留まっているその地は最終目的地ではないこともある（Papadppoulou-Kourkoula 2008）．

　それゆえ，「トランジット移民」に取り組む新たな視点を構築する必要性が出てきたのである．この現象を現実的で確実に観察・分析できるよう，Düvellは「トランジット移民」の「メンタル状態」と「実質的状態」を区別する必要があると唱える（Düvell 2006）．しかしながら，主体の意志や計画が決定的要因とは限らない，と示唆する研究者もいる（Papadoupoulou-Kourkoula 2008）．Papadoupoulou-Kouroula によれば，複数の場所と人生の「中・間（being in-between）」にいるメンタルな状態がある（Papadoupoulou-Kouroula 2008）．しかし，受け入れ国における，生活状況，保護・権利・機会へのアクセスなど，明白にわかるものもある．これらは，トランジット移民がメンタルな状態だけでなく，実際の状態であることを示している．それゆえ，Papadoupoulou-Kouroula は，トランジット移民を「正規・非正規であれ，不定期な滞在に特徴付けられる移民と定住の間の状態であり，一連の構造的・個人的要因次第で将来の移民につながることもあればそうならないこともある状態」と考える（Papadoupoulou-Kouroula 2008：4）．この定義では，滞在期間は移民自身わからないため，定住は「不確定」と特徴付けられる．ここで著者が強調しようとしているのは，トランジット移民特有のアンビヴァレントである．この状態を，ディアナの状況から例証することができる．彼女は，末娘の15歳の誕生日に合わせて，2012年の11月に祖国に帰還する「決心」をした．彼女の計画では，1年半働き——インタビューをしたのは2011年7月——，ホンジュラスで末娘のパーティーを準備し，子どもたちと暮らせるようにできるだけ貯金をするはずだった．そのためなら，メキシコで一緒に家庭を築いたパートナーと別れる覚悟でいた．しかしながら，この明確に定められた計画は達成されなかった．ディアナは故郷

で仕事を得ようとしたが失敗し，絶望から，家族を遠くから養うため，モンテレイに戻った．ディアナの移民過程においては，モンテレイでの生活に終止符を打つ明白な試みがあったが，状況によってまたその場にとどまることを「余儀なく」された．アメリカ合衆国に入国できなかったら，出身地に戻るのがディアナの計画だったことから，ここでは主体によって抱かれる移民の「一時的」性質は顕著である．

　長く直線的ではない移民過程の中の一段階として「トランジット移民」を考慮するとき，どのようにトランジットが終わり定住の段階が始まるのかを決定する問題が出てくる．さまざまな著者が示唆するように，期間だけでは決定要因とはならない（Düvell 2006, 2010 ; Hess 2012 ; Papadoupoulou-Kouroula 2008）．それゆえ，Papadoupoulou-Kouroula（2008）は，移民が受け入れ国の構造や機会を受け入れ，適切に定住するためにどれだけ希望・お金・コンタクト・インフラストラクチャーに投資するか，そのレベルを観察し分析することを提唱している．この点においては，Hess（2012）の説が的を得ていると言えよう．筆者によれば，定住も——社会的・経済的——統合も，トランジット状態と対峙するものと理解されるべきではなく，むしろ，トランジットにおいて中断された，または不安定で暫定的な定住の形における待機の状態があることを意味している．この移民過程の段階においては，中断されたまたは断絶的な旅，すなわち，「断片的な移民」が観察される（Collyer y Haas 2012）．例えば，ソレダーは初めてメキシコに来てから，子どもに会いに何度もグアテマラへ帰っている．行くたびに，愛する者たちとの共存がメキシコへ仕事のために戻るのを邪魔し，予定以上滞在してしまう．よって，長引いた一時帰国の後，新たな仕事を見つけ，低い賃金からまた始めなければならない．相対的に安定した職を持つパートナーとの関係が何らかの救いになっていたが，その関係もこの後見られるように永遠には続かなかったのである．

3　トランスナショナルな家族の構成
——遠隔母親業と家族再統合の経験——

3.1.　トランスナショナルな家族とは何か
　家族とは静態的な単位ではない．むしろ，社会組織の固定的な構造ではなく，状況の変化に合わせ常に適応した結果の生産物と解釈すべきである（Gamburd

2008）．家族は，移民のような経済的・政治的時節に反応しながら，時間の中でその生存を確保しようと，個別の状況に対応していく．

　イデオロギーや社会構造は，家族の社会的変化への反応を左右する．そういった意味で，この最も基本的な社会単位を構築する主体の素行は，家族の構成員が行動すべき文化規範によって決定される．ただし，これらの規範は常に再評価・更新される（Gamburd 2008）．母・子の組み合わせに家族の基本的紐帯を置く社会では，育児の物理的・愛情的世話の理想形態もこの関係に置かれる．しかしながら，越境する急速な人口移動に特徴付けられる現代では，物理的に分散して生活するトランスナショナルな家族がますます増加している．

　こういった家族の特徴は，古典的な家族の概念とは異なる．まず，家族の構成員は，少なくとも1つの国境によって分断された2つ以上の場所に住んでおり，生活空間を共有することができない．だが，通信手段の発達により，物理的国境の存在に関わらず，常にほぼリアルタイムでコンタクトを保持できるようになった．第2に，これらの家族は自身のユニットを再構成する柔軟性に長けている．親族の紐帯に限定されない社会的関係に基づき，家族を維持するのに必要な他の関係も導入する．最後に，グローバルでトランスナショナルな文脈においては，生産・再生産活動は異なる2つの場で行われる（Kearney 1991）．生産活動，すなわち家族単位の維持に必要な収入を得る活動は移民先で行われ，一部は受け入れ社会で消費され，その他は再生産活動のため，家族の一部がいる出身地に送金または物資の形で送られる．

　トランスナショナルな家族は一定でなく，むしろ移民過程の中で再構成される．このユニットが持つ柔軟性が，家族の構成員の移動が生み出す物理的距離にもかかわらず，この家族を1つの単位として維持してきたのである．これらの家族にとって，国際移民は決定的な別離ではなく，ライフスタイルの一部になっている（Ojeda 2002）．研究者の中には，これらの家族の構成員は，距離にかかわらず，世代間の所属と共存の感覚を探求・再創作する力を持つ，と示唆する者もある（Mummert 2012；Bryceson y Vourela 2002）．しかしながら，どの家族にもあるように，移動・資金・さまざまな資源やライフスタイルへのアクセスにおいて，構成員の間で格差があることを忘れてはならない（Brayceson y Vourela 2002）．それよりも，トランスナショナルな家族は，再生産を確保する中で，距離が生み出すリスクと折り合いをつけるため，一層働くことを余儀なくされる（Herrera 2013）．これらの努力と緊張は，次項で取り上げるように，

トランスナショナルな母親業と家族再統合の過程に反映される.

3.2.　トランスナショナルな母親業とは

　母親業は子どもの生存維持，食，社会化，成人になるための訓練を含む，さまざまな実践にわたる (Ruddick 1989)．これらの実践は，生物学的ものから派生するため，自然界によって定められている，とする見解がある一方で，母親業を時空間で均一化する本質学的概念に対抗する，母親業の社会的構築の性質を強調する視点もある.

　母性に関するフェミニズム的視点は，母性とは社会的機能であり，妊娠・出産・授乳といった生物学的特徴の延長から派生するのではなく，一般化されているこの役割の女性に対する付与も，社会的実践であることを警告している．また，母性の実践をより深く分析するには，人種やエスニシティ，社会階層，文化といった一定の変数を取り入れる必要がある (Collins 1994；Dill 1988；Glenn 1994)．移民の文脈で母性を研究する者の中には，国境を挟んでの母親業の実践に言及する者もおり，Hondagneu-Sotelo & Avila (1997) は，この実践をトランスナショナルな母親業と概念化した先駆者である．この概念は，物理的というよりは，国境を越えての愛情，育児，金銭援助の回路の側面から，遠距離で行われる母性の実践を定義付けている．トランスナショナルな母親たちは，別の形で母性を行使する選択肢を構築するプロセスに日々貢献している．この旅の陰には多大な勇気があると同時に，大きなコストも潜んでいる (Hondagneu-Sotelo & Avila 1997)．と言うのも，古い価値観と期待に疑問を投げかけ，遠くから，だが，自覚を持った新たな母性のあり方を対峙させるからである.

　メキシコ北東部には，出身地に残してきた子どもと遠く離れて暮らす中米移民女性がいる．彼女たちは，子どもとの時空間的別離に適応するため，母性に関する新たな意味を見出そうとする．彼女たちにとって，母として移動することは地理的国境を越えるだけでなく，女性であるべきことと男性であるべきことを区分する表象的境界をも逸脱することを意味する．それは，ジェンダー変容の旅なのである (Hondagneu-Sotelo & Avila 1997)．その上，この経験は既婚か未婚かでも異なってくる．配偶者のいる女性は，子どもだけでなく配偶者との別れにも適応しなければならない．また，彼女らにとっては，移動によって引き起こされた衝突が関係解消につながることもあるが，ジェンダー役割の逸脱による批判は，シングルマザーに対しての方が厳しい[11]．それとはまた別に，

シングルマザーには子どもだけでなく自分自身をも養う，というより強いプレッシャーがある．彼女らにとって，遠隔母親業は家族が生き延びるための唯一の選択肢なのである．

ジェンダー役割分業は不変である．たとえさまざまな役割を遂行する際，差異や多様性があるとしても，一定の機能や役割を各性に――独占的，時には排他的な形で――指定するのはどの社会でも同じである．多くの文化で，子どもの世話と教育はほぼ完全に女性の役割であるのに対し，男性は家族の稼ぎ手と考えられる．その上，実際は，自分の母親や姉妹，年長の娘や擬態母など――Collins（1994）は「他の母たち」と呼ぶ――他の女性と共有されるにも関わらず，母親業は子どもと物理的に一緒にいて行うもの，という母性に関する考えが優先的である．トランスナショナルな母親たちは，社会が各性に指定する役割と期待を分割するその境界線を越える．母である上に，彼女たちは稼ぎ手としての役割も果たすため，母性と明確に関連付けられるジェンダー規範，すなわち子どもとの物理的近さ，を諦めることになる．

男性に対するジェンダー規範はかなり異なる．父親が長い期間移動しても，子どもたちはそれほど不在の父親を非難しない，という研究者もいる（Dreby 2010；Parreñas 2001）．父親の不在は，労働のジェンダー役割分業と家族への経済的供給によって正当化されている．それとは異なり，母親が国境の向こう側にいる場合，彼女たちの母親・姉妹または長女たちが出身地で彼女たちの再生産労働を受け持つ．ここでは，女性の実質的または表象的「交換性」が機能する．すなわち，「労働のジェンダー役割分業に沿った本質的に女性のものとされる仕事を遂行しながら，別の女性が無賃金もしくは低賃金で他の女性の仕事を代行する可能性」が機能する（D'Aubeterre 2002：57）．この「交換性」は母親と父親の間では機能しない．というのも，「同一」もしくは「異質」の文化的理解のジェンダー表象システムに基づいているからである．

また，ジェンダー規範を語るにあたり，社会的期待を無視することはできない．女性が果たすべき，と期待されている母親の役割は，何らかの形で充足されなければならない．継続的な送金，頻繁に送られるプレゼントや手紙などは，たとえ親子の別れを引き起こした経済的必要性がなければ，母子同様享受できたであろう物理的近さに取って代わることはできずとも（Hondagneu-Sotelo y Avila 1997；Parreñas 2001），母親が愛情を示すため，また子どものより良い生活を求めて家を出た動機を正当化するために用いられる（Hondagneu-Sotelo y Avila

1997 ; Parreñas 2002)．女性の中には，子どもとの別離を乗り越える手段として，国境の向こう側で世話をする子どもに愛情を注ぐ者もいれば，この仕事の感情的部分を否定する女性もいる（Parreñas 2001）．自分の母親としての姿を，経済的必要性が無いにも関わらず，賃金労働を行う間彼女らを雇う雇い主の悪い例と比較することは，遠距離母親業を正当化する資源の１つとなっていると同時に，ジェンダーイデオロギーが母親業に課す身体的近さの規範を遂行できない罪悪感を払拭するための資源ともなっている（Hondagneu-Sotelo y Avila 1997）．

3.3. 中米移民女性たちのトランスナショナルな母親業の生きかた

中米女性らは，主に経済的理由から北へ旅立つ．貧困度はさまざまだが，彼女たちにはある共通点がある．それは，子どもたちに適切なレベルの生活を与えられないという不安と恐怖である．だが，たとえ彼女たちが経済的困難に陥っていても，子どもを残し，知らない場所で職を探すために，越境する決心をするのは容易なことではない．一般的に，インタビューを行った女性たちは，移民という，漠然と考えてはいたが，具体的な計画などなかった行動をとらざるをえない複雑な状況にあった．常に，突然決心をせざるをえない決定的イベントがあるが，それはしばしば，配偶者またはコミュニティの暴力のエピソードと関係している．自分または子どもの命が危険にさらされた時，女性は家を出て北へ向かう．子どもたちに移民の動機や必要性を説明する時間さえないこともあれば，時間があっても，大騒動にならないよう，子どもたちや彼らを預ける人を説得する多大な努力が必要とされることから，女性の中には，信頼出来る人――一般的には，母，姉妹，義理の姉妹，年長の娘などの女性の親族――に子どもを預け，何も告げず出発することを選ぶ者もいる．それは，子どもに与える苦痛を見て決心が揺らぐのを防ぐためである．

モンテレイでの生活はそれほど容易なものではない．第一に，アメリカ合衆国へ到達できなかった挫折感と向き合うのは簡単なことではないからである．ディアナのように，この大都市に住む多くの中米女性にとって，モンテレイは一時的な滞在地，定住地としてはなおさら映っていなかった．しかしながら，人生のいたずらで彼女はかなりの期間モンテレイに留まっている．それは，この都市の労働環境だけでなく社会環境のおかげで，子どもにより良い生活を与えるという移民の目的をほどほどに遂行できているからである．

数年前から，米国入国の厳しさとメキシコ領土で急速に進む暴力の危機から，

162   第Ⅱ部　ラテンアメリカ域内移民

中米移民の米墨国境越えは困難になっている．そうした中，モンテレイは，安定した生活を探す中米移民の幻想の中で存在感を増してきている．前節で述べたように，モンテレイには女性の労働機会がある．賃金はアメリカ合衆国で稼ぐより低いが，出身地よりはよほど高い．家事労働者として働く女性の給与で，移民先で自身を養い定期的に子どもたちに送金することができる．

　出身地に残してきた子どもの養育費を稼げる術を手に入れたが故に，移民女性は仕事を辞め，先に進むことも帰還することもできなくなる．大抵の場合，彼女たちの送金は唯一の家族収入であり，道中なにも起こらずに最終目的地（アメリカ合衆国）にたどり着ける保証もなければ，自国で——低い賃金であっても——まともな職に就ける保証もない．米国政府による国境管理の強化は，さまざまな構造的・個人的要因と結びつき，多くの移民を「避難地域」と呼ばれる場所で動けなくする[12]．この物理的・主観的条件が，彼女たちを現在の状況にとどまることを余儀なくさせ，彼女たちは現状況の虜と感じる．彼女たちの頭と心は常に子どもたちが居るところにあり，どうしたらもう一度彼らと物理的に一緒に居られるかを考えている．それが達成できるまでは，送金，電話，できれば短期訪問をして，親子の関係を維持しようとする．

　しかしながら，子どもの愛情を失うのではないかという恐怖は常に念頭にある．特に，幼児のうちに母と離れ，別離期間が長い場合は，子どもたちは生物学的母親を知らずに，出身地で毎日付き添い世話をしてくれる女性を「本当の」母親と信じて成長する．母親が感じる愛情喪失の恐怖は無から来るのではなく，子どもたちが発信する小さな信号に基づいている．例えば，電話で母と会話をするのを嫌がる，世話をしてくれる人を「マミー」または「ママ」と呼ぶ，などである．女性たちが移民を決意したことを疑い始めるのは，子どもが距離を置いていると感じた時である．このアンビヴァレントな感情は常に彼女たちの移民過程につきまとう．

　女性たちは，子どもたちの愛情の喪失のみならず，遠距離で彼らを育て教育する複雑さとも向き合わなければならない．彼女たちは自分が留守の間子どもの世話をしてくれる「他の母」に信頼を委ねるが，教育方針が合わないこともある．そうして，子どもが悪い道に踏み込むのではという緊張と不安が高まる．

　出身地に子どもを残し移動した女性は，社会や自分の子どもたちから強く批判され「悪い母」の烙印を押される（Bernhard *et al.* 2005；Fresneda 2001；Dreby 2010；Hondagneu-Sotelo y Avila 1997；Lagomarsino 2014；Mummert 2010；Parreñas 2001,

2005；Wagner 2008）．男女に別々の役割を指定するジェンダー規範は，個人の
メンタリティに強く根付いている．労働のジェンダー役割分業の境界を越える
ことは，この規範，即ち指定され人生において学習してきたジェンダーアイデ
ンティティを逸脱すること意味する（Hondagneu-Sotelo 2007；Parreñas 2005）．

　子どもの愛情を喪失する恐怖，直接世話をすることができない罪悪感，熱心
な母親業の理想モデルに基づいた母性に関する社会的期待に応えられない挫折
感から，たとえ，その実現がこれらの女性が現在住む場所や出身地などのさま
ざまな要因と状況に左右されるとしても，家族再統合のプロジェクトはより確
固で緊急のものとなる．しかしながら，どこへ向かうか決められずメキシコ北
東部に捕えられている状況が，遠隔母親業に終止符を打つ方向へ押しやってい
るようである．

4　家族再統合
——夢の実現，または悪夢の始まり——

　ある社会現象に関する信仰が，科学研究の発達に与える影響は顕著である．
例えば，家族再統合の研究に関して言うと，カナダでは，移民の間でこの国は
アメリカ合衆国やヨーロッパに比べ，家族全員が移住できる，または迅速な家
族再統合が叶う，という信仰がある（Bernhard, Landolt y Goldring 2005）．この考
えは，Bernhard, Landolt y Goldring（2005）によると，カナダにおいて点在す
る移民の家族研究に「相対的死」をもたらした．同様のことがメキシコ一般，
特に北東地域における中米移民の家族再統合についても言える．メキシコ領土
における中米移民は，最終目的地がアメリカ合衆国にあるため，主に「トラン
ジット」だと考えられている．しかし，メキシコのさまざまな地域，主に南部
国境地帯に定住しトランスナショナルな家族を構成する中米人の移民過程を示
す研究は数多い（Fernández 2010, 2012）．メキシコは，中米諸国との地理的・文
化的近さから，長い間この隣人たちを迎え入れてきた．だが，メキシコ北東部
は，アメリカ合衆国との物理的近さから，中米移民が米国領土に到達するため
に通る主なルートの1つだが，住み着く場所ではないと考えられてきた．この
メキシコ北東部を「中継地点」とする考えが，長期にわたって滞在，もしくは
「定住」——以降この用語を使うことの複雑さを見ていくが——し，メキシコ
のこの地域で人生をやり直すため家族を連れてくる中米移民がいることを不可

視化してきた.

4.1. 「トランジット」の段階は終わったか──家族再統合の経験の事例──
➤ ソレダー

　ソレダーに会ったのは2010年だった．その頃，彼女は32歳で，モンテレイに住み始めて１年が経っていた．当時，16歳，14歳，12歳の３人の子どもたちは，祖母とグアテマラにいた．ソレダーの物語は，──彼女自身が言うように──テレビドラマのようであった．自国に住んでいたときから，彼女の人生は常に忍耐力を試されているようなものだった．出身家族の貧困と父親の女性に関する保守的な考えから，彼女は小学校にも通わせてもらえなかった，義父に虐待されたが母親はその問題に無理解だった，最初の夫は暴力を振るい浮気を繰り返した，離婚・極貧状態で子育ての責任を負うなど，我慢を重ねた．自分の命が危うくなり，文字通り，元夫の止めようのない暴力と嫉妬から逃げるため村を出た．

　彼女の移民経歴は興味深く，意志という面からみると，珍しいケースである．平和な生活と子どもを養う術を探しに家を出る決心をした時は，彼女の目的地はアメリカ合衆国ではなく，自分の村の近くにあるグアテマラの小さな町だった．しかし，とったルートがリオ・スチアテ河畔行きで，川を目の前にすると渡ることを決心していた．メキシコ領土に着くと，「ここ（メキシコ）まで渡れたのなら，向こう（アメリカ合衆国）まで渡れる」と考えた．それは，2008年のことだった．旅費を稼ぐためメキシコ南部の国境のいくつかの町で何週間か働いた後，ホンジュラスとコスタリカ出身の女性と一緒に，ティファナを経由しノガレスへ行くため何台ものバスに乗った．山を越え，「何かの黄色い実」を食べ，「水たまりの水」を飲みながら，北の国境を渡った．最終的にサン・ディエゴに到着したが，滞在は長くは続かず，１週間後にはグアテマラの国境に強制送還された．ソレダーは躊躇することなく，15分後にはメキシコ領土に入るため，再び南の国境を渡っていた．今回はバスではなく，貨物列車──「獣」──に乗り，そこで事故にあった．片足を失くしほぼ一年間，アレハンドロ・ソラリンデ神父がいるオアハカのイクステペックの移民のための避難所に滞在した．

　ソレダーは神父の信頼を得るようになった．神父は彼女に住む場所を与え，さまざまな信仰活動や生産活動に参加させ，彼女の正規滞在手続きをしてくれ

た．また，彼女をタパチュラの避難所へ送り，義足を手配してくれた．そこで彼女と同じように鉄道事故で片脚を失ったフェルナンドに出会った．

外国人レポーター──エルサルバドル人２人，アルゼンチン人１人，スペイン人１人──が，彼女に移民経験のドキュメンタリーを作るため，出身地に行かないかと提案してきた．それは丁度，彼女に避難所の台所を取り仕切る責任が打診されたときである．ソラリンデ神父が彼女に与えた期間は１カ月だったが，子どもたちとの暮らしが戻る予定を変更させてしまい，ソレダーが戻ってきたのは４カ月後だった．出身地で仕事を探したがダメで，敗北感と悲しみの中避難所へ着いたが，すでに別の人が，神父が彼女に与えようとしていたポストに就いていた．

2009年，パートナーとなっていたフェルナンドと一緒にソレダーはメキシコ北東部へ旅を続けた．最初に，フェルナンドの姉が住んでいるサンルイスポトシに到着した．２人はこの地に根を下ろそうとしたが叶わなかった．そこで，モンテレイで生きていくことに賭けた．ソレダーはいつでもアメリカ合衆国に行けると思っていた．一度は成功したのだから，「向こうに行く機会があったら，私は行く」．だが，その時は，モンテレイでパートナーと新しい人生を築こうとしていた．

隣接のグアダルーペ市に，ソレダーの子どもたちを迎えるため住居を整えながら２人で落ち着く間，全てが「完璧」に思えた．女性移民の家の責任者の紹介で，ソレダーは住み込みの家事労働の職を得たが，重労働と嫉妬と恐怖からくる仕事仲間の──その家には３人の使用人が働いていた──嫌がらせで，労働環境は快適なものとは言えなかった．フェルナンドが，彼女が家にいないのを嫌がったのでその仕事を辞め，通いの仕事を探した．フェルナンドは大きな家具店に務めた後，トロフィーとメダルを生産する工場に勤務した．腕の良い大工で，自宅用の家具──テーブル，箪笥，椅子──を作った．ソレダーが子どもの養育費として母親に送金した後に残ったお金で，２人で家電用品を分割で購入した．そうして，少しずつ家庭を築くための場所が整えられていった．フェルナンドの住宅ローンで家を買う計画もあった．しかし，ソレダーの正式な離婚がグアテマラでまだ成立していなかったため，その計画は日の目を見なかった．だが，幸福で平穏な日々は永久には続かなかった．彼女が流産してから，フェルナンドの彼女に対する態度や仕打ちは変化し，彼との関係は壊れていった．同じ屋根の下に住んではいたが，少しずつ２人の愛情には距離が広

がっていった.

　フェルナンドとの5年間の生活を経て,ソレダーは故郷に帰ることにした.モンテレイでは,仕事には恵まれていた.老夫婦の世話をし,彼らの子どもたちも彼女に信頼を寄せていた.雇い主が別の人に両親の世話をさせたがらなかったため,長期の休暇が取れないという,柔軟性のない労働環境だったが,彼女は必要とされ正当に評価されていると感じていた.しかし,パートナーとの関係はあまりにも悪化していたため,彼との将来は考えられなかった.自分の不在中子どもたちの世話してくれた母と一緒にいたいと思い,ついにずっと暮らす覚悟でグアテマラに帰ったが,夢見ていた場所で,仕事を見つけることの難しさ,兄弟との言い争いと喧嘩,末娘の反抗的で危険な態度,そして思いもよらない母からの仕打ちなど,想像していなかった現実を突きつけられた.

　そうして,故郷に無期限で帰還する計画は変更され,またモンテレイへ向かう旅が始まった.さらに,働き手になる未婚の次男を連れて行く,という彼女の計画も達成できなかった.未成年にも関わらずかなり年上の男性たちと出歩く娘の素行が心配だったので,2014年3月,次男の代わりに娘を密入国させることにした.道中問題はなかったが,彼女にとって真の苦難は,ソレダーとフェルナンドが住んでいた家の敷居をまたいだ時に始まった.娘と自分のパートナーが陰で親密な関係になっていったのである.数カ月もの間,彼女は2人の間に何かあると感じ不快だったが,実際何が起きているのか突き止められなかった.パートナーとの関係はすでに悪化していたが,職を失い無収入だったため,家を出て行くことは出来なかった.唯一の収入は,フェルナンドが働く会社で短期の請負仕事で得るものだけだった.しかし,ソレダーが思い切って2人の関係を問いただすと,一緒に住むことが悪夢になった.寝ることも食べることも出来ず,怒りと心配のためよく病気になった.そうした鬱と2人の軽蔑に耐える状態が半年続いた.しかし,2015年7月,パートナーの暴力で彼女は目を覚まし,思考力を取り戻した.パートナー名義で借りていた家を娘と出て,貧しい一部屋に身を寄せた.これは全て,ホンジュラス出身の友人の助けがあったから出来たことである.だが,不安は続いた.ソレダーは未だに,元パートナーと娘の行動が理解できなかった.しかし,自分の母親とは違い,自分はいつも娘のそばにいると誓った.

　ソレダーはくぐり抜けてきたさまざまな状況から,確固とした決心をした.それは,3人の子どもをモンテレイに呼び寄せグアテマラには戻らない,とい

うものである.

　ソレダーの家族再統合の望みを叶えるにあたって，決定的な場所はなかった.
彼女はいつも，出身地でも「トランジット」の場でも良いから，子どもたちと
一緒に暮らしたいと願っていた. 新しいパートナーとモンテレイに着いた時は，
たとえ，パートナーとの約束，安定した職，子どもたちを呼び寄せる家があっ
たとしても，まだアメリカ合衆国へ行く可能性が見え隠れしていた. 長い間，
彼女は前にでも後ろにでも動けるよう，宙づりの状態にあった. しかし，彼女
の移民過程の中で，さまざまな場や瞬間に起こった偶発的出来事が，モンテレ
イに物理的に止まる決意をさせた. たとえ，再び子どもたちと暮らす夢を果た
すにあたって，彼女を取り巻く環境が貧しく不十分であっても，である.

➤ カタリーナ

　夫と別れ，職場でも解雇され収入源がなくなり，絶望の中，2004年にカタ
リーナは自国のホンジュラスを出た. 彼女には，養育すべき3人の幼子がいた.
末息子はまだ生後数カ月で，2番目の子は1歳6カ月，長女は4歳だった. あ
る日，彼女は外出用の綺麗な服をまとい，母には仕事を探すと言って家を出た.
ただ，それを，国境の向こう側でするつもりだとは告げなかった. 彼女は，ア
メリカ合衆国でなら，自分が不在の間子どもたちの養育に必要な十分な送金を
母にできると確信していた. しかし，彼女の母親にしてみれば，それは理解し
がたい突然の出来事だった.

　メキシコ領土に入ると，カタリーナは貨物列車に乗り，サンルイスポトシに
到着した. 1週間移民の家で休養すると，そこで働いていた修道女たちがバス
の切符を贈与してくれた. 彼女が自国の家を出てからモンテレイに着くまで，
20日間かかった.

　カタリーナは送金を決して怠らなかった. 土木工事の人夫として約1年間働
き，それから，モンテレイの移民女性の家を仕切っていた女性を通して，住み
込みの家事労働者としての職を得た. 仕事はきつく時には厳しい仕打ちを受け
たが，雇い主は人望のある人だった. その家で働く利点は，「住み込み」にも
かかわらず，雇い主と同じ家に住む必要がなかったことである. カタリーナは，
たとえ雇い主の豪邸と同じ敷地であっても，自分専用のスペースを持っていた.
その上，雇い主は彼女に正規滞在の手続きをするよう促し，法的コンサルタン
トを受けられるよう弁護士を雇ってくれた. それが後になって，彼女の家族再
統合のプロセスに影響を与えた. すなわち，彼女にはそれに関する知識があっ

たため，前もって準備をすることができたのである．その時は，まだ幼い子ど
もたちに，全く知らない土地で受ける大きなショックを与えるべきか迷ってい
たため，子どもたちを呼び寄せるかまだ確信してはいなかった．

　家族再統合までの過程は長く困難なものだった．職を失い 2 カ月無職になる
と言う危機的な時期があり，毎年の更新手続きの支払いは，彼女の収入ではか
なり負担が大きかった．それに，ホンジュラスの子どもたちに会いに行くたび
に，全てを投げ捨て——仕事，責任，世話をしていた雇い主の子どもたち，メ
キシコの友人らなど——，彼らと一緒にずっといたいと思った．一度，モンテ
レイに帰るのが遅れ仕事を失った．だが，彼女には「子どものための別の計
画」があった．子どもたちには勉強をし，「何者」かになって欲しかった．初
めて帰国した時は，末息子に拒否され，あまり上手く行かなかったが，子ども
たちは大丈夫だとわかっていた．

　カタリーナの人柄のおかげで，彼女には友人ができ，必要な時には彼らが助
けてくれた．また，職を失った危機の後，協力的な雇い主と出会った．彼女は
カタリーナがモンテレイで家事労働者として働き始めてから 2 番目の雇い主で，
現在も同じ家に務めている．同じく住み込みで，今は雇い主と同じ生活空間を
共有している．彼女が休養し自分自身でいられる唯一の場所は，休日に過ごす
サン・ニコラス市に借りているアパートだけである．家事労働者としての仕事
は常に重労働で，雇い主は仕事以外のことも要求してくる．しかし，雇い主は
カタリーナが家族を呼び寄せる手続きをずっと援助してきた．手続きに必要な
書類を緊急郵送するのにかかる料金を支払ってくれ，母と子どもたちが直ちに
メキシコに来て署名をする必要があった時，飛行機代の足りない分のお金を貸
してくれ，空港へ皆を迎えに行ってもくれた．仕事仲間の 1 人——家事労働と
秘書の仕事をするため 3 人の女性使用人と庭師と運転手の 3 人の男性使用人が
その家では働いていた——が，移民手続きに必要な費用のかなりの額のお金を
貸してくれた．カタリーナを慕い彼女に敬意を持つこれらの人々のおかげで，
彼女は家族が一緒に 1 つ屋根の下に住めるよう，整然と必要な手続きができた．
この大きな目標の達成後は，北の国境を渡る希望は薄れて来たようである．た
とえ，その国を知りたいと言う「モヤモヤ」は未だにあるとしても．

　カタリーナの家族再統合はほぼ完了した．足りないのは，彼女がホンジュラ
スに残してきた家族を養う術を探している間，彼女の 3 人の子どもの世話をし
てくれた義理の妹とその 2 人の子どもだけである．一時，ホンジュラスの家は，

第6章 「トランジット」移民の再定義　*169*

8人の子ども——カタリーナの子ども3人，妹の子ども3人，義理の妹の子ども2人——が遊び学ぶ幼稚園のようだった．これらの「他の母」たちは，教育と愛情の面で子どもたちを正しい道へ導く役割を担った．そしてその彼女たちもまた，子どもたちが暮らせるよう可能なことは何でもする生物学的母親が遠くにいる間，何らかの経済的・愛情的利益を受けていたのである（Derby, 2010）．現在，カタリーナの子どもたちは母の犠牲と愛を認識・承認し，メキシコの学校で良い成績を収められるよう努力している．カタリーナが切望していたものはリオ・ブラボの南に位置する場所で達成されたため，彼女が描いていた「アメリカンドリーム」の内容は変わったのである．

おわりに

　本章では，メキシコ北東部における中米移民のプロセスに基づき，トランスナショナルな家族の構成の異なる段階を考察した．メキシコ領土では，「トランジット」または「一時的」といった中米移民に関する固定観念のため，現在の文脈におけるこの現象の深く適切な分析がなされてこなかった．それには，アメリカ合衆国による国境警備の強化が正規滞在許可書無しで越境することを不可能にしていること，中米やメキシコにおける暴力の一般化が，領土内での人口移動を不可能にするのと並行して，移民を促進していることを考慮すべきである．多くの場合，これらの人々はメキシコ領土内で「捕らえられた過程」（Heyman 2007）にある．その状態は，物理的・メンタル的不安とアンビヴァレントな状態に特徴付けられる．出身地で子どもたちと一緒にいるためには，メキシコでの「相対的に」安定した仕事を諦めなければならない．金銭的・物理的生活の質を向上させたければ，迅速な家族再統合の可能性を辞退し，米墨国境を渡るために命を危険にさらさなければならない．それは容易くできる決断ではなく，よって，メキシコに留まる時間は伸びていく．

　このプロセスは，解決しようもないある種の矛盾とかけ離れているものでもない．遠く離れているにもかかわらず結束を継続しようとするこれらの家族の最初の移民たちの努力——この場合は母親——は，いくつもの国境を挟んでの育児の実践，母親と子どもたちの現状況の認識，より広範囲な移民過程の中での自分の家族の将来に関するヴィジョンに反映されている．たとえ家族再統合を成し遂げた女性たちが，国家を持たない人々の定義に明確に当てはまらなく

とも，彼女たちは，これらの国家を持たない人々に「自由な空間」を与えない国民国家によって構成された世界システムによって作り出されたグループの一部を構成している（Bhabha 2013）．彼女たちは，自分と家族のためにより良い生活を探して，常に前——アメリカ合衆国——後——出身地——へと動き続ける．

　家族は，その中で構成員がより広い社会空間で展開するための規則と価値観を学ぶ社会組織の基本単位である．安定した組織というよりは，柔軟で周囲の環境変化に適応する．また，常に協調的で連帯感が存在するとは言えない．この基本的社会集団の中で，ジェンダーや世代に基づく自分の利害もに基づき，各自が，自分が占める位置から，緊張，衝突，交渉をする．

　常にさまざまな「家族のありよう（doing family）」が存在してきた．人，金，物資，情報，シンボルの急速な動きが優先する現在では，トランスナショナルな家族の構成が顕著になってきている．これらの家族の構成員は国境を挟んで分散して住んでいるが，離れていても結ばれているという感覚を維持するための新しい方法を探求している．これらのトランスナショナルな家族は，他の家族同様，外部のさまざまな経済的・政治的状況やグループまたは各構成員の特別な必要性に対応しながら，その組織と関係を修正していく．

　トランスナショナルな家族の特徴は，「家族になる」ためのより大きな努力の必要性にある．コンタクトを維持するため，電話やパソコンのような技術に頼らなければならず，育児も「他の母」の力を借りて遠くから行わなければならない．母娘，さらに生物学的母と「他の母」の間の緊張と衝突は，ちょっとした問題でもすぐに対処できない，または適切なコミュニケーションがないだけでも現れる．子どもと離れて暮らす母にとって，親の権威を行使するのは難しい．なぜなら，自分には子どもを叱る権利はないと感じるからである．この感覚は，代理母にもよく見られるが，それは，その子どもたちが「自分の」ではなく，別の女性のものだからである．

　トランスナショナルな母親業においては，「良き母」や「家族の絆」を維持するといった社会的期待に応えられないことから発する罪悪感や挫折感など，感情的要素が，将来の計画や移民の最終目的を決定する．中米移民女性はモンテレイでの生活を一時的なもの，つまり，アメリカ合衆国であれ出身地であれ，家族再統合という最終目的に到達するための手段とみなしていた．しかし，モンテレイが提供する条件や実際的な可能性によって，これらの女性たちとその

家族は，長い移民過程がこの北の街で終わると見なせるようになった．家賃はそれほど安くはないが，郊外に出れば，核家族が快適に暮らせる規模も価格もそれなりの物件を見つけられる．裕福な家庭の存在，一定の中米女性に関するステレオタイプが存在しないおかげで，彼女たちは，多くはなくとも十分な賃金を得られる「堅気の」仕事に就くことができる．しかし，何と言っても正規滞在許可書が，彼女たちに恐怖や身を隠したりせずにメキシコ領土にとどまる可能性を開いてくれた．彼女たちはメキシコにおける「一時的」生活を再定義し，帰還や何年か前に始めた継続的な旅を，別の形で視覚化し始めた．そこでは，北の国境を渡ることは，必要性または家族を養う手段としてではなく，観光の要素を帯びてきた．出身地への無期限の帰還は，もはや意味を持たない．なぜなら，一番望んでいたもの，すなわち家族は，すでに彼女と一緒にいるからである．故郷に帰還することは，すでに存在しない，愛する人が残した物理的・愛情的空洞を感じることである．

　遠隔母親業と家族再統合の分析から，「トランジット」と称される中米移民は非常に複雑な過程であると理解できる．トランジット移民，定住，滞在とは何かを定義するのは容易ではない．一定の場所（メキシコ北東部）における人の物理的存在や自分と家族の基本的必用性を満足させる物理的条件，という手に触れることのできる要素がある．並行して，主観といった，中・間（*being in-between*）の状態に特徴付けられるアンビヴァレントと不安定さといった，継続的な一時性の表面的矛盾を考えさせられる，手に触れられない要素がある．家族再統合は中米移民女性を物理的にメキシコ北東部に繋ぎ止めるように見えるが，彼女たちの北の隣国や出身地を訪問したいという希望と好奇心は常に存在する．

注

1 ）本章は2017年に発行された "Ambivalencia e incertidumbre de la migración "en tránsito": maternidad a distancia y reunificación familiar", en Magdalena Barros Nock y Agustín Escobar Latapí（coords.）, *Migración: nuevos actores, procesos y retos*, Vol. II. Migración interna y migrantes en tránsito en México, CIESAS, 2017, pp. 190-230, IBSN: 978-607-486-447-2を翻訳した原稿をベースにしたものである．

2 ）Dill（1994）は，米国の有色人家族は歴史的に「家族になる」ために，奴隷制，移民政策または一定の経済的・政治的条件など，さまざまな力に抗ってこなければならなかったと説明している．

172 第Ⅱ部　ラテンアメリカ域内移民

3）女性とその子どもたちの年齢は，最初のインタビューを行った時のものとする．

4）1980年から1990年にかけて，500人から8000人に増加した．1920年には 1 万7000人になった．その後，1930年にかけて6000人まで減少したが，1940年代には 2 万1000人に増え，1951年から1960年には倍になった（Hamilton y Chinchilla, 1991）．

5）正規滞在許可書を持たない移民が，メキシコ移民局員に見つかり捕らえられたくないのは明らかである．しかし，2010年代前半のメキシコにおける急激な治安悪化のため，中には自主的に移民局へ出頭し，移動過程に終止符を打ち自国に「安全な」形で帰ることを選ぶ者もいる．そうして，犯罪ネットワークや不当なメキシコ政府関係者の手に落ちる危険性を回避する．

6）男女両方に使われる「返送する」という用語は，その対象が人間ではなくモノであるかのような意味合いを含んでいるため，蔑称的である．メキシコにおけるこういったイベントの増加や現象は，米国政府によって制定される移民政策と強く関係している．アメリカ合衆国はメキシコ人，中米人両方を「返送する（devolución）」．中米人の中には，米墨国境を再度渡るには自国からは距離が長くなるため，メキシコ人になりすます者もいる．その一方で，メキシコ政府はこれらの強制送還された中米移民を送還するため受け入れる．しかし，送還（repatriación）という用語は自国民——メキシコ人——のみに使用され，外国人に対しては「返送する」という用語が使われる．

7）現在では，この情報はメキシコ内務省のホームページに掲載される．

8）この解釈のもとになる量的データはないが，2011年にホンジュラスでフィールドワークを行った時，複数の女性が最近スペインに移住した人を知っていると言っていた．実際，インタビューをした女性の 1 人は，米国入国に失敗した後，ホンジュラスに「戻り」，そこからスペインへ入国するのに成功した．ホンジュラス，エル・パライソ県ダンリーでは，スペインへ移民するための準備をしている女性（2011年 9 月）と話をすることができた．

9）第一期のモンテレイメトロポリタン地区におけるフィールドワークでは，多くの中米移民女性が米国へ越境するのが怖いので，そのまま北への移動を続けるかどうか迷っていると言っていた．

10）国際移住機関（2006年63ページ）の定義によれば，「自主送還」とは「自主的に帰りたいという自由な願望に基づき，必要事項を揃えた人の帰還」である．その一方で，「補助自主送還」とは，「亡命，人身売買対象の移民，庇護のない学生，資格ある国民，他の移民で受け入れ国に留まることができないまたはしたくない者で，自主的に出身国へ帰りたい者の，物理的，経済的補助を伴う帰還」である（65ページ）．メキシコは2011年まで「自主送還」の用語を使っていたが，2012年から「補助送還」の用語を使用し始めた．だが，内容に関しては実質的な変化はない．というのも，両者とも移民は，メキシコ政府の「補助」——というよりは，「監視」または「コントロール」——のもと帰還するからである．

11）ここでは「シングルマザー」という用語は，独身，離婚，死別といった戸籍上の身分に関係なく，パートナーがおらず子どもがいる実際の状況を描写するために用いる．

12）Núñez と Heyman（2007）は米国における正規滞在許可書を持たないメキシコ移民の捕らえられた状態を研究している．本章で考察する中米移民女性の場合は，その事例と

第 6 章 「トランジット」移民の再定義 *173*

は異なる．というのも，インタビューをした大半の女性は正規滞在だからである．しか
し，一連の構造的，個人的条件が（不）動を決定する状態にあるという点では，比較の
対象となる．

参考文献

Arriola Vega, Luis Alfredo（2012）"Migrantes centroamericanos en 'transitoriedad':
 hondureños en Tabasco, México," en Ana María Aragones（coord.）, *Migración inter-*
 nacional. Algunos desafíos, México: Universidad Nacional Autónoma de México-Insti-
 tuto de Investigaciones Económicas, pp. 193-216.

Arzaluz Solano, Socorro（2007）"Introducción," en Socorro Arzaluz Solano（coord.）, *La*
 migración a Estados Unidos y la frontera noreste de México, Tijuana, Baja California: El
 Colegio de la Frontera Norte, pp. 5-26.

Asakura, Hiroko（2014）*Salir adelante: experiencias emocionales por la maternidad a*
 distancia, México: CIESAS.

Bhabha, Homi K.（2013）*Nuevas minorías, nuevos derechos. Notas sobre cosmopolitismos*
 vernáculos, Buenos Aires: Siglo Veintiuno Editores.

Bernhard, Judith, Patricia Landolt y Luin Goldring（2005）"Transnational, multi-local
 motherhood: Experiences of separation and reunification among Latin American
 families in Canada," *Joint Centre of Excellence for Research on Immigration and*
 Settlement（CERIS）, Working Paper No. 40, julio.

Bryceson, Deborah F. y Ulla Vuorela（eds.）（2002）*The Transnational Family. New*
 European Frontiers and Global Networks, Oxford-NewYork: Berg. Press.

Casillas, R. Rodolfo（2007）*Una vida discreta, fugaz y anónima: los centroamericanos trans-*
 migrantes en México, México: Comisión Nacional de los Derechos Humanos-Organiza-
 ción Internacional de las Migraciones.

Collins, Patricia Hill（1994）"Shifting the centre: Race, class, and feminista theorizing about
 motherhood", Evelyn Nakano Glenn, Grace Chang y Linda Rennie Forcey（eds.）,
 Mothering. Ideology, Experience, and Agency, Nueva York-Londres: Routledge, pp.
 45-65.

Collyer, Michael, Franck Düvell y Hein de Haas（2012）Critical approaches to transit
 migration," pre-print version of article forthcoming in *Population, Space and Place*,
 No. 18, pp. 407-414.

Collyer, Michael y Hein de Haas（2012）"Developong dynamic categorisation of transit
 migration," *Population, Space and Place*, Vol. 18, No. 4, julio-agosto 2012, pp. 468-481.

D'Aubeterre, María Eugenia（2002）"Género, parentesco y redes migratorias femeninas,"
 Alteridades, Vol. 12, No. 24, pp. 51-60.

Dill, Bonnie Thornton（1988）"Our mothers' grief: Racial ethnic women and the main-
 tenance of familias," *Journal of Family History*, No. 13, pp. 415-431.

———（1994）"Fictive kin, paper sons, and compadrazgo: Women of color and the
 Struggle for family survival," Maxine Baca Zinn and Bonnie Thornton Dill（eds.）,

174 第Ⅱ部 ラテンアメリカ域内移民

Women of Color in U.S. Society, Philadelphia: Temple University Press, pp. 149-169.

Dreby, Joanna (2010) *Divided by borders: Mexican migrants and their children*, Berkeley/Los Angeles: University of California Press

Düvell, Franck (2006) "Crossing the fringes of Europe: Transit migration in the EU's neighbourhood," Centre on Migration, *Policy and Society*, Working Paper, No. 33, Oxford: University of Oxford.

———— (2008) "Migrants and refugees on the fringes of Europe: Transit migration, mixed flows and new policy challenges," *Metropolis World Bulletin*, No. 8, pp. 29-32.

———— (2010) "Ethical issues in irregular migration research in Europe," *Population, Space and Place*, Vol. 16, No. 3, mayo-junio, pp. 227-239.

Fernández Casanueva, Carmen Guadalupe (2010) "Papel y aportación de los y las migrantes hondureños (as) residentes en la región del Soconusco, Chiapas," *Informe final del proyecto de investigación de Fondo Mixto Conacyt-Chiapas* (CHIS-2007-C07-77885).

———— (2012) "Tan lejos y tan cerca: involucramientos transnacionales de inmigrantes hondureños/as en la ciudad fronteriza de Tapachula, Chiapas," *Migraciones Internacionales*, Vol. 6, No. 4, julio-diciembre, pp. 139-170.

Fresneda Sierra, Javier (2001) "Redefinición de las relaciones familiares en el proceso migratorio ecuatoriano a España," *Migraciones Internacionales*, Vol. 1, No. 1, julio-diciembre, pp. 133-144.

Gamburd, Michelle R. (2008) "Milk theeth and jet planes: Kin relations in families of Sri Lanka's transnational domestic servants," *City and Society*, Vol. 20, No. 1, pp. 5-31.

Glenn, Evelyn Nakano (1994) "Social constructions of mothering: A thematic overview," en Evelyn Nakano Glenn, Grace Chang y Linda Rennie Forcey (eds.), *Mothering. Ideology, Experience, and Agency*, Nueva York-Londres: Routledge, pp. 1-29.

Hays, Sharon (1998) *Las contradicciones culturales de la maternidad*, Barcelona: Paidós.

Hamilton, Nora y Norma Stoltz Chinchilla (1991) "Central American migration: A Framework for análisis," *Latin American Research Review*, Vol. 26, No. 1, pp. 75-110.

Herrera, Gioconda (2011) "Cuidados globalizados y desigualdad social. Reflexiones sobre la feminización de la migración andina," *Nueva sociedad*, No. 233, mayo-junio, pp. 87-97.

———— (2013) *"Lejos de tus pupilas," Familias transnacionales, cuidados y desigualdad social en Ecuador*, Quito: FLACSO-Ecuador.

Hess, Sabine (2012) "De-naturalising transit migration. Theory and methods of an ethnographic regime analysis," en *Population, Space and Place*, No. 18, pp. 428-440.

Hondagneu-Sotelo, Pierrette (2007 [2001]) *Doméstica. Immigrant workers cleaning and caring in the shadow of affluence*, Berkeley-Los Ángeles-Londres: University of California Press.

Hondagneu-Sotelo, Pierrette y Ernestine Avila (1997) "'I'm here but I'm there': The meanings of Latina transnational motherhood," *Gender and Society*, Vol. 11, No. 5, pp. 548-571.

第6章 「トランジット」移民の再定義　*175*

Kearney, Michael（1991）"Borders and boundaries of State and self at the end of empire," *Journal of Historical Sociology*, Vol. 4, No. 1, marzo, pp. 52-74.

Lagomarsino, Francesca（2014）"Changing families: beyond the stereotypes of transnational motherhood," *Papeles del CEIC*, Vol. 2014, No. 108, pp. 1-24.

Mummert, Gail（2010）"La crianza a distancia: representaciones de la maternidad y paternidad transnacionales en México, China, Filipinas y Ecuador," en Virginia Fons, Anna Piella y María Valdés（eds.）, *Procreación, crianza y género: aproximaciones antropológicas a la parentalidad*, Barcelona: Promociones y Publicaciones Universitarias, S. A., pp. 167-188.

──────（2012）"Pensando las familias transnacionales desde los relatos de vida: análisis longitudinal de la convivencia intergeneracional," en Marina Ariza y Laura Velasco（eds.）, *Métodos cualitativos y migración internacional*, México D. F.: IIS-UNAM, pp. 151-184.

Núñez, Guillermina Gina and Josiah McC. Heyman（2007）"Entrapment Processes and immigrant Communities in a time of Heightened Border Vigilance," *Human Organization*, Vol. 66, No. 4, pp. 354-365.

Organización Internacional para las Migraciones（2006）"Glosario sobre migración," *Derecho Internacional sobre Migración*, No. 7, Ginebra: Organización Internacional para las Migraciones.

Papadopoulou-Kourkoula, Aspasia（2008）*Transit migration. The missing link between emigration and settlement*, Hampshar-Nueva York: Palgrave Macmillan.

Parreñas, Rhacel Salazar（2000）"Migrant Filipina domestic workers and the international division of reproductive labor," *Gender & Society*, Vol. 14, No. 4, Agosto, pp. 560-581.

──────（2001）"Mothering from a Distance: Emotions, Gender, and Intergenerational Relations in Filipino Transnational Families," *Feminist Studies*, Vol. 27, No. 2, verano, pp. 361-390.

──────（2005）*Children of global migration. Transnational families and gendered woes*, Stanford, California: Stanford University Press.

Puerta, Ricardo（2005）"6. Entendiendo y explicando la migración hondureña a Estados Unidos," en *Revista Población y Desarrollo. Argonautas y Caminantes 2004*, Tegucigalpa: Universidad Nacional Autónoma de Honduras-Posgrado Latinoamericano en Trabajo Social, pp. 65-84.

Rodríguez, Ernesto, Salvador Berumen y Luis Felipe Ramos（2011）"Migración centroamericana de tránsito irregular por México. Estimaciones y características generales," en *Apuntes sobre migración*, México: Centro de Estudios Migratorios del INM, No. 01, julio 2011.

Rodríguez, Ernesto y Graciela Martínez（2011）*Síntesis 2011. Estadística migratoria*, México: Centro de Estudios Migratorios/Unidad de Política Migratoria/Subsecretaría de Población, Migración y Asuntos Religiosos/SEGOB-Instituto Nacional de Migración/SEGOB.

176　第Ⅱ部　ラテンアメリカ域内移民

Rodríguez, Ernesto, Rodolfo Casillas y Rafael Fernández de Castro（2014）*Migración centroamericana en tránsito por México hacia Estados Unidos: diagnóstico y recomendaciones. Hacia una visión integral, regional y de responsabilidad compartida*, México: ITAM.

Ruddick, Sara（1989）*Maternal thinking: Toward a politics of peace*, Boston: Beacon.

Sassen, Saskia（2000）"Women's burden: Countergeographies of globalization and the feminization of survival," *Journal of International Affairs*, abril, Vol. 53, No. 2, pp. 503-524.

Solè, Carlota y Sònia Parella（2005）"Discursos sobre la 'maternidad transnacional' de las mujeres de origen latinoamericano residentes en Barcelona," en *Mobilités au féminin*, Tanger: Maruecos, 15-19 de noviembre.

Thorne, Barrie, Marjorie Faulstich Orellana, Wan Shun Eva Lam y Anna Chee（2003）"Raising Children, and Growing Up, across National Borders," en Pierrette Hondagneu-Sotelo（ed.）, *Gender and U.S. Immigration. Contemporary Trend*, Berkeley/Los Ángeles/Londres: University of California Press, pp. 241-262.

United States Department of Homeland Security Office（2011）*Yearbook of Immigration Statistics: 2010*, Washington, D. C.: U. S. Department of Homeland Security, Office of Immigration Statistics.

Wagner, Heike（2008）"Maternidad transnacional: discursos, estereotipos y prácticas," en Gioconda Herrera y Jacques Ramírez（eds.）, *América Latina migrante: estado, familias, identidades*, Quito, Ecuador: Flacso Sede Ecuador/Ministerio de Cultura del Ecuador.

第7章 コスタリカにおけるニカラグア女性移民と新自由主義政策

松久玲子

はじめに

ラテンアメリカ域内における国際労働移動のなかで，ニカラグアからコスタリカへの移民の流れは，近年特に顕著なものである．周辺（南）から中心（北）への移動と同様に，周辺（南）から周辺（南）への移動においても，分断された労働市場への統合や移民の女性化の傾向が見られる．特に，生産領域および再生産領域における国際分業は，ニカラグアからコスタリカへの移民にもみられる現象である．本章は，ニカラグアからコスタリカへの国際労働移動に着目し，新自由主義経済とグローバリゼーションの浸透が，「南」から「南」への労働移動にどのような影響をあたえているのか，また「南」から「南」と「南」から「北」への労働移動は，いかなる共通性と相違があるのかを女性労働者に焦点をあてて明らかにしたい．

ミースは，国際分業と労働の女性化を生み出すメカニズムについて次のように論じている（ミース 1995, 1997, 2000）．国際分業の第一段階において，先進諸国に集中していた製造業が，途上国や周辺地域に移り，規模な生産の再配置が行われ，「非熟練」労働力によっても可能な生産過程が単位行程へと分割された．そうした国際分業の質的変化が必然的に「労働の女性化」を進展させた．サッセンは，世界的な生産の国際化がもたらしたグローバル・シティの形成が，移民労働者を大量に吸収していると述べている（サッセン 1988）．

新国際分業論は，「北」における再生産労働が「南」から移民する女性たちをより低賃金で不安定な雇用に組み込むメカニズムを論じている．サッセンは，グローバル・シティにおける「南」から「北」への国際分業のメカニズムを説明したが，グローバル・シティのような金融やIT産業とそれに伴うサービス

が高度に集積していない「南」から「南」への国際労働移動において，ジェンダーがどのように機能しているのかは具体的に論じていない．「南」から「南」への国際労働移動においても「南」から「北」と同様の国際分業システムが作動し，二重構造ないし分断された労働市場への女性移民の組み入れが行われている．しかし，この「南」から「南」への労働移動と不安定かつ劣悪な労働市場への組み入れは，「北」の状況とどのように異なるのか，またその分業プロセスは「南」から「北」への労働移動とは異なる特徴があるのかという検討が必要である．

　ニカラグアからコスタリカへの人口学的移動研究は国際移住機関（IOM）や世界銀行，CEPAL により（CEPAL 2008；Fruttero 2008；OIM 2012，2013；ILO 2016）また中米の人口統計学的研究の一環として FLACSO や中米人口研究所を中心に行われてきた．ラテンアメリカ，そして中米における人口動態の継続的な研究（Fruttero 2008；Sandoval 2007，2012）も実施されている．これらの研究では，20世紀末から21世紀にかけての継続的かつ大規模な移動の理由を，マクロな経済要因に求める分析や，地域的経済格差を生み出すグローバリゼーションと移民の関係を論じた世界システム論の立場からの分析，ジェンダー，階級，エスニシティに基づく労働市場への移民の統合を論じた二重市場論による分析が行われている．さらに，発展途上国の経済発展に資するものとして移民の送金を取り上げた研究が行われている（Murrugarra and Herrera 2011）．

　ジェンダーの視点からのニカラグア移民に関する先行研究（Lerussi 2007；Loria 2010；Bonnie 2010；Cardedo 2011；Hidalgo 2016）では，なぜ女性移民が家族を残し国を離れるのか，あるいはコスタリカにおいてどのような劣悪な労働条件のもとで働き，再生産労働市場に組み込まれているのかの調査研究が行われている．しかし，これらの先行研究では，グローバリゼーションとの関係において「南」から「南」への移動により女性の労働市場における再配置化がどのように行われたのかについての分析は十分とは言えない．

　本章では，ニカラグアからコスタリカへというの女性の労働移動に焦点をあて，「南」から「南」における送り出し側と受け入れ側の国際分業とジェンダーの配置，あるいは再配置化について考察する．ニカラグアの女性移民が新たにコスタリカの労働市場に組み込まれる過程と移民の女性化の実態を明らかにすることにより，「南」から「南」の移民パターンが「南」から「北」への移民パターンといかなる同質性をもち，同時に異なる特徴を持つのかを分析し，

グローバリゼーションの複層性について明らかにする.

研究方法としては，マクロな経済・社会的視点とミクロな女性移民労働者に関するエスノグラフィーを組み合わせることにより，ニカラグアからコスタリカへの女性の国際労働移動の特徴を明らかにしたい．まず，ニカラグアとコスタリカの送出国と受け入れ国の双方の経済・社会的要因について分析する．また，国の移民政策が大きな影響をもたらすことを考慮し，移民政策から非正規移民が生まれる要因について考察する．「南」から「南」の労働移動の女性化のメカニズムとその特徴に関しては，ジェンダーの視点から分析されたエスノグラフィーを利用しつつ，2013年に実施した移民支援組織へのインタビューによって補うことにより明らかにする．

1　ニカラグアにおける国際労働移動

1.1.　ニカラグアにおける出移民の動向

ニカラグアは，ラテンアメリカ諸国の中でも人口あたりの出移民の比率が非常に高い移民送出国である．アメリカ合衆国移民政策機構（Migration Policy Institute 2018）の調査によれば，2017年の時点で65万8000人が海外に暮らしている．それは同年のニカラグア人口602万5951人の約11%にあたる．

ニカラグアにおける出移民の動態を見ると，大きく3つの時期に分けられる．70年までの出移民の割合は全人口の3％程度で，移民の動きは少ない．1970年代後半から出移民の第一波が始まり，1980年第末まで増加した．この時期は，ニカラグア革命期と重なり，1979年のニカラグア革命勃発を機に，ニカラグアからアメリカ合衆国とコスタリカへの移民が増加した．亡命などの政治的な理由から出国する人々が増え，1983～92年の間に1万人以上のニカラグア人がアメリカ合衆国の難民認定を受けた．アメリカ合衆国が主要な移民先となっている．

1990年にニカラグアでは革命後政権を握っていたサンディニスタが選挙で敗北し，2006年まで新自由主義政権が成立した．新自由主義政権のもとで，構造調整による公共セクターの人員削減や失業率の上昇が見られた．移民の第二波は，1990年代で，構造調整による経済的な移民が動機となった．主要な目的地は，アメリカ合衆国とコスタリカだが，コスタリカへの移民の割合がアメリカ合衆国を上回った．1990年から1994年には，出移民の43%がコスタリカへ向

180 第Ⅱ部 ラテンアメリカ域内移民

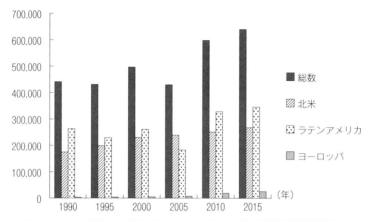

図7-1 1990年から2015年のニカラグアの目的地地域別移民人口
出典：UN 移民統計より作成

かった．また，1995年から1999年までのコスタリカへの移民の割合は，海外に在住するニカラグア人の59％，アメリカ合衆国へは29％を占めている．

　第三波の移民は2000年以降で，地域間移動が多様化し，ニカラグア移民の目的地がエルサルバドル，パナマ，ホンジュラスなどに多様化した．また，アメリカ合衆国の移民管理の強化に伴い，スペインが新たな目的地に加えられた．アメリカ合衆国におけるリーマンショックの影響で，2005年前後で移民数は若干減少したが，1990年以降の全期間を通じてコスタリカとアメリカ合衆国が主要な受け入れ先である（図7-1）．

　2015年の国連の移民統計によればニカラグア移民の46％は「北」の先進諸国へ，54％が「南」の発展途上国に移民している．ラテンアメリカ域内での移動を見ると，コスタリカへの移民が移民全体の46.8％を占めている．ラテンアメリカ域外への移民に関しては，ヨーロッパではスペイン，北米ではアメリカ合衆国が主要な移民先（40.2％）である．歴史的に，コスタリカとアメリカ合衆国が主要な移民受入国[1]であり，最近ではスペイン（1万8353人），パナマ（1万1080人），カナダ（1万525人）がそれに続いている（UN 移民統計 2015）．

　また，海外からの送金がニカラグアの大きな収入となっている．ニカラグアへ海外から12億6810万ドルの送金を受けているが，これはニカラグアの国内総生産（PIB）の9.59％に相当する（2016年）．また，移民先の多様化に伴い，ニカラグアへ送金元も多様化しているが，主要な送金元はアメリカ合衆国およびコ

スタリカでこの二カ国が全送金額の88.7%を占める.

1.2. 新自由主義政策とニカラグアの出移民

ニカラグアは, 1990年以降の新自由主義政権の下で重債務貧困国として, 2001年と2004年の2回にわたり国際通貨基金 (IMF) と世界銀行から債務削減を受け, 構造調整政策が実施された. 1991年3月には, 通貨切り下げと公務員削減のための「職業転換計画」を実施した. これを期に3万人近くのサンディニスタや多くの女性たちが解雇された[2]. 1990年代の失業率は高く, 男性15.9%, 女性19.3%だった (Acuña 2013 : 20). 物価の上昇と失業は, 貧困層に大きな打撃を与え, 特に中間層の貧困化をもたらした. さらに, 政府の構造調整政策は社会福祉分野におよんだ. 1991年には健康保険がスライド制で有料化され, 無償であった学校教育の授業料が徴収された. 1998年には, ミッチ台風による大規模災害が発生し, 被害者36万人, 死者3000人弱, 被害総額は15億ドルにのぼった. 1998年のミッチ台風の後, ニカラグアからコスタリカへの移民は40%増加した (OIM 2012).

1990年から2006年にかけての失業率は17%に達している. 貧困国であるニカラグアでは, 経済的要因が移民の主要な決定要素である (OIM 2012). ニカラグアの貧困状態は深刻で, 1990年から2006年までの新自由主義政権下で貧困層と富裕層の経済格差が拡大した. 2007年には, 下から10%の最貧困層が国民所得の1.4%を占めていたのに対し, 上から10%の最富裕層は41.3%を占めた.

2007年に, オルテガ大統領のもとでサンディニスタが政権に返り咲き, 2017年に至るまで経済成長が続いている間はかろうじて安定していた政治状況だったが, ベネズエラの援助に依存していた経済が行き詰まり, 公共料金の値上げ, 年金切り下げが行われた結果, これまでのオルテガ大統領の政治運営に対する不満が噴出し, 2018年4月に大規模なデモが発生した. オルテガ政権の武力によるデモ弾圧により300人以上が死亡し, 国連人権委員会が派遣される社会的な不安定が続いている.

こうした国内情勢に対応して, 1990年の第一次サンディニスタ政権の崩壊とともに1990年から1996年には出国人口の減少が見られたが, 失業率の増加, 貧困の拡大により2000年まで出国人口の拡大が続いている. 更に2008年9月のリーマンショックの影響で出国人口は一時減少したが, その後また増加している. こうした大きな移民動向は, ニカラグアの貧困と失業による構造的なもの

182　第Ⅱ部　ラテンアメリカ域内移民

で，ニカラグアにおける政治，経済的な要因により説明することが出来よう．

1.3.　ニカラグア出移民の特徴

2015年の国連統計では，ニカラグア出身で1年以上海外に在住する正規移民はニカラグア全人口の10％を越える．他に統計的に把握できない，非正規移民や季節労働のための期間限定の移動労働者，越境者をふくめると更に多くの労働移動が行われていると推定される[3]．

IOM（2012：39）の調査を基に移民の出身地をみると，首都があるマナグア州からの移民が一番多く，移民全体の26.1％を占める．次いで，太平洋岸のエルサルバドルに国境を接するチナンテガ州11.5％，マナグア州の北に隣接するレオン州10.9％となっている．マナグア州からの移民の42.2％がアメリカ合衆国に行っているが，コスタリカへ移民するマナグア，レオン州の出身者も多い．一般にニカラグア移民の73％は都市出身者である．

また，移民労働者の農業の就労は，移民受け入れ国の輸出農業や大規模建設での労働力需要により期間が限られているため，季節労働が一般的である．季節労働のための労働移動は，域内移動の20％を占め，そのうちの50％はコスタリカへ向かっている．コスタリカへ行く移民の56％，エルサルバドルへの移民の69％が農村出身者である．また，移民の85％は，15歳から65歳までの経済活動人口である．特にコスタリカで二国間協定による期間限定契約による季節労働従事者の62.6％は18歳から33歳の若年層である（IOM 2012）．

移民労働者の教育年限を見ると，海外で働くニカラグア人の教育レベルはニカラグア国内の平均よりも高い[4]．アメリカ合衆国に移民する25歳以上のニカラグア人の場合，大学入学資格を有する割合は44％，大学・専門教育修了レベルは24％となっている．一方，コスタリカに移民するニカラグア人の初等教育修了率は43.1％，中等教育修了率は38.5％である（IOM 2012：97-98）．アメリカ合衆国，スペイン，パナマへの移民は教育レベルが相対的に高く，コスタリカ，中米，メキシコへの移民は低い[5]．

ニカラグアからの国際労働移動の特徴は，都市出身者が相対的に学歴が高くアメリカ合衆国への移動を志向し，それよりも学歴の低い層や農民層は近隣諸国への移動が多い．特にコスタリカではニカラグアよりも雇用機会が多く，高い収入が見込まれる．また，生活環境においても，保険，教育，公共サービスなどの社会保障がニカラグアよりも充実しており，治安もよい．長い国境を接

第7章　コスタリカにおけるニカラグア女性移民と新自由主義政策　*183*

しており，比較的国境管理が厳しくないなどの要因が，ニカラグア人のコスタ
リカへの労働移動を引き起こす一因となっている．

2　コスタリカの移民政策とニカラグア移民

　コスタリカは，現在までニカラグア移民の最大の受入国である．20世紀はじ
めから，コスタリカにおけるバナナ産業の拡大とともにニカラグア人労働者が
国境を越えてバナナ・プランテーションに働きに行った．長い国境を接するコ
スタリカへ輸出農業の季節労働者として農村から農村へのニカラグア人の国際
労移動が行われてきた．しかし，最近の移民の特徴は，移民先が都市に集中し
ていることと，移民の女性化である．また，移民の長期化に伴い移民2世と二
重国籍をもつ子どもが増加している．地域的には，ニカラグア移民はコスタリ
カの中央部およびニカラグアとコスタリカの国境の北部地域に分布している．
　コスタリカに居住するニカラグア移民は，主に3つのタイプに分類できる．
5年ごとに更新が必要な定住ビザ（permanent visa）を持つ正規移民，二国間協
定により期限付きの労働ビザ（B8-visa）を持つ期限付き移民労働者，そして正
式手続きなしに越境した人々ないしは観光ビザでコスタリカに入国しそのまま
居住する人々，ビザの期間延長をせずそのまま居住する人々などのいわゆる非
正規移民である．2016年の世帯調査によれば，コスタリカの人口の約9％，44
万人が外国人であり，そのうちの77.3%，約35万人がニカラグア移民である．
さらに，10万人から21万人の非正規移民がいると推定されている（OIM 2017：
16-17）．ニカラグア移民の約半分（48.6%）は滞在期間が限定されている期限付
き移民労働者であり，コスタリカの農業，建築，サービス部門の労働を担って
いる（SICREMI. 2017：4）．

2.1.　コスタリカにおける移民受け入れ要因

　まず，コスタリカにおけるプル要因について考えてみたい．コスタリカの主
要産業は過去30年の間に大きな変化を遂げ，伝統的なバナナ，コーヒーなどの
輸出農業に加え，現在では観光業，電子機器製造，パイナップル，メロン，観
葉植物などの非伝統的輸出農業が主要産業となっている．
　1950年代までコスタリカ経済はコーヒーとバナナを中心とする輸出農業が中
心で，この2つが輸出総額の80〜90％を占めていた．60年代に入ると，牛肉と

184 第Ⅱ部 ラテンアメリカ域内移民

工業製品の輸出が拡大した．60年代に発足した中米共同市場への参加により繊維産業を中心とする軽工業が発展した．しかし，中米市場の低迷，輸入代替工業の行き詰まり，石油危機，コーヒー価格の低迷などにより，1979年から80年代前半にかけて深刻な経済危機に見舞われた．この経済危機を機に，コスタリカはコーヒーとバナナに依存する経済構造の変革を試みた．1982年に輸出加工貿易自由区を導入し，1990年代半ばには半導体世界最大大手メーカーの米国インテル社の工場ができたことにより，ハイテク分野の工業製品の輸出が急成長し，21世紀はじめにはハイテク産品輸出国となった．また，経済の多角化を目指し観光が1994年には外貨獲得で第一位となった．農業は，コスタリカの主要産業ではなくなっているが，人口の半分が直接，間接的に農業に依存して暮らしている．

　こうした産業構造の変化は，労働市場にも影響を及ぼした．観光業の発展は第三次産業のサービス部門の雇用を拡大した．また，輸出加工貿易自由区のハイテク工場では若年女性が雇用対象となり，サービス分野や加工貿易自由区の労働市場の拡大は女性の社会進出を後押しした．一方で，コスタリカでは輸出農業における労働需要が依然として存在する．1960–80年代に比べ，1980–2000年のコスタリカの人口増加率は2.4％から1.8％に減少し，農村人口の経済活動人口も1980年から2000年の間に，33.5％から27.4％に減少した．輸出農業の労働力は季節労働の需要が大きく，OIMとコスタリカ労働省の調べでは，毎年ほぼ10万人のニカラグア人が国境を越え，コーヒー，バナナ，サトウキビ，メロンの収穫に来ている．

　コスタリカにおいても出移民の流れがあるが，総人口の2.7％でそれほど多くはない．国内が安定しているコスタリカでは，海外へ労働移動する必要性はあまりない．経済構造の変化が，移民の労働力の需要を引き起こしている．

2.2. コスタリカの移民政策

　国際労働移動をマクロな視点から考察する場合，政府や制度的な移民政策が大きな影響を与える．コスタリカの移民政策は，国際的な移民の人権保障という建前とニカラグアからの労働力への需要の間で揺れ動いてきたと言えよう．

　1986年に公布されたコスタリカの移民法（La Ley General de Migración y Extranjería no. 7033）は，2006年と2010年の2回に渡り改正された．隣国ニカラグアの政治，経済危機や天災，すなわちサンディニスタ政権の崩壊とミッチ台風に対

する特例措置として，1990年，1994年，1998年の3回にわたり人権擁護特例（Amnestía）が出された．地域協定としては，2006年にグアテマラ，エルサルバドル，ホンジュラス，ニカラグア間で自由移動協定（Convenio de Creación de la Visa Única Centroamericana para la Libre Mobilidad de Extranjeros：以下，CA-4と略す）が結ばれた．CA-4のメンバー国の18歳以上の国民は，ビザやパスポート無しで出入国カード（Tarjeta de Ingreso y Egreso）のみで移動することが可能となり，コスタリカもこの協定に加入した．しかし，移動の自由は必ずしも国境を越えた労働の自由を意味しない．

　ニカラグア・コスタリカ間では，滞在期間を限定するさまざまな2国間協定が結ばれ，非正規移民の規制が行われている．移民法の主要な改正としては，2001年に「不法移民」へ職および住居の提供を禁ずる移民法（No. 7033）の改正と，更にその違反者に対する罰則規定も提案された．「不法移民」に住居を提供した者に対して，最低賃金20カ月分の罰金，あるいは6年の禁固刑が科され，2005年の移民法改正に盛り込まれた．この改正法は2006年に発効したが，外国籍の移民の出入国と滞在を抑制する一方で，投資家の入移民を優遇した．2007年には，農業，農産物加工業，建築業において期間を限定して労働を許可する二国間協定が締結された．

　2011年には，社会保険などの移民保護に関する法整備を理由として，新たに改正された移民法（Las Leyes de Migración y Extranjería no. 8764）が発効した．社会保険に加入するためには居住地を申請する必要がある．しかし，法改正により，入国資格の変更が必要となった場合には，その手続に手数料がかかる．例えば，旅行者として入国し，資格を変更する場合には200米ドル，新たに資格要件を満たした上で，申請に50米ドルを支払わねばならない．ビザの期限が切れ国外に退出して再入国する場合には，従来よりも40米ドル高い手数料を支払わねばならない．2012年には，新たに次の条項が加わった．永住資格[6]が失効した場合[7]には，3カ月以内に更新しなければならず，更に不法滞在期間に応じて月100米ドルの罰金を支払うか，それを怠った場合には不法滞在期間の三倍の期間入国を禁じられる．こうした改正は，非正規移民を正規移民として統合するどころか，非正規移民を隠れさせ不可視化させていく．サンドバールによれば，この改正法の執行により，2009年から2011年の間に永住許可申請は48.4％減少した．つまり法改正は，移民の正規統合という目的を達成しなかった（Sandoval 2012：30-34）．

186 第Ⅱ部 ラテンアメリカ域内移民

　若い経済活動人口の流出を防ぎたいニカラグアと移民の永住を避けたいコスタリカの間で，移民手続きは移民したい人々にとって煩雑で経費が高いものになっている．ニカラグア人がコスタリカへ正規移民として合法的に入国する場合，V8ビザの取得のために以下の手続きが必要となる．① 外務省により発行された出生地証明書，② 出国税25米ドル，③ 発効に数カ月を要する選挙最高審議会（Consejo Supremo Electral）によりニカラグアでのみ発行できる身分証明書，④ 数カ月かかるパスポートと一日ビザ，⑤ 労働許可書．正規の期間限定の労働者としてコスタリカで働くのに，書類を作成するために遠方の都市まで行かねばならず，申請のための経費だけではなく付随する経費も支払わねばならない．

　また，コスタリカ側においても，期間を限定して労働を許可する二国間協定に基づく労働ビザを取るのは手間がかかる．まず，雇用主が労働・社会保障省（Ministerio de Trabajo y Seguridad Social，以下MTSSと略す）に労働者の審査申請をする．次にMTSSが申請書の審査をするのに2週間程度かかる．その後雇用企業代表者が必要書類を準備し，雇用主はニカラグアへ行き書類を労働省へ提出，雇用主は雇い入れる各労働者の書類を準備しニカラグアとコスタリカの移民局のある国境事務所に提出する．出入国が承認されると，労働者と契約を交わし，ニカラグアの労働省へ書類を提出し，コスタリカの労働省に出発の最低10日前に送り，18歳以上の労働者を募集する．雇用主は被雇用者とともにコスタリカへ行き期間限定の労働許可をコスタリカのへ申請する．雇用主は預金証明，パスポート等を移民局（Dirección General de Migración y Extranjeria，以下DGMEと略す）へ提出し，労働者が働くことを認められる．期間限定の季節労働移動でも労働者，雇用主双方にとって負担は大きく，必然的に国境を越えてくる非正規労働者を雇用するパターンが出来上がる．非正規移民が増加しているにもかかわらず，2008−12年のコスタリカにおける国外退去は，2003−07年の45％にすぎない．実際には，ニカラグア人労働者は国境を越えて往来している．

2.3.　コスタリカにおけるニカラグア移民の労働状況

　2016年の世帯調査（OIM 2017：23）によれば，移民の労働分野は農業16.6％，工業10.8％，建設16.7％，サービス40.1％，有償家事労働15.7％，その他0.1％となっている．2007年のCEPALの統計では農業21％，工業27％，サー

ビス業51％（CEPAL 2008：40）だった．両者を比較すると，農業部門での労働の比重が減少し，代わりにサービス部門への労働が拡大していることがわかる．

コスタリカにおいて農業部門は次第に縮小しているが，移民にとって依然として重要な雇用先であることに変わりはない．特に伝統的な輸出農産物であるコーヒー，バナナと非伝統的なパイナップル，観葉植物などの輸出用農業での雇用が大きい．バナナ，パイナップルは北部と南部のカリブ海沿岸地域で栽培され，特に南部カリブ海沿岸のリモン州で80％が栽培されている（2014年）．北部では，同じくパイナップル，モモ，観葉植物などの非伝統的輸出農産物が生産されている．コーヒーの生産は中央渓谷地域に集中している．中央部のサンホセ州，カルタゴ州，北部地域のアラフエラ州，南部太平洋岸地域のプンタレーナス州でコーヒーの92％が栽培されている．特に，サンホセ州で41％が生産されている．正規の農業労働力の12％がニアカラグア移民であり，そのうちの62％がコーヒー，サトウキビ，パイナップル，バナナなどのプランテーション農場で雇用されている．また，これらの輸出農業においては，インフォーマルな労働[8]の比率が高く，雇用全体の60％を占め，ニカラグア移民がその大部分を引き受けている（OECD 2017：56-60）．

農業部門の労働市場はジェンダー化されている．2001年の統計ではニカラグア移民男性の産業別分布をみると，第一次産業で占める割合は34.1％（そのうち農業が33.7％，漁業が1％），女性では6.4％にとどまっている（CEPAL 2008：39）．この部門の個人あたりの生産性は低く，労働者の教育レベルの低さが指摘されている（OECD 2017：70）．コスタリカの平均修学年限が9年に対し，農業労働者の平均就学年限は5.5年である．

第二次産業に関しては，労働市場に占める割合に大きな変化は見られない．特に，建設業は男性の雇用が中心である．2001年の統計（CEPAL 2008：39）では，ニカラグア移民男性が第二次産業にしめる割合は35.1％で，その内訳は製造業が13.3％，建設業が21.6％，鉱山が0.1％を占めている．女性の場合，第二次産業に占める割合は10％にしか過ぎず，製造業が8.9％を占める．

第三次産業では，有償家事労働は女性が主要な担い手である．また，観光業においてホテルのメンテナンスやレストランでの職種が拡大している．2001年の統計では，第三次産業においてニカラグア女性が占める割合は83.7％で．特にレストラン，ホテル業（皿洗，清掃など）では19.5％，有償家事労働では33.3％を占めている．一方，第三次産業においてコスタリカ女性が労働市場に

占める割合は77.4％で，その内レストラン，ホテル業が7.7％，有償家事労働が11.7％であり，これらの職種がもっぱら移民に配置されていることが見てとれる（CEPAL 2008：39）．

移民労働者の労働市場への統合状況を見ても明らかなように，主要産業で雇用されているニカラグア人の月平均収入は，コスタリカ人の平均収入の58.6％にすぎない（OIM 2017：42）．ニカラグア人の極貧率は11.3％，貧困率は17.9％といずれもコスタリカ人を上回っている（OIM 2017：51）．

コスタリカにおけるニカラグア移民の居住地域の分布を見ると（OIM 2017：17），2000年にはサンホセ州に40.1％，アラフエラ州に24.4％，リモン州に10.7％で，この3州に75.2％が集中しているのに対し，2011年ではサンホセ州36％，アラフエラ26.3％，エレディア州に10.5％，ついでリモン州9.4％とサンホセ州から次第に居住地域が広がっている[9]．ニカラグア移民は，首都圏周辺の北部地域と大西洋地域に集中している．都市部では男性移民より女性移民が多く，反対に農村部では男性移民が統計上，圧倒的に多い（Sandval 2011：31）．

ニカラグア移民の教育レベルに関しては，未就学者が11.7％，初等教育レベルは51％で，中等教育は29.3％，高等教育は6.7％とコスタリカ人（初等教育47.9％，中等教育27.9％，高等教育18.1％）と比べ低い教育レベルを示している（OIM 2017：24）．低い教育水準が，ニカラグア移民を安価な非熟練労働へと組み入れることになる．

これまで，マクロレベルにおけるニカラグア移民の動向を見てきた．経済や教育資源が乏しいほど近隣の「南」へと移民先の選択が狭められる．しかし，伝統的な国境周辺の農業季節労働がそのまま継続しているわけではない．季節労働は継続しながらも，受入国側の産業構造の変化に伴い，非伝統的輸出農業地域，都市のサービス業へと移民が分散し，就労形態も変化している．就労分野のジェンダー化が明確になり，ナショナリティ，ジェンダーによる差別化，分断化が見られる．第3節では，移民の女性化に焦点を当て，グローバリゼーションが移民動向に与える影響について考察する．

3 コスタリカにおける
ニカラグア移民労働の再配置化とジェンダー

3.1. ニカラグア移民の女性化の要因

近年，世界的に移民の女性化の傾向があるが，ニカラグア移民に関しても同様の傾向がある．ニカラグア移民の男女別の推移をみると，1990年以降2015年まで，UN移民統計ではニカラグアの出移民は女性が男性を若干上回っている．1990年から2000年までの新自由主義時代には，移民は増加傾向にあり，男女比はほぼ同程度である．しかし，2000年以降，次第に女性の数が男性を上回ってきている．今世紀のニカラグアの女性移民の傾向として，2005年前後の経済危機の時代を除き，女性移民数が次第に男性を上回っている（図7-2）．

1990年代のニカラグアにおける構造調整がその理由としてあげられる．構造調整に伴う公務員の人員整理や福祉の削減は，男性より女性に大きな影響を及ぼした．ニカラグアでは，1990年までサンディニスタ政府の下で教育，社会福祉，衛生分野などの公的分野での女性の登用が進んだが，構造調整の影響を直接受けたのがこの分野である[10]．また，2005年以降，オルテガ政権は伝統的な反帝国主義や労働者の連帯などのスローガンを使いながらも，実質的には新自由主義的な政策を維持，推進してきた．2004年には中米ドミニカ共和国，アメ

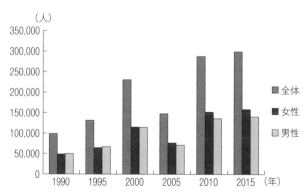

図7-2 コスタリカにおける男女別ニカラグア正規移民の年度別推移
出典：UN統計より，著者作成．

190 　第Ⅱ部　ラテンアメリカ域内移民

リカ合衆国の間で自由貿易協定CAFTAを締結したが，それを利用して海外投資を積極的に自由貿易区に呼び込んでいる．そして，都市周辺の貿易自由区での低賃金労働力として雇用されたのが若年女性だった．

　2015年の世帯調査では，2009年の失業率は，4.7%，都市の失業率は6.4%，農村1.9%である．男女別の失業率は，男性4.5%，女性5.1%となっている．2015年には失業率は改善し，それぞれ2%，2.7%，1.2%で，男女別では男性2.2%，女性1.6%となっている．2010年以降，女性の失業率が男性の失業率よりも低い状態が続いている．しかし，この数字は求職していない人口は含まれておらず，フォーマルセクターにおける失業率であり，インフォーマルセクターでの半失業状態は反映されていない．特に，週40時間未満しか働いていないのは，男性32.6%に対して，女性は50.4%にのぼっている．就労する女性の半分が不完全雇用状態にある．女性の雇用分野別の就労率を見ると，第一次産業に11.5%，第二次産業に25.9%，第三次産業に62.6%となっている．男性は，それぞれ48.9%，17.3%，33.8%で，第二次産業の就労率は女性が男性を上回っている．主な職種は製造業である．一方，男性の職種は鉱業（0.7%）製造業（9.2%）建設（7.4%）となっている（FIDEG 2015：23）．

　同じく2010年の世帯調査（FIDEG 2013）では，第二次産業における就業は17.8%であり，貿易自由区でのマキラドーラの発展とともに，女性の雇用が増加しているのが見て取れる．マリア・エレナ・クアドラ女性労働者・失業者運動（Movimiento de Mujeres Trabajadoras y Desmpleadas Maria Elena Cuadra　以下MECと略す）の調査では，貿易自由区での女性の雇用は，18〜19歳が6.4%，20〜25歳が25.4%，26〜30歳が23.3%，31〜35歳が21.3%，36〜40歳が13.6%，41歳以上は8.9%である（MEC 2014：17）．つまり，20歳から35歳までの若年女性が占める割合が70%で，マキラドーラの主要な雇用対象となっている．マキラドーラで働く女性労働者の36.1%が独身で，82%に子どもがいる．新自由主義政策による外資導入により多国籍企業での若年女性の就労が増加したが，その雇用数は主要都市周辺で限定的である．

　こうした多国籍企業における女性の就労は，女性の社会進出を後押しした．ニカラグアの10歳以上の女性の平均就学年限は，6.4年で男性の6.1年を上回る．女性の教育レベルは，初等教育90.5%，中等教育61.0%，大学20.9%と，いずれも男性を3〜5%程度上回っている（FIDEG 2015：29-30）．しかし，インフォーマルセクターで就労する女性の割合は76.7%で，男性69.6%を上回る．

女性の教育レベルが高い割に，正規雇用の機会が限られている．マキラドーラ
などの多国籍企業での雇用機会は女性の就労の機運を促進するが，現実には雇
用は限られている．

　また，ニカラグアの世帯状況をみると，全国で女性世帯主の割合は36.2％で，
特に都市における女性世帯主の割合は44.7％と高い割合を示している．女性世
帯主の内，15〜34歳の割合は7.3％，35〜54歳は37.8％，55〜74歳が42.3％，
75歳以上は42.3％である．35〜54歳の年齢層の女性が子どもを抱えたシングル
マザーとして家計を支えている（FIDEG 2015：32）．マキラドーラの主要な雇用
対象ではなく，家計維持者として，インフォーマルセクターの不完全雇用で家
族を支えている女性たちが，海外の雇用を求めて単身移民する移民の女性化の
母集団，移民労働者予備群を形成している．

　女性移民は一般に男性移民より教育水準が高く，子どもをもつ女性世帯主の
移民が増加している．女性は貧困などに対する脆弱性が高く，貧困が移民の大
きな決定要因となっている．一般に，移民の動機はより良い収入や生活レベル
の向上を目的とした経済的要因により説明される．しかし，女性の場合は，経
済的要因に加え，身体的，心理的暴力やセクハラなど女性が置かれた厳しい社
会環境から逃れる手段として移民を選択している場合がある．フルテーロ
（Fruttero 2008）によれば，移民女性の45％はコスタリカへ，39％はアメリカ合
衆国へ移民している．これは，コスタリカへ行く方が費用がかからず，安全な
ためである．越境の危険性はアメリカ合衆国のほうが遥かに高いと考えられて
いる．

　2015年のコスタリカにおけるニカラグア移民の男女比は男性47％（14万775
人），女性53％（15万8565人）である．コスタリカへの女性移民に共通する特徴
は，子どもがあり，経済的に家族を支えており，多くは学歴が高くない．移民
のきっかけは，婚姻生活の変化が挙げられ，離婚によるものであれ，季節労働
などの仕事であれ，パートナーと一回以上の離別を経験している場合が多い．
子どもがいる場合には，女性の親族がニカラグアで面倒を見ている．女性移民
が子供の養育と教育の最大の責任者である（Lerussi 2007：194）．また，女性移
民からの送金は男性よりも多く，家族を呼び寄せた場合はコスタリカに定住す
る割合が男性よりも高い（Locke and Ovando 2012：135）．

　コスタリカにおけるニカラグア移民分布を見ると，男性は都市に45.4％，農
村に51.9％に対して，女性は都市に54.7％，農村に48.1％となっている（2011

192　第Ⅱ部　ラテンアメリカ域内移民

年）(Sandoval 2012 : 53)．都市で働く場合の男性の職種は，建設業（30%），農村の場合は農業（58%）が中心である．女性の場合，農業では 8 %，都市では家事労働者（37%）ホテル・レストラン（18%），商業（19%）が中心である．女性移民の就労はサービス業，特に有償家事労働が突出しているが，少ないと言われる農業分野においても，就労数は増加している．また，ニカラグア人女性労働者の57%は非正規移民と言われている（Goldsmith. 2007 : 56）．

3.2.　農業部門で働く移民女性

　ニカラグア移民は，首都サンホセを中心とした中央部に集中しているが，移民の人口比率の高いのは，北部国境地域のロスチレス（Los Chiles），ラクルス（La Cruz）サラプキ（Sarapuquí）で，移民の占める割合がそれぞれ27.1%，20.5%，17%となっている．人口が少ない農村地域の農業労働を移民労働者が代替している（Sandoval 2011 : 31）．農業は男性の雇用中心と言われているが，実際には統計上には現れない非正規移民の中に，単身で移民する女性や夫とともに越境し家族労働を担っている女性たちが存在する．

　コーヒー，バナナなどの伝統的な輸出農業では，越境して季節労働をする男性労働者の移動が主流と言われている．コーヒーは 3 カ月間の収穫期における集約的労働で，女性の場合は夫の家族労働に加わる．1980年代になるとコスタリカは構造調整プログラムを受け入れ，世銀の貸付により，メロン，ユカ，パイナップル，観葉植物などの非伝統的輸出農業に転換した．非伝統的輸出農産品は，加工・梱包作業などの追加的な労働とインフラを含む労働を必要とした．コスタリカでは，バナナ，パイナップル，観葉植物などの農業輸出産業での加工，梱包作業やコーヒー，オレンジ，ユカ，フリホーレスの収穫のための季節労働[11]に，移民男性とともに女性が雇用されている．しかし，女性は男性労働者の家族として働いているため，女性の労働は不可視化されている場合が多い．

　北部国境地帯の女性移民に関してロリーア（Loria Bolaño 2002）が2001年に実施した調査よれば，契約は，季節労働の出来高払い制で，バラックのような粗末な労働環境で収穫作業を行っている．賃金はオレンジ一袋の収穫が800コロン[12]，コーヒーは一箱300〜400コロン，バナナの梱包は時給250コロンである．オレンジ，コーヒー，メロン，サトウキビの収穫では，雇用主との契約は世帯主の男性がする場合が多く，女性は直接契約していない．一連の作業において性別分業があり，男性がサトウキビの収穫をして女性はその皮をむく．オレン

ジをもぎるのは男性の仕事で，もぎった果実を集めるのが女性の仕事である．多くの女性はしばらく北部国境地帯に住み，10月から移動して，オレンジ，コーヒー，メロン，ユカなどの収穫や袋詰の仕事に従事する（Loria 2002：83-84）．北部国境地域の農業加工業の場合，移民女性が主に従事するのは輸出のための観葉植物の梱包である．

　サンホセ州，サンカルロスのピタル地区におけるパイナップル，ユカ（キャッサバ）農場でのリー（Lee 2011）の調査は，移民女性労働者に関するものである．サンカルロスのピタル地区[13]には，3700ヘクタールのパイナップル畑と1500ヘクタールのユカ畑が存在する．パイナップルは集約型農業で，品質管理に手間がかかり，灌漑設備，農薬散布，肥料と収穫に多くの農業労働者を必要とする．一年を通じたメンテナンスとは別に，収穫時には1週間程度，400人近い労働者が必要とされる．ピタルには，4つのパイナップルの大規模農場が存在し，収穫と梱包の労働力が必要である．一方，ユカは大規模投資ができない中小農民が生産しているが，地元の家族労働だけでは労働力が賄えない．この地域は，一年を通じて雇用があるためニカラグア移民の間では有名である．

　ピタルには，人口の16％に相当する2000人強の正規労働者が存在する．他に国境周辺の農村部では，パスポート無しにコスタリカに入国する労働者が存在し，人口の30％を占める．パイナップル労働者は正規労働者が多く，ユカ労働者は非正規移民が多い．パイナップルとユカの梱包作業は，女性の仕事で，輸出基準に合わせて洗浄，選別，袋詰めの3工程がある．

　パイナップル農場での労働時間は一定ではなく，パイナップルの熟し具合により決まる．パイナップルが熟すと24〜48時間以内収穫しなければならず，それ以上経つとジュースにしなければならない．そのため収穫後は長時間労働になる．一連の梱包作業は収穫開始から1時間後に始まり，収穫されたパイナップルがなくなるまで続く．一方，ユカ梱包作業は，長時間労働で給料も安い．ユカのバイヤーは大部分が中小企業で，ユカはエスニックフードなので需要は限られているためである．

　パイナップル，ユカ農場での作業は出来高払い制である．したがって，日給はその日の収穫量による．ピタルのパイナップル農場では，集団出来高払い制をとり，1日の生産量を労働者の頭数で割って賃金が支払われる．そのため，成員すべてが生産量をあげようとする．出来高制のもとで，残業は当たり前で休日も考慮されない．ユカ農場でも出来高制が取られているが，支払いには待

機時間は含まれない．雨が降れば泥が付着し，梱包に時間がかかる．また，晴天が続けば掘り出しに時間がかかる．梱包できる状態になるまでの待ち時間は，支払いには含まれない．

パイナップル梱包の女性労働者の賃金は週 US$16～50である．一方ユカ農場では，週45時間働くがパイナップル梱包の最低賃金を僅かに上回るぐらいである．ユカ梱包場では，個人出来高制で自分のペースで仕事ができるため，年配でも働くことは可能だが，パイナップル梱包は集団出来高制を採用しているので，流れ作業の中で自分のペースで働けないため，働くのはほとんど20代の女性である．

作業はジェンダー化されており，ユカをかごに入れて運んでくるのは男性の仕事である．ひと籠が25～35kg，ビニール袋は60～70kgある．賃金は時給で支払われる．これに携わっているのは，非正規男性移民である．パイナップル梱包では，長時間労働に女性が耐えられないという理由から次第に労働者の半分が男性になってきている．男性は1日12時間，1カ月働き続けるが，女性の場合体力だけでなく，子どもの世話をするので働けない．この工場の1つで働く女性労働者の74％はシングルマザーで，有料で子どもを預けて働いている．

農業作業は性別役割が明確で，収穫の手伝い，梱包が女性の主要な作業である．梱包作業は洗う，食べ物をパッキングするなどで，台所仕事と似た作業は「女性」向き労働と考えられている．非伝統的な輸出農産物の導入により，農業分野においてもグローバリゼーションの影響が見られる．特に輸出基準を満たし，効率化を図るために，長時間労働で労働環境的も厳しくなっている．その影響は小さい子どもをもつ母親や年配の女性を排除し，若年女性を労働力として選好する傾向を生み出している．非伝統農業が導入される中で，移民の資格やジェンダー，年齢，子育て中かどうかなどにより，労働市場への振り分けが行われている．そして，脆弱な環境に置かれている移民女性ほど，劣悪な労働環境を受け入れざるをえない．

3.3. 都市における移民女性の労働

ニカラグアの都市からコスタリカの都市へ移動した女性たちがどのような労働状況にあるのかを検討する．ニカラグアでは給料は安くても比較的専門的職業についていた女性たちは，コスタリカではホテル・レストランの清掃や家事労働者など非専門・非熟練的職種についている．コスタリカの都市では，ニカ

ラグア女性移民の約3分の1は家事労働者，4分の1はホテル・レストランで働き，専門職として働くのは5％に過ぎない．ニカラグアの女性の半分は，コスタリカにおいてインフォーマルセクターで働いている．ニカラグア移民の平均収入は男性の場合コスタリカ人の67％だが，女性の場合は57％にしか過ぎない．また，男性の場合は69％が何らかの保険の対象者だが，女性は34％しかカバーされていない（DIDH 2017 : 74）．

　最も移民女性の参入が多い職種である有償家事労働について見てみよう．コスタリカにおいても女性の社会進出が進み，1990年にはダブルインカムの家庭が19.3％，男性が稼ぎ手で女性が主婦という家庭が62.8％，女性世帯主の片親家庭が17.8％だったが，2008年にはそれぞれ35.3％，38％，26.7％と変化し，女性の労働市場への参加が急速に進んでいることが見て取れる．一方，子どもや身障者，老齢者などの介護を必要とする人々の世話をしているのは，家族が65.3％，雇用者が20.5％，近所が5.7％，保育園が4％となっている．

　家事労働者の98.8％が女性である．2010年の調査で，家事労働者にコスタリカ人の占める割合は76％，ニカラグア移民が占める割合は19.1％である．しかし，統計から漏れている非正規の移民女性を含めると，家事労働者の38.6％をニカラグア女性が占めると推定されている（Carcedo 2011 : 62）．

　家事労働者の置かれた労働環境に関しては，アメリカ合衆国や他のラテンアメリカ諸国での家事労働者と同様の劣悪な状況がある．正式な契約はほとんどなく，口頭での契約が主である．女性の雇用主が知り合いや斡旋業者を通じて家事労働者を雇用する．2008年の労働法の改正により，労働時間が8時間と他の労働者並みになるまで労働時間は12時間とされていた．改正労働法では，1日の労働時間を8時間とし，夜間の労働6時間とした．1日の労働が10時間となることは許容されたが，週48時間を上回らないことが定められた．国連で成立した家事労働者条約を，コスタリカは2012年に批准し，2015年に発効しているにもかかわらず，労働法や国際条約が十分守られていないのが実情である．

　また，家事労働者条約を批准するために家事労働者組合が準備を進めてきたが，その中に家事労働者協会（Asociación de Trabajadoras Domésticas ASTRODEMES）や移民社会権利センター（Centro de Derechos Sociales del Migrante 以下CENDEROS）などのニカラグア移民の女性家事労働者を対象に活動する組織が存在する．しかし，その存在や労働権や家事労働者条約の内容について，一般の家事労働者にはほとんど知られていない．

196 第Ⅱ部 ラテンアメリカ域内移民

　CENDEROS で筆者が行ったインタビュー[14]では，主な活動は移民労働者の法的権利を保護する活動で，不正規移民の手続きの際の付き添いや保証人になることなどのほかに，労働者の権利に関する研修やワークショップを開催していた．2013年の時点では，1000人近いニカラグア移民女性をカバーしていた．コスタリカへ来るニカラグアの移民女性は，マナグア，レオン，チナンデガなどの都市から移動する女性が多くなっている．単身で来る女性は，4～5人で部屋をシェアして，主に時給制で働いている．移民の主要な目的は，家族への経済的支援が中心だが，家庭内暴力から逃げるというのも理由の1つである．家族への経済的支援を目的に来る女性たちは，一定期間働いて貯金をして帰還しようと考えている．4～5年間滞在した後帰国するが，十分な資金を貯蓄できない，また留守家庭が崩壊したなどの理由で，再入国する女性が多い．日給制では十分お金を稼げないので，住み込みの仕事を希望する女性が多い．コスタリカでの収入の半分あるいは全額を送金している．ニカラグア人の家事労働者が直面する問題は，労働ビザがないために劣悪な労働条件にさらされることが第一にあげられる．最低賃金で，1日8時間の労働時間も守られず，12～14時間の労働を強いられる．ほとんどの場合，一家庭に1人で働いているため，孤立し他の労働者との連帯は阻害されている．

　CENDEROS では，家事労働者が休日によく集るメルセー広場でその活動を知らせるカードを配布し，ラジオニカラグアで CENDEROS についての情報を放送している．家事労働者が CENDEROS の活動に参加することによって，権利意識を持つようになり，訪問当初は何も言えず，下を向いていた女性たちが，雇用主に要求を出すようになり，運動やデモにも参加するようになったことがインタビューであげられた．

　家事労働は私的空間において，労働者が孤立した状態で，長時間労働，低賃金，プライバシーの欠如，社会保険の無保険状態，言葉による嫌がらせ，性的嫌がらせなどに直面している．CENDEROS は，別組織としてニカラグア移民ネットワーク（Red de Migrantes Nicaragüenses）や移民女性の家（Casa de la mujer migrante）を設立しているが，二国間での活動を行う重要性を強調していた．移民は受け入れ国では「国民」ではなく，また送り出し国では「住民」ではない，ということから二重の周縁性にさらされている．特に，正式な労働許可がない非正規移民の家事労働者は，最も脆弱な状態にさらされている．

お わ り に

　国際労働移動において，「南」から「南」への移動はどのような特徴をもつ
のか．経済のグローバリゼーションに伴う国際分業は，コスタリカやニカラグ
アのような「南」の経済発展レベルが異なる国の間でも確実に進展している．
そして，「南」の国々の間の経済格差は，さらなる国際分業と厳しい労働環境，
労働者の低賃金化を生み出している．特に脆弱性が強い女性移民を対象に見て
みると，ニカラグアでの政治状況の混迷や天災，構造調整などの政策が引き起
こした貧困，失業などが，女性世帯主やシングルマザーの女性たちにより大き
な負の影響を与えている．ニカラグアでは1990年代から導入された新自由主義
経済政策により貿易自由区が設けられ，多国籍企業が安価な労働力を求め主要
な都市近郊に進出してきた．多国籍企業による繊維・縫製や工業製品の組み立
てなどの製造業の増加は，若い女性労働者の雇用を促進した．貿易自由区での
労働条件は本国と異なり，より低賃金で厳しい労働管理や長時間労働などさま
ざまな問題を含んで入るが，女性の労働市場を拡大したことは確かである．同
時に，この種の雇用は子育てや家庭責任から自由な若い女性層を主要な雇用対
象とした[15]．貿易自由区の労働市場から排除されている女性たちは，別の活路
を求めて近隣の労働市場を目指す．このとき，アメリカ合衆国への移動は大き
な経済的負担と危険性が伴うため，残した子どもや家族との接触がしやすいコ
スタリカの労働市場に参入する．

　コスタリカでは，労働人口の減少と女性の労働市場への進出が主要な移民の
プル要因である．女性の社会進出は，それまで女性が担ってきた再生産労働の
代替を必要とする．マキラドーラの雇用などの女性の社会進出がジェンダー構
造の変革を進めるのではなく，反対に女性を分断する．女性の間で国籍，ある
いは市民権の有無により差別化され，分断された労働市場に組み込まれる．ニ
カラグアの女性移民労働者が低賃金の再生産のための労働力となり，従来の
ジェンダー構造を維持する役割を果たし，女性労働力の予備軍となることによ
り労働市場の低賃金化をもたらしている．

　女性移民労働者は，第三次産業が主要な労働市場となっているが，第一次産
業にも組込まれている．農業における就労の場合，移民女性は家族労働という
形態のもとで不可視化されている．また，非伝統的輸出農業において，女性は

198 第Ⅱ部 ラテンアメリカ域内移民

男性労働者の補助的役割あるいは「洗浄」「梱包」など家事労働の延長上にある非熟練労働とされる仕事を担っている．非伝統的な輸出農業や農産物加工工場での仕事は，伝統的農業と比べ賃金は相対的によいが労働集約的であり労働管理が厳しい．そうした中で，農業においても女性移民労働者は，年齢や子どもの有無や移民ステイタスにより分断され，最下層の労働力として配置される．第二次産業において，移民労働者が占める割合は少なく，男女合わせて10％程度である．コスタリカにおいても精密機械や医療機器の組み立てはコスリカ人の若年女性が主要な労働力となっている．

　移民労働者が参入する最大の労働市場は第三次産業で，特にサービス業にしめる割合が圧倒的に多い．ホテルやレストランの清掃，下働きなどとともに大きな比重を占めているのが，有償の家事労働者である．コスタリカにおける既存のジェンダー構造を維持するための代替労働力となっている．しかし，コスタリカ女性が家事労働者を雇用することにより実質的な労働から自由になったとしても，家庭管理者としての責任はそのまま背負っている．再生産労働を管理と労働に分断し，低賃金移民労働者に下位労働を担わせることにより，女性の労働力を利用する新自由主義的な女性労働力の効率化が行われている．さらに，ニカラグア国内では女性移民労働者の送金に依存する家族，特に女性成員が無償で残された子どもの面倒を見る，無償の再生産労働が移民を支える再生産労働の連鎖がここでも起きている．

　「南」から「北」への女性の再生産労働の連鎖と異なり，「南」から「南」の国際労働移動では，生産労働市場と再生産労働市場の両面において，ジェンダーによる分断化だけでなく，ジェンダー内部での国籍や移民ステイタスによる分断化がさらに厳しい形で進行し，女性移民が不安定，低賃金で劣悪な労働条件を受け入れざるを得ない状況を作り出していることである．グローバリゼーションにより安価な労働力として押し出された「南」の中でもさらに貧しい「南」からの移民女性が労働予備軍としてプールされるために，ジェンダーにより分断化された労働市場が更に細分化され，より低賃金で良質の女性労働力を効率的に利用する複層的な国際分業構造が出来上がっている．

［付　記］
　本章は，科学研究費助成事業の基盤研究（C）課題番号15K01897「ラテンアメリカにおける家事労働者のジェンダーと再生産労働の分業化」の助成による成果

の一部である.

注

1）2015年の国連統計では，コスタリカに30万3526人，アメリカ合衆国に27万4293人移民
　　している.

2）松久（2015）参照.

3）Perfil Migratorio de Nicaragua 2012によれば，調査時点の2010年に約80万人が海外に
　　いると推定されている.

4）ニカラグアの2015年平均就学年数は6.2年．男性6.1年，女性6.4年である（FIDEG
　　2016：30）.

5）La Prensa "Qué hacen los nicas migsrantes en el exterior?"（2017.8.21）

6）永住資格は，両親，子どもがコスタリカ人である者，または3年以上継続して一時居
　　住資格を有する者が獲得でき，国に無期限に滞在でき，自由に働くことができる. http:
　　//www.migracion.go.cr/extranjeros/residencias.html

7）永住資格を得た後，3年以上国外にいた場合に，外国人は居住資格の変更をしなけれ
　　ばならない．また，1年以上コスタリカ国外にいる場合，居住資格を更新しなければな
　　らない. http://www.migracion.go.cr/extranjeros/residencias.html#HERMES_TABS

8）正規な季節労働者雇用手続きをふまず雇用され，保険の加入や，最低労働賃金も守ら
　　れていない，不定期雇用の状態がインフォーマルな雇用である.

9）2007年には都市に59％，農村に41％が分布をしている（CEPAL 2008：22）.

10）松久（2015：372-273）参照.

11）メロンの収穫期はParrita, Garabitoでは2月から4月，Liberia, Firadelfia Nicoya 湾
　　では1月から5月，オレンジの収穫はSan Carlos, La Cruz 周辺で9月から1月，コー
　　ヒーの収穫はコスタリカ全土のコーヒー農園で11月から3月まで，根菜類は北部国境地
　　帯で一年を通じて，バナナの梱包は一年を通じて，観葉植物はPóas, Sarapiquí, guápiles,
　　Sinquirres で一年中，農業加工業は北部国境地域で一年中，労働需要がある（Loria
　　2002：79）.

12）150円程度.

13）2000年の国勢調査では，ピタルの総人口の16％に相当する2086人のニカラグア人正規
　　労働者がいる．加えて非正規のニカラグア人労働者もおり，人口に占めるニカラグア人
　　の割合はもっと多いと推定されている．ピタル全体で3106戸あるの家屋の内，1200戸は
　　借家か一時滞在用である．戸数から見ると人口の30％をニカラグア人が占める．サンド
　　バールは，2つの梱包工場（Piña Fresca と Yuca Pital）で働く50人の女性労働者にイ
　　ンタビューを行った.

14）2013年8月にインタビューをCENDEROSにおいて行った．2018年に再度訪問したが
　　所在地が不明となり，インタビューはできなかった.

15）MECの調査では，意図的に妊娠した女性を雇用から外す，あるいはシフト制により
　　それに対応できない女性や体力的に厳しい年配の女性たちが，やめざるを得ない状況が
　　報告されている.

200   第Ⅱ部　ラテンアメリカ域内移民

参考文献

松久玲子（2015）「ニカラグア——新自由主義のはざまで生きる女性たち」国本伊代編著『ラテンアメリカ　21世紀の社会と女性』新評論，pp. 269-284.

ミース，マリア（1997）『国際分業と女性——進行する主婦化』奥田暁子訳，日本経済評論社.

――――（2000）「グローバリゼーションと〈ジェンダー〉——オータナティヴ・パースペクティヴへ向けて」古田睦美編訳，川崎賢子・中村陽一編著『アンペイド・ワークとは何か』藤原書店，pp. 29-55.

ミース，マリア・ヴェールホフ，C. V.・トムゼン，V. B.（1995）『世界システムと女性』古田睦美・善本裕子訳，藤原書店.

Acuña González, Guillermo, *et. al.* (2013) *Flujos migratorios laborales intrarregionales: situación actual, retos y oportunidades en Centroamérica y República Dominicana. Informe de Nicaragua*, San José, C. R.: OIM, OIT, CECC SICA.

Bonnie, Alexandra (2010) "Trabajadoras domésticas nicaragüenses en Costa Rica: un tortuoso camino hacia el reconocimeinto," *Encuentro 2010*, Año XLII, No. 87, pp. 75-88.

Cardedo, Ana, Larraitz Lezartz, María José Chaves Groh (2011) *Cadenas globales de cuidados: El papel de las migrantes nicaragüenses en la provisión de cuidados en Costa Rica*, ONU Mujeres.

CENDEROS (2010) *Nudos críticos que afrontan las mujeres migrantes y transfronterizas en condición de violencia de género para acceder a la justicia*, Conclusiones de los grupos de trabajo durante el encuentro de mujeres, Upala, Noviembre 2010, http://cenderos. org/article/estudio-de-que-identifica-nudos-y-obstaculos-que-e/（2014年11月23日アクセス）

――――（2012）*Tejedoras transnacionales de sueños y derechos*, CENDEROS, Costa Rica.

CEPAL (2008) "Inmigración en Costa Rica: características sociales y laborales, integración y políticas públicas," Serie Población y Desarrollo, No. 85.

Dirección General de Migración y Extranjería de Costa Rica (2011) *Migración e integración en Costa Rica: Informe Nacional 2011*, Sam José.

Fruttero, Anna, y Carolina Wennerholm (2008) *Migración Nicaragüense: un análisis con perspectiva de género*, Serie Cuaderno de Género para Nicaragua No. 6, Nicaragua: Banco Mundial, Printex.

FIDEG (Fundación Internacional para el Desafío Económico Global) (2016) Encuesta de hogares para medir la pobreza en Nicaragua: *Infrome de resultados* 2015.

Gamboa N, Marbel (2009) *Políticas para la inserción laboral de mujeres y jóvenes en Nicaragua*, CEPAL, UN, Sangiago de Chile.

Goldsmith, Mary (2007) "Disputando fronteras: la movilización de las trabajadoras del hogar en América Latina," *Amérique Latine Histoire et Mémoire. Les Cahiers ALHM*, 14.

Hidalgo, Roxana (2016) *Mujeres de las fronteras: subjetibidad, migracion y trabajo domestico*, Editorial UCR: San Jóse.

第7章　コスタリカにおけるニカラグア女性移民と新自由主義政策　*201*

ILO（2016）*Labor Migration in Latin America and the Caribbean: diagnosis, strategy, and ILO's work in the region*, ILO Americas, Technical reports 2016/2.

Lee, Jennifer, Jorgen Carling, and Pia Orrenius（2014）"The International Migration Review at 50: Reflecting on Half a Century of International Migration Research and Looking Ahead," *International Migration Review*, vol. 48, Golden Anniversary Issue, pp. 3–36.

Lerussi, Romina C.（2007）"Trabajo doméstico y migraciones de mujeres en Latino América: El caso de las nicaragüenses en Costa Rica, Punteo para un enfoque de reflexión y acción feministas," *Anuario de Estudios Centroamerianos*, Universidad de Costa Rica, （33-34）, pp. 183–203, 2007–2008.

Locke, Steven, and Carlos J Ovando（2012）"Nicaraguans and the Educational Glass Ceiling in Costa Rica: the stranger in our midst," *Power and Education*, Vol. 4, No. 2, 2012, pp. 127–138.

Loría Bolaño, Rosio（2002）*De Nicarauga a Costa Rica a Nicaragua...La ruta crítica de las mujeres migrantes nicaragüeses: una mirada desde la zona norte fronteriza*, Centro de Estuidos y Publicaciones Alforja, San José, CR.

Morales Gamboa, Abelardo（2008）*Inmigración en Costa Rica: características sociales y laborales, ingeración y políticas públicas*, CELADE; División de Población de la CEPAL, Santiago de Chile, Serie Población y dessarrlollo No. 85.

MEC（Movimiento de Mujeres Trabajadoras y Desempleadas María Elena Cuadra）（2014）*Diagnóstico avances y retrocesos de los deberes y derechos de las trabajadoras de las MAQUILAS 2013*, Managua, Nicaragua.

Murrugarra, Edmundo and Catalina Herrera（2011）"Migration Choices, Inequality of Opportunities, and Poverty Reduction in Nicaragua." in Murrugarra, Edmundo et. al. eds. *Migration and Poverty*. World Bank, pp. 101–124.

OECD（2017）Agricultural Policies in Costa Rica, Paris: OECD Publishing　http://dx.doi.org/10.1787/9789264269125-en（2018年10月 1 日アクセス）

OIM（Perfil Migratorio de Nicaragua 2012）http ://www. migracion-ue-alc. eu/index. php/es-ES/datos-migratorios/perfiles-migratorios（2014年 7 月28日アクセス）

———（2013）*Investigación: Flujo migratorios laborales intrarregionales: situación actual, retos y oportunidades en Centroamérica y República Dominicana*, Infrome de Nicaragua.

———（2017）*Diagnóstico del contexto migratoiro de Costa Rica 2017*, DIDH.

Rocha, José Luis（2014）"La migración 'ilegal' de centroamericanos, nicaragüenses y chinandeganos," en *Envio* No. 382, （Enero）.

Sandoval García, Carlos, Mónica Brenes Montoya, Laura Panjagua Arguedas（2012）*La dignidad vale mucho: Mujeres nicaragüenses forjan derechos en Costa Rica*, UCR editorial, San José.

Sandoval García, Carlos, ed.（2007）*El mito roto: Inmigración y emigración en Costa Rica*, Editorial Univeresidad de Costa Rica, San José.

Sassen, Saskia（1988）*The Mobility of Labor and Capital: A Study in International Investment and Labor Flow*, Cambridge University Press.

SICREMI（2017）*International Migration in the Americas: Fourth Report of the Continuous Reporting System on International Migration in the Americas*（SICREMI）, Organization of American States.

Nicaragua‒Remesas de migrantes（2016）datosmacro.com https://datosmacro.expansion.com/demografia/migracion/remesas/nicaragua（2018年8月21日アクセス）

UN, Department of Economic and Social Affairs, Population Division, International Migration: Monitoring Global population Trends http://www.un.org/en/development/desa/population/migration/data/estimates2/estimates15.shtml（2018年8月22日アクセス）

UNICEF, Nicaragua‒ Migration Profiles https://esa.un.org/miggmgprofiles/indicators/files/Nicaragua.pdf#search=%27nicaraguan+migrants+in+USA+2016%27（2018年8月22日アクセス）

第8章 南米域内の国際労働移動
――コロンビアからチリへ――

柴田修子

は じ め に

　人々が移動するのは，現代的な事象ではない．より有利な条件で働きたいという願いは普遍的なものであり，いつの時代であれ人々は国境を越えて移動を繰り返してきた．一方グローバリゼーション化の進展とともにモノ，カネの国際移動が増大する現代にあって，人々の移動も加速しているのは明らかである．通信技術の発達とともにネットワーク化が進んだ現在人々の移動は多様化しており，移民の要因は1つに限定することが難しくなってきている．

　新古典派経済学においては，賃金格差が労働移動の主な要因ととらえられてきた．一国は伝統的農業部門と近代的工業部門からなっており，賃金格差が前者から後者への移動を促すといういわゆる二重経済モデルによって移動が説明される．それに対しTodaroは，労働移動は現実の賃金格差ではなく，期待される賃金の差によって起きると論じた（Todaro 1977）．またPioreは，労働市場には大企業などの基幹労働者と非熟練労働者の二重市場が形成されていると論じた（Piore 1979）．彼は非熟練部門に人的投資を必要としない外国人労働者が雇用され，景気の動向次第で切り捨てられる底辺層を構成する要素となっていることを指摘した．

　経済的要因を重視する新古典派に対し，世界システム論では，移民を歴史的構造のなかでとらえている．Castlesらはヨーロッパ内部の移民研究において労働移動を国際資本主義の歴史的枠組みでとらえ直し，労働移動が生じるのは植民地主義とヨーロッパ域内の不平等発展の結果であると論じた（Castles *et al.* 1985）．Sassenも労働移動の要因として世界システムを重視し，多国籍企業による「生産の国際化」や「世界都市の出現」などグローバリゼーションの進展

のなかで国際労働移動を論じている（サッセン 2004）．従来，非熟練労働に従事する移民は最先進国におけるインフォーマル経済の原因として捉えられてきたのに対し，サッセンはインフォーマル化の過程を作り出すのは移民ではなく，「先進経済の構成から構造的に生じる帰結」であると論じた（サッセン 2004：242）．

　マクロレベルの構造的要因や移民者の動機づけといったミクロ要因だけでは労働移動を説明できないとして，両者をつなぐメゾレベルを重視するのが移住システム論である．移住システム論の重要性について樋口は，マクロな労働力需要の不均衡はそこから予測されるほどに移民が生じない一方で，特定の地域から多数の移民が生じる要因も説明できないとして「マクロな機会はミクロな行為者に直接認知されるのではなく，メゾである移住システムの媒介を経て初めて，マクロな構造条件がミクロな行為を生み出す」と論じる（樋口 2002a：558）．マクロ要因とミクロ要因は直接接合されるわけではなく，両者をつなぐメゾ要因が媒介して初めて行為が起こるのである．メゾ要因として重要なのは社会的ネットワークである．すでに移民した人々による就労のための資源や知識が存在することで移動のリスクが下がり，幅広い層の移民が可能となる（樋口 2002b）．

　移民のあり方は多様化し，1つの要因ですべて説明することはできない．またネットワーク化の進展とともに従来のマクロ－ミクロ要因だけではなく，両者を仲介するメゾ要因に着目する研究が近年ますます重要になってきている．その一方，移動とは個人的な行為であり，なぜ人は移動するのかというミクロ的な視点も欠かすことはできない．そこで本章ではコロンビアからチリへ向かう人々の流れに着目し，マクロ的要因とミクロ要因とどうつながっているかを考察する．

　南米の北に位置するコロンビアは伝統的に移民送り出し国である．20世紀からベネズエラやエクアドルなど近隣諸国への出稼ぎが行われてきたが，1990年代半ば以降移民が急増した．移民の増加は，マクロ的に見ると経済的な要因と社会的な要因の2つから説明することが可能である．しかし樋口の指摘にあるように，個人が移動を決意する際にはマクロ要因のみでは不十分である．本章ではこうした立場から，コロンビアからチリへ向かう人々の流れを事例として取り上げ，マクロ－ミクロ要因をつなぐものは何なのかを考えたい．本章の構成は次のとおりである．第1節ではまずコロンビア人移民の傾向を概観する．

初期の主な移住国を確認した後，1990年代以降の傾向を明らかにする．ついで
第2節で移動のマクロ要因とミクロ要因を分析する．第3節では，コロンビア
からチリへの移民の流れを明らかにする．チリが移民送り出し国から受入国に
なった過程を概観し，具体的事例としてトゥマコ市での聞き取り調査を紹介す
る．

1 コロンビア移民の傾向

コロンビアは伝統的に移民送り出し国である．1970年代まではベネズエラ，
エクアドルおよびアメリカ合衆国が在外コロンビア人の90%以上を占めていた
(Ramírez et al. 2010 : 28)．1990年代になると経済的，社会的要因から移民が急増
し，移民先も多様化していく．本節では，初期の主な移住国と1990年代以降の
多様化を概観する．

1.1. 初期の主な移住国

コロンビアの東に位置するベネズエラには1930年代から石油関連労働の需要
があり，農業労働も含め短期就労の機会が多くあったため，短期，長期を含め
多くのコロンビア人がベネズエラで就労していた．二重国籍を持つ国境近辺出
身者が，コロンビアとベネズエラを行き来するケースも多かったとされる．
1979年の石油危機以降コロンビアへの帰還者が増加したが，1990年代以降ベネ
ズエラへの移民が再び増加した．ベネズエラ政府の統計によると在ベネズエラ
コロンビア人の数は1941年に1万6976人であったが，2011年には68万4040人に
増加した (Mejia 2012 : 190)．2016年以降石油価格の暴落などによりベネズエラ
は未曽有の経済危機に見舞われ，2018年現在はベネズエラからの入国者の急増
が問題となっている[1]．国境を接する両国は，経済状況の変化や治安の悪化と
いった要因から常に人の移動があると言えるだろう．

ベネズエラ同様国境を接するエクアドルには，古くから主に太平洋岸や南部
国境付近に住む人々が農業労働者として一時的に滞在していた．1960年代末に
北部で石油が発見されると，エクアドルへの移住が増加した．国立統計管理局
(DANE) によると，1963年から73年までに7万4127人がエクアドルに移住して
おり，そのうち2万5900人は非正規移民であった (Mejia 2012 : 191)．1990年代
後半になると紛争を逃れてエクアドルへ移住する人々が急増した．エクアドル

は難民キャンプを設置して積極的にコロンビア人の受け入れを行っており，2018年時点で在エクアドル難民の97％にあたる5万9280人がコロンビア人であると国連難民高等弁務官事務所は発表している（*El comercio* 2018.5.31.）．さらに2000年にエクアドルが自国の通貨を米ドルに切り替えたことが，エクアドルへの移住者の増加に拍車をかけた．1982年には3万9443人だった在エクアドルコロンビア人は2010年には9万3237人になった（Mejia 2012：192）．

アメリカ合衆国への移住は1960年代に始まった．初期には教育水準が高い高所得者層による移民が多くを占めており，大学教員や医師，技術者などの専門職につくことが多かったとされる（Guarnizo 2006：85）．移住先はニューヨーク（およびその近郊のニュージャージー州北部，コネチカット州南部）とフロリダに集中していた．これらの大都市は就労機会が豊富だったことに加え，キューバやプエルトリコ出身者などスペイン語話者が多く居住していたためである．1970年の時点で在米コロンビア人は6万3538人であった．在米コロンビア人の数は1980年には14万3508人に倍増し，2010年時点では63万6555人となっている（Mejia 2012：195）．Guarnizo によれば，初期の移住者は後のコロンビア人移住者のためのネットワークとして機能し，その後の移民増加に貢献した（Guarnizo 2006：85）．PEW リサーチセンターによると，コロンビア出身在米者の人口はフロリダ州およびニューヨーク州，ニュージャージー州に集中しており，2013年の時点でこの3州で58％を占めていた（Pew Research Center）．初期移住者が多く居住している地域に後続の移住者が集中する傾向にあると言えるだろう．また1980年代以降コロンビアの麻薬組織がコカインの流通，生産を支配するようになると，フロリダを中心にアメリカ合衆国への麻薬運搬のネットワークが形成されたとされる（Cárdenas et al. 2006：6）．

1.2. 1990年代以降の傾向

1990年代半ば以降，外国を目指すコロンビア人が急増した．図8-1は1960年から2012年までの在外コロンビア人の数の推移を示したものである．これを見ると2000年前後から在外コロンビア人の数が急増していることがわかる．

1990年代以降の移民の傾向として，行き先の多様化が挙げられる．これまで移民先はアメリカ合衆国，ベネズエラ，エクアドルに集中していたが，2000年頃からスペイン，イギリス，イタリア，フランスなどのヨーロッパ諸国やカナダへの移民が増加した．またメキシコ，アルゼンチン，チリなどラテンアメリ

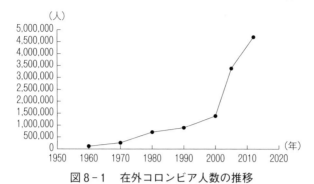

図 8-1 在外コロンビア人数の推移
出典：コロンビア外務省および Ramírez *et al.*（2013）より筆者作成．

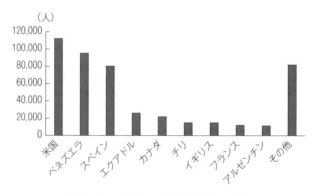

図 8-2 在外コロンビア人（2018年）
出典：コロンビア外務省 Datos Abiertos より筆者作成．

カ域内への流れも見られるようになった．図 8-2 は，2018年時点で外務省が発表している在外コロンビア人で在留届を出している人のデータである[2]．行き先が多様化した要因としては，2001年同時多発テロを受けてアメリカ合衆国による規制が厳しくなったこと，スペインの事例にあるように受け入れ国の経済的要因などが考えられる．

　1990年末から特に増加が著しかったのは，スペインへの移住であった．スペインは，1990年代半ば以降の積極的な外資導入により2000年代に経済バブルを迎える．このブームに乗って多くの外国人労働者が流入し，1999年に人口のわずか1.8％に過ぎなかった外国人数（住民登録済）は，2004年に6.2％，2009年に

208 第Ⅱ部 ラテンアメリカ域内移民

は12%となった（深澤 2016：67）．出身国別ではラテンアメリカ諸国からの流入が特に顕著であった．スペイン語という共通言語の便利性に加え，スペインとラテンアメリカ諸国のあいだに二国間査証免除協定が締結されており，90日以内の短期滞在であれば観光ビザのみで入国できたことが大きな要因となった．

　コロンビアからスペインへ渡る人の数はこの時期に増加し，住民登録をしているコロンビア人は1999年の１万3399人から2004年には24万8894人に急増した．深澤は当時スペインには巨大なインフォーマル経済が存在しており，観光ビザで入国してそのまま就労した人々が少なからずいたと推測している．またその背景に居住地や就労先の確保などの手助けが可能なネットワークが存在していたと指摘する（深澤 2016：79-83）．

　またイギリスやフランスなど他のヨーロッパ諸国への移民も増加した．イギリスへの移住は1970年代中頃に始まったとされる．当時イギリスでは外国人労働者が就労する場合，政府が発行する労働許可証が必要であった．1973年以降労働許可証の対象は専門技術や経験を持つ職種に限られることになったが，そのなかに「住み込み家事労働者」と「病院および類似の機関における労働者」が含まれていた．1975年に両職種を対象に8000人分の割り当てが与えられた（奥田 2017：240）[3]．これに4000〜１万人のコロンビア人女性が雇用されたと推計されている（Guarnizo 2006：86）．彼女たちは一時滞在の労働者であったが許可証を更新することが可能であり，コネクションやネットワークを形成した．後にコロンビア人がヨーロッパへ流入する際の橋渡し的存在になったとされる（Guarnizo 2006：86）．

2　マクロ要因とミクロ要因

　1990年代末以降移民が急増した構造的な要因として，コロンビア国内の経済危機と社会不安の増大が挙げられる．ここでは，まず構造的な要因を経済，治安の２つの面から概観する．その後ミクロ要因として2008年から09年にかけて行われたアンケート調査をもとに，コロンビア人移民の傾向をつかみたい．

2.1.　マクロ要因

　ラテンアメリカ諸国が対外債務問題に直面した1980年代，コロンビアは債務危機に陥ることなく堅調な経済成長を続けてきた．しかし近隣諸国の経済危機

の影響や，主要輸出品であるコーヒー価格の下落を受けて経済が低迷すると，コロンビアも他の諸国同様 IMF が主導する新自由主義経済政策を受け入れることになった．1990年に発足したガリビア政権の下，「アペルトゥーラ（開放政策）」と呼ばれる一連の経済開放政策が行われた．対外的には，関税障壁の撤廃，外資規制の緩和，貿易・資本取引の自由化などが推進された．1992年ベネズエラと自由貿易協定を結び，1993年にボリビア，エクアドルも加えた4カ国で自由貿易圏が成立した．1995年からはベネズエラ，エクアドルと関税を共通化した．国内的には国営企業の民営化，オートメーション化の推進など新自由主義政策が推し進められた．

　新自由主義政策はコロンビア経済にはむしろ打撃となった．一連の急激な自由化は，貿易収支の悪化をもたらした．1993年以降経常収支が赤字に転じて以降悪化の一途をたどり，97年には GDP 比4.5%の赤字となった[4]．さらに1994年に大統領に就任したサンペール大統領は政権発足直後に麻薬カルテルとの癒着が発覚し，政権運営にとって大きなマイナスとなった．これにより海外からの投資が引き上げられたことで，経済状況はさらに悪化した．国際経済危機による第一次産品価格の下落も重なり経済危機に陥った政府は，1999年に IMF 支援のもとで経済再建に着手した．その結果1999年に経常収支は黒字に転じたものの，公共料金の値上げや輸入品価格の高騰が市民生活を圧迫した．失業率は増大し，1990年に6.6%，95年に5.6%だった率が1999年に13.1%となった．2000年期に入っても改善せず，2002年には15.5%となった．このように，IMF 支援のもと行われた引き締め政策は市民の犠牲を伴うものであり，国際労働移動を増大させるプッシュ要因になったといえるだろう．

　経済的な要因に加え，国内の治安情勢も大きなプッシュ要因である．コロンビアでは1960年代にキューバ革命の影響を受けた反政府ゲリラが誕生した．主なものとして農民運動に起源を持つコロンビア革命軍（FARC），都市部のインテリ層を中心に結成された民族解放軍（ELN），民族主義を標榜する4月19日運動（M-19）が挙げられる．M-19は1989年に政府と和平協定を結んで合法政党化したが，FARC や ELN は1980年代に麻薬・誘拐ビジネスに乗り出して勢力を拡大した．とりわけ FARC は「人民の軍隊」を名乗って1980年代に拡大路線に転じ，1970年代初めには1000人程度であった構成員が80年代末に4000人，絶頂期の2000年代初頭には1万6000人から1万8000人に達したとされている（二村 2011：180）．1970年代後半からコロンビアがコカインの密輸拠点となった

210　第Ⅱ部　ラテンアメリカ域内移民

ことで、メデジン・カルテル、カリ・カルテルなどの麻薬組織が生まれた。1990年代後半までに巨大麻薬組織は解体されたが、コカイン産業そのものはなくならずゲリラの資金源として活用されており、市民生活を脅かす要因となっている。

さらに1990年代に入ると、ゲリラに対抗する自警団や私設武装集団いわゆるパラミリタリーが勢力を拡大し、政府軍・警察と抗争を繰り広げた。ゲリラ対パラミリタリー、ゲリラ対政府、パラミリタリー対政府というように対立の構図が幾層にも絡み合い、人々は激しい暴力状況に巻き込まれていった。パラミリタリーとゲリラの対立が激しくなるにつれ、どちらかに協力したと疑われるだけで反対勢力による虐殺や拷問が繰り返され、通常の生活すら困難になる地域もあった。暴力から逃れるため、報復を恐れてひっそりと村や町を離れる人々が後を絶たず、国内避難民の増加が深刻な問題となっていった。国際高等弁務官事務所の発表によると、2000年の時点で52万5000人だったコロンビアの国内避難民の数は年々増え続け、2005年には200万人、2010年には367万2054人となった。2017年時点で国内避難民の数は767万7609人に達しており、年々増加傾向にあることが明らかである（UNHCR）。

2016年に政府は、国内最大規模のゲリラ組織FARCと和平合意を締結した。しかし末端の活動を行っていた構成員の中には、家族が報復を受けることを恐れて武器蜂起を拒否する場合や、FARCの影響力が低下することでパラミリタリーが勢力を増す場合があるなど、市民が暴力に巻き込まれる状況から完全に脱したとは言い難い。避難民の帰還事業も進められているものの、現在に至るまで十分に治安が回復したとはいえない状況である。

2.2.　ミクロ要因

どのような人々が、なぜ移民するのかという問題について、全体的な傾向を理解するために役立つ資料としてアンケート調査がある。2000年期に入り移民研究の重要性が増すにつれて、コロンビアにおいても全国レベルの調査が行われるようになった。主なものとしては2004年国立統計管理局が中央東部のメトロポリタン地域で行ったアンケート調査、2004〜05年にかけてラジオ局がインターネットを通じて行った調査、2008〜09年にかけて行われた調査（ENMIR: Encuesta Nacional de Migración Internacional y Remesa　国際移民送金全国アンケート）などがある。なかでも2008〜09年にかけて行われた調査は、コロンビア移民研究

所が複数の大学と財団が協力して行った初の全国規模の調査である．ここでは
ENMIRの調査結果を紹介し，どのような傾向がみられるかを明らかにしたい．

ENMIRは，外国に居住する家族を持つ世帯が多い都市18か所を選出し，外
国に居住する家族を持つ世帯と帰国世帯7万8210世帯を対象に行われた[5]．ア
ンケートによると移民者の年齢は18歳から44歳が71.3%を占めており，比較的
若い層が多い．男女比を見ると2005年以前は男性44.9%，女性55.1%と女性の
方が多かったが，2005年以降は男性の割合が増え，2008〜09年時点で男性
50.2%，女性49.8%とほぼ同じである．既婚者は36.2%，事実婚13.2%，独身
36.1%，別居10.2%，離婚者1.5%，寡夫／婦2.6%となっており，避難民の
ケースと異なり，連れ合いを亡くして移民するケースは非常に少ないことがわ
かる．

教育レベルは，移民の場合，中等教育を修了している人の割合がもっとも高
く，全体の45.8%を占めている．コロンビアの教育システムは日本と異なって
おり，中等レベルはほぼ日本の高等学校に相当する．全国平均をみると中等教
育修了者は20.4%である．大学や専門学校に当たる高等教育を修了している人
の割合は全国平均が6.7%であるのに対し，移民では15%となっている．全国
平均に比べて移民の教育レベルが相対的に高いことがわかる．

移民の理由についてENMIRの調査では，コロンビアに残っている家族への
聞き取りから2005年以前に出国した人と以降に出国した人に分けて分類してい
る．それに2004年に国立統計管理局が中央東部メトロポリタン地域で行った調
査の結果を合わせたものが表8-1である．ENMIRの調査によると，移民の
理由として一番大きいのは2005年以前も以降も経済的な理由が80%以上を占め
ており，圧倒的に多いことがわかる．次いで結婚や家族再統合が7%程度であ
り，勉強のためや見聞を広める目的が続いている．数値に違いはあるが，経済
的な理由が一番であるのは，国立統計管理局の調査でも同様である．

表8-1 移民理由 (単位：%)

	経済・仕事	結婚・家族	勉学	見聞	治安等
2005年以前	87.4	6.8	2.8	2.2	0.8
2005年以降	82.7	6.9	6.9	2.2	1.3
2004年調査	67.0	11.0	17.0		5.0

出典：Mejia et al. (2009：14)，Cárdenas et al. (2006：18) より筆
者作成．

一方マクロ要因として挙げた治安の悪化を移民理由として挙げている人はわずか1%前後であり，ほとんど動機となっていないことがわかる．国立統計管理局の調査でも5%と非常に低い数値となっている．その理由について調査を行ったMejiaは3つの点を指摘している（Mejia 2012：199）．1つには，この調査が紛争地域や麻薬カルテルの抗争が激化している国境地域をカバーしていないことである．国境地域から外国に行く人の中には紛争に巻き込まれて近隣諸国へ逃れるケースが想定されるが，この調査ではそういった人々は含まれない．第二に紛争に巻き込まれた場合，脅迫は家族単位で受けることが多い．したがって移民も家族単位で行うことになり，コロンビア在住者がいなくなると，情報が得られにくくなる．さらに命の危険にさらされる不安から，移住の本当の理由が語られない可能性もあるとしている．

国連高等弁務官事務所のデータによれば，2017年でコロンビアから他国へ避難した人の数は22万4068人にのぼっており，治安への不安はコロンビアにおいてプッシュ要因の1つと考えられる（UNHCR）．では，紛争や麻薬カルテルの抗争が激しかった国境付近の人々の流れはどのようになっているのか．次節ではエクアドルとの国境に位置するトゥマコを事例として取り上げてみていくことにしたい．

3　チリに向かう人々

3.1．チリへの移民

チリは長らく移民送り出し国であった．チリにおけるプッシュ要因は，1973年から89年まで続いた軍事政権である．17年間に及んだ軍事政権で激しい人権弾圧が続き，多くの政治亡命者を生み出した．また軍政下で新自由主義経済政策が推し進められことで所得格差が広がり，貧困問題が深刻化した．その結果，職を求めて国外へ移住する人々が後を絶たなかった．

1990年の民政移管後一連の政策が修正されて経済・社会が安定すると，1990年代半ばから移民が流入するようになった．在チリ外国人数は1982年に8万3805人だったが1992年10万5070人，2005年に21万2935人と増加し，2014年には41万988人となった（Departamento de Extranjería y Migración 2016：21）．チリへの移民の特徴は南米出身者が多いことである．特にペルー，ボリビア，エクアドル，アルゼンチン出身者が多数を占めていたが，2011年頃からコロンビア人が

第8章　南米域内の国際労働移動　　*213*

表8-2　チリにおける外国人への永住許可およびビザ発券件数

	永住許可				ビザ			
	総数	ペルー	コロンビア	ボリビア	総数	ペルー	コロンビア	ボリビア
2005	11,907	4,555	403	553	41,985	21,615	1,777	1,875
2006	11,721	4,295	575	650	51,035	28,612	2,826	2,172
2007	14,772	6,523	889	770	88,311	57,425	3,904	6,679
2008	15,870	7,793	1,069	807	69,837	39,612	4,483	4,584
2009	43,006	28,107	2,237	4,049	59,426	28,649	5,563	3,764
2010	17,089	7,716	1,453	1,080	69,133	30,641	7,597	6,382
2011	18,792	8,106	1,694	1,578	81,218	32,879	13,133	7,626
2012	27,308	11,021	3,037	3,745	106,647	39,083	18,359	13,576
2013	25,986	9,263	3,510	3,736	133,009	39,513	27,047	26,893
2014	36,024	10,246	5,842	7,623	137,375	47,633	28,098	27,356
2015	48,835	12,135	9,093	10,891	166,469	38,659	35,455	28,235

出典：DEM（2016，2017）より筆者作成．総数はチリ政府がその年に発券した全件数を指す．

急増し，2017年にはペルーについで2番目に多い国となった．**表8-2**はペ
ルー人，ボリビア人，コロンビア人に対し与えられた永住許可証とビザの発券
数を年ごとに示したものである．コロンビア人の数が急激に増加していること
がわかる．

　チリに居住する場合，ビザが必要である．ビザには学生ビザ，雇用契約ビザ，
一時滞在ビアの3種類ある．雇用契約ビザを取得するには，雇用主が発行する
雇用証明書を提出しなければならない．雇用主は，労働者が帰国する際の旅費
負担義務を負う．一時滞在は主にチリ人家族がいる外国人を対象としている．
それぞれ必要な年数を経ると，永住許可証の申請が可能となる．雇用契約ビザ
の場合は2年で申請が可能となる．コロンビア人が取得するビザの多くは雇用
契約ビザであり，就労目的で入国する人が多い．居住地としては，首都のサン
ティアゴとチリ有数の鉱山地帯である北部のアントファガスタに集中している．
2015年在チリコロンビア人の約50％がサンティアゴ，28％がアントファガスタ
在住である（DEM 2017：80，156）．

　政府統計は正規の手続きを経た人数のため，全体の傾向を理解するには有効
であるが，現在どのくらいの人がチリで働いているかについて正確な数値とは
いえない．1969年に発足したアンデス共同体では，2003年から加盟国国民は自
国で発行された身分証明書の提示のみで加盟国間を自由に移動できることとし
た．現在加盟国はコロンビア，ボリビア，エクアドル，ペルーの4カ国である

214 第Ⅱ部 ラテンアメリカ域内移民

が，2006年からチリも準加盟国として加わった．コロンビアからチリまで，パスポートを持たずに陸路で行くことが可能なのである．チリ外務省によると，2013年から15年までで25万371人のコロンビア人が入国したとされる（Cárdenas 2015）．そのなかにはチリにとどまり，非正規雇用のもと就労している人がいることが予想される．実際にチリ政府はそうした懸念から規制を強めており，2017年には8425人の外国人が入国を拒否された．そのうち2997人はコロンビア人であり，入国拒否の理由の62％が「観光目的であるかどうかが疑わしい」というものであった（El Mostrador 紙2017.11.10.）．

　コロンビアからチリへの移民は最近の現象であり，研究はまだほとんどなされていない．Cárdenas がアントファガスタの NGO やチリ外務省でインタビューを行ってまとめたレポートによると，最初の波はブエナベントゥラやバジェ・デ・カウカ地域からアントファガスタへの出稼ぎであったという．同地域のアフロ系女性たちが暴力や貧困から逃れてアントファガスタに出稼ぎに行き，家事労働や売り子，売春などを行ったという．アントファガスタに暮らすコロンビア人として彼女たちは「アントファロンビア」と呼ばれた．その後太平洋岸地域におけるパラミリタリーの抗争が激化し，彼女たちの夫や子供たちもチリに逃れ，しだいにコロンビアからチリへのルートが知られるようになったとされている（Cárdenas 2015）．ブエナベントゥラの暴力状況と避難民の増加について2005年 *Revista Semana* 誌は次のように報じている．

　　我々はブエナベントゥラの危機的なレベルの暴力状況にさらされる若者たちの現実を憂慮している．船で米国を目指すしか選択肢がない若者たちは，そうしない場合，町の犯罪組織に入るしかない．そのほとんどは麻薬かパラミリかゲリラと結びついている．もしくは警察や軍に入るしかない．ヨーロッパ特にイタリアや近年ではチリに向かう若い女性は，売春を強要される．なぜならブエナベントゥラにはなにもないからである（*Revista Semana* 2005.8.7.）．

　コロンビアからチリへの移民については，今後さらなる実態調査が必要である．筆者はその手掛かりとして，トゥマコからチリへ向かった人々への聞き取り調査を行った．ブエナベントゥラからはカリを経由して内陸部からエクアドルに行くルートが一般的とされるが，太平洋岸沿いに国境の町トゥマコを経由してアクアドルに行くこともできる．ブエナベントゥラの人々とトゥマコとの

関連は別稿にゆだねるが，トゥマコからチリへ向かう新たな波が作り出されているのは確かである．

3.2．トゥマコからチリへ

3.2.1．トゥマコにおける暴力状況

　トゥマコ市は，太平洋岸南部ナリニョ県の南端に位置し，エクアドルと国境を接している．海に突き出した島および本土の海岸部が都市部であり，そこから内陸部に向けて進むと農村地帯が広がっている．人口は20万3971人（2016年）で，90％以上をアフロ系コロンビア人が占めている．56.1％が都市部に居住している（国立統計管理局）．

　コロンビアの多くの地域で1980年代から90年代に暴力が激化したのに対し，トゥマコの治安が著しく悪化したのは2000年以降のことである．これは同地域でコカ栽培が盛んになった時期と一致している．国連薬物犯罪事務所によると2016年の時点でトゥマコの農地のうち１万6990ヘクタールがコカ栽培に使われており，国全体コカ栽培面積の18％に相当する．

　トゥマコが位置するナリニョ県にFARCが入ったのは，1983〜84年頃とされている．トゥマコで聞き取り調査を行ったRodríguezによると，当時は「中央政府から孤立し，極貧状態にある同地域の人々を教化し，大衆動員すること」を目的としており，住民に対する暴力は行われなかった．主に道路封鎖を指導し，商品の移動を妨害することで富裕層との交渉を行おうとしたという（Rodríguez 2015：46）．しかし，河川に恵まれ太平洋岸第二の港であるトゥマコでは，船による運搬が容易だったため，道路封鎖は期待したほどの効果を上げなかった．そのためFARCは商業者から金を脅し取ったり，積み荷を奪ったりする戦略に転じた．90年代はFARCが武装を強化した時期であり，こうした暴力行為は次第に拡大していった．これに対抗すべく，1990年代末頃から商業者たちは「自衛のために」トゥマコにパラミリタリーを呼び込むようになり，暴力状況がさらに悪化した．

　トゥマコ都市部にパラミリタリーが浸透したのは，2000年頃とされる．コロンビア最大のパラミリタリーである「コロンビア自警軍連合」（AUC）傘下にあるブロケ・リベルタドールが港の制海権を握り，麻薬関連の運搬をコントロールした．その後農村部への勢力拡大を図り，FARCとの対立が激化した．2001年３月にFARCとブロケ・リベルタドールの間に最初の衝突が起こり，

25人が死亡したのを皮切りに，両者は同地域の覇権をめぐって抗争を繰り広げることになる．2002年ウリベ政権発足とともに最高幹部の米国引き渡しの可能性が出てくると，AUCは政府と和平交渉を開始し，2003年に「サンタフェ・デ・ラリート合意」を結んだ．これにより2005年までに構成員の武装解除が行われることになり，ブロケは2005年7月30日に解散した．その後ラストロホと呼ばれるパラミリタリーがトゥマコに影響力を持ったが，抗争の末2011年にFARCが再び制海権を取り戻したとされる．

　トゥマコにおけるコカ栽培の拡大は，パストラナ政権下で実施された「プラン・コロンビア」の結果である．麻薬を暴力状況の最大の原因とみなした同政権は，麻薬カルテルの撲滅を図ると同時に，コカ生産地帯に政府軍を駐屯させて違法栽培の根絶を目指した．その結果，カケタ，メタ，プトゥマヨ，グアビアレなど中南部のコカ栽培中心地が打撃を受けると，コカの栽培は西へと移り，トゥマコが一大栽培地に変貌したのである．麻薬取引が盛んになるにつれてFARCとパラミリタリーとの抗争は激化し，一般市民も巻き込まれることになった．さらにパラミリタリーから派生したバクリン[6]と呼ばれる犯罪集団が露天商などの小規模商業者や農村部で「ワクチン」[7]と称する手数料を要求し，市民生活を脅かすようになった．これにより避難を余儀なくされる人々が2000年以降増加したとされる．

3.2.2.　なぜチリに行ったのか

　ここでは，実際にチリに行った人々がなぜ，どのようにして行ったかを紹介する．内容はすべて筆者の聞き取り調査に基づいており，本人，もしくは在コロンビアの家族や知り合いから話をうかがった．

➤ Aさん（20代，男性），その叔父①，叔父②

　Aさんはトゥマコ郊外の村出身で，父親はおらず，母は別の町で働いているため姉と2人暮らしだった．姉が結婚して家を出ると，1人暮らしとなった．畑を所有しており，ユカ，バナナ，カカオなどを栽培して生計をたてていた．ある日彼の村にバクリンが入り込んできた．若者をリクルートして，拒絶すると殺されることもある．実際彼の友人は殺害され，多くの人がカリやボゴタに逃れた．トゥマコの叔父が一緒に暮らすよう言ってくれたが，トゥマコに逃れても状況は変わらないと思いあきらめた．バクリンには同じ村の人が入っていて，恐怖から誰も告発することができない．そんななかチリ（サンティアゴ）在

住の叔父に，チリに来るように誘われた．叔母が休暇で一時帰国したのを機に，一緒にチリに行くことになった．本音を言えば畑と家を置いていくのがつらい．管理してくれる知り合いはおらず，友人はバクリンに入ってしまった．

彼を呼び寄せる叔父①は40代後半で3年前にチリに渡った．チリ人に知り合いがいて，ビザ取得の手助けをしてもらい，9カ月かけて雇用契約ビザを取得した．雇い主に気に入られて，最近永住権を取った．サンティアゴに家も購入し，このままチリに住む予定である．

もう1人の叔父②も叔父①を頼って1年前にチリに入国した．同じ企業で働いているが，彼の場合は会社にビザ取得のための証明書を出してもらうことができなかった．企業は労働者の権利を主張されるのを嫌って，ビザを出さないこともあるという．現在観光ビザで働いており，警察に呼び止められるのを恐れて家と職場を往復する窮屈な生活を送っているという（2018年2月8日インタビュー）．

➤ **Bさん（30代女性），その叔父**

Bさんはトゥマコ出身である．銀行から1500万ペソの借金をして夫婦で事業を始めた．カヌーを所有していたが事業はうまくいかず破綻した．その後離婚し，借金返済のためにチリに行く決心をしたという．1人娘を母親に預け，2年前に叔父を頼ってチリに移住した．借金は2年で返済し，現在ビザの手続きを進めながら高齢者施設で働いている．娘は中学校を卒業したら一緒にチリに住む予定である．英語が得意で，チリで勉強を続けるのを楽しみにしている．

彼女の叔父は9年前にチリに行き，サンティアゴの靴製造工場で働いている．4年前に妻と2人の子どもを呼び寄せて，現在一緒に暮らしている（2018年2月9日インタビュー）．

➤ **Cさん（40代後半，男性）**

Cさんはトゥマコで左官をしていたが，収入が少なかったためカリに出稼ぎに行った．カリで知り合った友人がチリにつてがあり，チリに行くことになった．5，6年前のことである．バスで南下し，途中の国（エクアドルなど）で仕事をしながらチリにたどり着いた．アントファガスタで左官として働き，仕事が順調にいったため1年後に家族を呼び寄せることにした．家族はまずカリに行き，そこへCさんがチリまでの旅費を送金した．子どもは4人いて，長男と次男が床屋，長女がカフェで働いている．次女は学生である．妻も家政婦として就労しており，アントファガスタに家を購入した．チリへ行ったのは経済的

理由からである．もともとカリに出稼ぎに行ったつもりが，もっと稼げると聞いてチリに行く決心をした．コロンビアには一度も帰っておらず，帰国の予定もない（2018年2月13日インタビュー）．

➤ Dさん（40代男性）

Dさんはトゥマコ出身で現在カリ在住である．2008年から10年までチリで暮らした．彼の場合経済的理由ではなく，家族のトラブルから逃れるため，サンティアゴ在住の姉（チリ人と結婚）を頼ってバスで南下しながらチリに行った．最初は建設現場で働いた後，農園で果物の摘み取り作業やペンキの仕事などを転々とした．

彼は雇用契約ビザを取得しており，請負業者に誘われてアントファガスタの鉱山で働くようになった．サンティアゴから標高4200mの鉱山までミニバスで移動したという．仕事は14日働いて7日休みのローテーションで，月給制で支払われ，さまざまな仕事のなかで一番給料がよかった．コロンビア人は2人しかおらず，アルゼンチン，ブラジル，ベネズエラ，プエルトリコ，ロシア人などさまざまな外国人がいた．農園にはコロンビア人が多く，特にアフロ系が多かったという．女性の場合売春をする場合もあった．

生活が安定した後連れ合いを呼び寄せて，2人いる子どものうち1人はチリ生まれなので二重国籍がある．その後帰国し，カリに3階建ての家を建て，3階部分を賃貸にしている．チリにはコロンビア人への差別がないとは言えないが，人によりけりだという．彼の場合は生活がうまくいったものの，コロンビアでの暴力から逃れてきた人や仕事を見つけられずにゴロツキになる人もたくさんいたとのことである（2018年2月14日インタビュー）．

➤ Eさん（30代女性），その夫

Eさんはトゥマコ在住で，子どもが3人いる．2011年にまず夫がチリへ行った．叔父のつてがあり，トゥマコと同じ建設の仕事をすぐに見つけられたという．同じ年の11月にEさんも3人の子どもを連れてチリに行った．夫は陸路だったが，家族は飛行機で行ったという．夫は雇用契約ビザを取得し，Eさんは取得しなかったが，子どもを保育所に預けて仕事をした．最初は美容院で働き，その後知り合いの紹介で家政婦をするようになった．雇用主は専業主婦で，夫と子供2人の4人家族だった．就労時間は8時から12時頃までで，洗濯，アイロンがけ，食事の支度などの家事労働を行った．

最初の仕事も家政婦も教えてくれたのは唯一のコロンビア人の友人だった．

サンティアゴではコロンビア人との交流はほとんどなく，叔父ともあまり会うことはなかった．家と職場の往復で，楽しみはあまりなかった．雇用主夫妻はいい人でいまも交流があるが，チリには二度と行きたくないという．コロンビア人に対する偏見の目を感じたからである．帰りは家族とともに陸路で北上し，途中エクアドルで一時的に就労した後帰国した（2018年2月17日インタビュー）．

➤ Fさん（50代女性），その夫，息子，甥①，甥の母，甥の弟，妹

　Fさんはトゥマコ出身で夫と息子，3人の娘とカリに住んでいた．夫はカリからトゥマコへ商品を運ぶ仕事をしていたが，9年前ELNに誘拐された．13日間監禁された後，身代金を払って解放されたが，商品はすべて取られてしまい，仕事もお金も失った．そこで甥を頼ってチリ（サンティアゴ）に行くことにした．Fさんの母が借金によってお金を立替えて航空券を購入したという．甥が勤務する生地工場で彼の仕事を探しておいてくれたため，着いて8日後から就労することができた．

　1年後に息子もチリに行き，その後まもなくFさんも後を追った．Fさんは縫製工場で働き，現在グループ長になっている．仕事は朝8時から夕方6時までで，昼食は持参している．昼食を温めるための電子レンジを備え，各人に小さなストーブがあって寒くないように配慮するなど，工場の待遇はいいとのことである．夫は引き続き生地工場で裁断の仕事をしており，息子はプラスチック工場で働いている．3人の娘は結婚して，カリ在住である．Fさん家族は永住権を取得しており，あと4年はチリで働く予定だという．将来的にはコロンビアへの帰国を希望しており，借金返済のめどが立ったことからカリに家を購入済みである．

　Fさん家族が頼った甥は，さまざまなところに行くのが好きで，1人でチリに行ったという．そこで仕事とチリ人の恋人を見つけて，母親と弟，妹を呼び寄せた．甥は梗塞で亡くなったが，その家族は現在もサンティアゴ在住である．母親と弟は生地を購入して衣服を縫製し，それを売って生計を立てている．妹はチリ人と結婚し，看護師として病院に勤務している（2018年2月19日聴インタビュー）．

お わ り に

　コロンビアは伝統的に移民送り出し国であった．1970年代まではベネズエラ，

エクアドル，米国が主要な行き先だったが，1990年代以降移民の増加とともに行き先も多様化した．移民が増加の背景には，コロンビア特有のマクロ要因として，経済の悪化，社会不安があることを第2節で示した．またアンケート調査をもとに，マクロ要因と考えられる社会不安が移民の理由としてほとんど挙げられていないことを明らかにした．

　第3節では，2000年に入り暴力状況が悪化したトゥマコで行った調査をもとに，移民する人々の事例を紹介した．インタビューを行った6組の家族のうち，治安問題を直接的な要因としているのはAさんのみである．4組は経済的理由を挙げており，1組は家庭内のトラブルから逃れるためにチリに行ったとしている．しかし話を伺ううちに，経済的な理由の背景に暴力状況があることが浮き彫りになってくる．

　例えばBさんがチリに行った直接的な原因は事業の失敗による借金である．叔父を頼って行った先で生活を安定させることに成功し，借金返済の後も帰国せずに娘を呼び寄せる決心をしている．トゥマコの治安の悪化が外国での暮らしを選択するきっかけとなった．

　Cさんのように経済的理由から当初カリで働いていた場合もある．カリはバジェ・デ・カウカ県の県都であり，首都ボゴタ，メデジンに次いでコロンビア第3の人口規模を持つ都市である．国内で避難する場合，地元で巻き込まれる暴力から逃れるため都市に流入する傾向がある．その結果大都市では労働の需給バランスが崩れ，供給過多になったことが，外国へ移住する人々の増加につながったと考えられる．

　さらにFさんのように直接的には経済的な理由から移住したとしても，その背景にかつて受けた被害がある場合もある．Fさん一家はもともとカリで仕入れた商品をトゥマコに卸すことで生計を立てていた．ゲリラに誘拐されたことで商品を奪われた上身代金を支払わなければならず，経済的に困窮することになった．カリで仕事を続けることもできず，親類を頼って外国に行く以外の選択肢は残されていなかったという．Fさん一家が困窮するに至った原因そのものが，ゲリラによる誘拐というコロンビアを取り巻く構造的暴力にあったのである．社会不安は移民の直接的な要因として見えにくいことを第2節で示した．しかし聞き取り調査によって，さまざまな形で他の要因と不可分に結びついていることが明らかとなった．

　しかしそれだけでは人の移動を促すには不十分である．聞き取り調査から明

らかになったことは，チリへ行った人々はみなすでに親族がチリに居住しており，居住地や仕事に関して相談に乗ってもらうことができたということである．社会的ネットワークは移住にとって重要な要素であり，樋口のいうメゾレベルがマクロと結びついて初めて人は移動するといえるだろう．

　その背景にはSNSなどの通信技術の発達が欠かせない．ラテンアメリカでは，日本のLINEに相当する機能を持つWhatsAppというアプリが一般的であり，多くの人が利用している．例えばEさんは，WhatsAppを使っていまも雇い主の女性と頻繁に連絡を取り合っているという．雇い主との関係は良好で，彼女の仕事ぶりは高く評価されていた．彼女はコロンビア人に差別的な雰囲気を感じたため，二度とチリに行きたくないと語っている．しかし最初は夫の叔父という彼女から遠い存在のコネクションしかなかったものが，いまでは彼女自身がつてを持つに至っている．夫について行くという立場とは別の可能性が開いており，新たな社会関係資本を手にしたと言えるだろう．

　またAさんのようにバクリンから逃れるためチリへ行くケースもある．彼自身は文化の違いや畑を失うことを恐れており，決して望んで移住するわけではない．とはいえ彼の場合，頼れる親族がいたためチリへ行くことができたが，逃げる場を持たなかった彼の友人たちは，殺害されるかバクリンに加わるしか選択肢がなかった．ここにも社会的ネットワークの重要性が示されているといえるだろう．

　またトゥマコでは「チリに行けば稼げる」という噂が流布していた．このような口コミ情報は分析対象となりにくいが，人々を動かす原動力であるのは確かである．社会的ネットワークを補足する要因として，今後さらなる分析が必要である．

注
　1）2018年7月の時点で，87万人以上のベネズエラ人がコロンビアに入国したとされている．コロンビアを経由してペルー，チリ，アルゼンチンなどより安定した国を目指すケースもある（Colombiano紙2018.7.18.）．ベネズエラ移民も非常に重要なテーマであり，別稿に譲る．
　2）数値が非常に小さいのは，海外のコロンビア大使館もしくは領事館に在留届を出している人の数だからである．登録を行わない人や，非正規労働者が含まれないことから，実際の在外コロンビア人の数ははるかに多いとされるが，実体把握が進んでいない．図8-1の2012年の数値は，国立統計管理局のデータをもとに外務省が推計したものであ

222　第Ⅱ部　ラテンアメリカ域内移民

　　る．国立統計管理局は海外在住の家族を持つ家庭から算出しており，これもデータとし
　　て十分とはいえない．
3）家事労働に対する労働許可証の割り当ては1979年12月に廃止されたが，その後も個人
　　の家庭で働く家事労働者が「家族の一員」のような形で入国し，不法就労者として搾取
　　されることがあったと奥田は指摘している（奥田 2017）．
4）本項のデータはすべて IMF World Economic Outlook Database からとったものである．
5）調査地は北部（バランキジャ，ソレダー，カルタヘナ，ブカラマンガ，フロリダブラ
　　ンカ，ククタ），中央東部（メデジン，ベジョ，エンビガド，マニサレス，ドスケブラ
　　ダス，ペレイラ，アルメニア），渓谷部（カルタゴ，セビジャ，パルミラ，カリ），ボゴ
　　タである．
6）バンダ・クリミナル（犯罪集団）の略称．パラミリタリーほど大規模でないが，村に
　　入り込んでさまざまな嫌がらせをするグループが1990年代後半から増加した．
7）ワクチン（vacuna）とは，これ以上犯罪に巻き込まれないようにするために必要な手
　　数料とされる．しかし組織だったものというよりは，末端の小遣い稼ぎの側面もあると
　　思われる．例えば筆者が聞き取りを行った村では，ある日突然バクリンがやってきて居
　　座り，金銭を要求されたという．

参考文献

奥田伸子（2017）「1970年代イギリスにおける外国人労働者政策」『人間文化研究』第27号
　　pp. 237-252.
国立統計管理局（DANE）http://www.dane.gov.co/（2018年 9 月14日アクセス）.
国連高等弁務官事務所（UNHCR）http://www.acnur.org/（2018年 9 月13日アクセス）.
国連薬物犯罪事務所（UNODC）https://www.unodc.org/unodc/es/（2018年 9 月13日ア
　　クセス）.
コロンビア外務省 http://www.cancilleria.gov.co/colombia/migracion/historia（2018年 9
　　月12日アクセス）.
コロンビア政府データベースウェブサイト（Datos Abiertos）https://www.datos.gov.co/
　　（9 月13日アクセス）.
サッセン，S.（2004）『グローバル空間の政治経済学』田淵太一，原田太津男，尹春志訳，
　　岩波書店（Saskia Sassen, *Globalization and its Discontents*, New York: The New York
　　Press, 1998）.
樋口直人（2002a）「国際移民におけるメゾレベルの位置づけ──マクロ−ミクロモデルを
　　超えて」『社会学評論』52巻 4 号，pp. 558-572.
─────（2002b）「国際移民の組織的基盤──移住システム論の意義と課題」『ソシオロ
　　ジ』第47巻 2 号，pp. 55-71.
深澤晴奈（2016）「スペインの移民政策とラテンアメリカ出身移民──その実態と背景と
　　しての法的優遇」『社会科学』第46巻 1 号，pp. 65-92.
二村久則（2011）「反政府ゲリラ──戦い続けて半世紀」二村久則編著『コロンビアを知
　　るための60章』明石書店.
Cárdenas, Mauricio and Carolina Mejia（2006）"Migraciones internacionales en Colom-

bia: ¿qué sabemos?" *Working Papers Series*（*CEPAL*）, no. 30.

Cárdenas, Santiago（2015）"El Sueño Chileno," *El Colombiano de Medellín* 紙12月17日, http://www.elcolombiano.com/colombianos-en-chile（2018年 9 月14日アクセス）.

Castles, S and G. Kosack（1985）*Immigrant Workers and Class Structure in Western Europe*, Oxford: Oxford University Press.

Departamento de Extranjería y Migración（DEM）（2016）*Migración en Chile 2005–2014*, http://www.extranjeria.gob.cl（2018年 9 月14日アクセス）.

Departamento de Extranjería y Migración（DEM）（2017）*Estadísticas Migratorias del Dpartamento de Extranjería y Migración 2015*, http://www.extranjeria.gob.cl（2018年 9 月14日アクセス）

Guarnizo, Luis Eduardo（2006）"El estado y la migración global colombiana," *Migración y Desarrollo*, No. 6, pp. 79–101.

IMF https://www.imf.org/external/pubs/ft/weo/2018/01/weodata/weoselgr.aspx （2018年 9 月13日アクセス）.

Mejía, William, Diana Ortiz, Claudia B. Puerta, Jackeline Mena, Martha E Díaz（2009） *Resultados generales de la Encuesta Nacional de Migraciones Internacionales y Remesas 2008–2009*, 電子版 http://www.almamater.edu.co/AM/index.php/archivo/item/encu esta-nacional-de-migracion-internacional-y-remesas-enmir（2018年 9 月14日アクセス）.

Mejía Ochoa, William（2012）"Colombia y las migraciones internacionales: evolución reciente y panorama actual a partir de las cifras," *Revista Interdisciplinar da Mobilidade Humana*, No. 39, pp. 185–210.

Pew Research Center http://www.pewhispanic.org/（2018年 9 月12日アクセス）.

Piore, Michael J.（1979）*Birds of Passage: Migrant labour and industrial societies*, Cambridge: Cambridge University Press.

Ramírez, Clemencia, Marcela Zuluaga and Clara Perilla（2010）*Perfil Migratorio de Colombia 2010*, Bogotá: OIM.

Ramírez, Clemencia and Laura Mendosa（2013）*Perfil Migratorio de Colombia 2012*, Bogotá: OIM.

Rodríguez Cuadros, José Darío（2015）*Génesis, actores y dinámicas de la violencia política en el Pasífico nariñense*, Bogotá: Editorial Pontificia Universidad Javeriana.

Todaro, Michael P.（1977）*Economic Development in the Third World*, London: Longman.

第9章　アルゼンチンにおける女性移民労働者の社会保障
──国際人権レジームの観点から──

宇佐見耕一

は じ め に

　アルゼンチンは伝統的にヨーロッパ移民の受入国であり，特に19世紀末から20世紀初頭にかけて大量の移民を受け入れてきたことは周知のことである．第二次大戦後は，全体的に移民の流入は低下するが，その中で近隣諸国からの移民が漸増している．この漸増する近隣移民の特色の1つに，移民の女性化と呼ばれる女性移民の比率の拡大があり，その女性移民労働者が最も従事する職業が家事労働である（Pacecca y Courtis 2008：24-30）．

　他方1991年にアルゼンチン，ブラジル，ウルグアイおよびパラグアイで結成された自由貿易圏であるメルコスール（Mercosur：南米南部共同市場）は，2012年にベネズエラが加入し，南米を覆う主要な自由貿易経済圏となった．メルコスールは，貿易の自由化に留まらず，人の往来の自由化も順次進めていった．2002年にはメルコスールにボリビアとチリを加えた諸国で「メルコスール構成国民の移民の合法化に関する合意」と「居住に関する合意」（Acuerdo de regularización migratoria, y Acuerdo para nacionales de los estados partes del MERCOSUR)」において，不法移民の合法化や居住の自由，さらに自国民と同じ市民権や社会権を域内移民者に保障した（Aguirre, Mera y Nejamkis：2010：52-53）．また，1970年代以降2004年の移民法改正まで移民の定住に対して抑制的であったアルゼンチンの移民法制も，同年ペロン党のキルチネル左派政権下において近隣諸国の移民に対してアルゼンチン国民と同等の社会権を認めるように改正された（Massé 2015：28-30）．

　近隣諸国から移民の主流となった女性移民労働者は，家事労働に従事することが多いが，社会保障の観点からは，最も保障からはずれるグループに属する．

本章の課題は，社会保障面における国際的な移民労働者に関する人権レジームと地域的な人権レジームが，どのようにアルゼンチン国内の社会保障制度に反映され，実際にその権利をどの程度まで行使できているのかという問題を女性民労働者に焦点を当てて解明する点にある．女性移民労働者は，アルゼンチンにおける社会保障の受給者であると同時に，家事労働で子どもや老人のケアを行うと言う社会保障の私的供給者としての側面をも合わせ持っている．本章では，国際レジームを「特定のイッシューを規制するために国際的なアクターにより受け入れられた規範や決定の手続き」（Donnelly 1986：602）という規定を採用する．

1　分析の視点

1.1.　先行研究の到達点

　上述した本章の課題と関連した先行研究として，以下の２つの流れの研究がある．その１つは，国際機関や世界的な移民対する社会保障の規定や規範が，地域レベルやナショナルなレベルでどのような展開を見せているのかという問題を扱う研究群であり，理論的には人権レジームの概念で要約することができる．アギィーレ（Aguirre）等は，メルコスールにおける統合過程と移民の市民権の問題を扱い，市民権がナショナルなレベルからメルコスールのレベルで認定されるようになったことを制度の面から明らかにしている（Aguirre, Mera y Nejamkis 2010, Novic 2012）．パセカ（Pacecca）等は，近年のアルゼンチンに対する移民の傾向と，国内の移民に関する法制を分析し，最近の移民に寛容な法改正にもかかわらず，その施行に問題点があることを指摘している（Pacecca y Courtis 2008）．後者の研究は，制度改正が実効性を伴っているかをも問題としており，本章の２番目の課題と関連してくる．

　こうした制度の変容に注目した研究からは，それでは何故そのような変容が起きたのかという新たな課題が設定される．ネハムキス（Nejamkis）等は，アルゼンチンのキルチネル左派政権期に制定された寛容な移民法の制定過程を，特に政府内部でのそれをアクターの言説分析を通じて明らかにしている（Nejamkis, Rivero Sierra 2010）．彼らの研究から，移民に対する社会保障を国際レベルからナショナルなレベルにかけてその展開を分析する際，何故そのような制度変容が起きたのかに関する政治過程の分析の必要性を提起することができる．

226　第Ⅱ部　ラテンアメリカ域内移民

　２番目の流れは，アルゼンチンに対する移民労働者の調査を基にした現状を明らかにする研究群である．ボルジョー・ガルシアンディア（Borgeaud-Garciandia）は，ブエノスアイレスに住む移民労働者が行う高齢者介護を社会人類学的視点から分析している．そこでは介護という職業の特性と，移民という現象を交差させた分析がなされ，重層的権力関係の存在を明らかにしている（Borgeaud-Garciandia 2017）．さらにソト・ミリアン・ゴオザレス（Soto-Myrian González）等は，グローバル・ケアー・チェーンという概念を用いて，パラグアイからアルゼンチンへの女性家事労働者の移民の現象を分析している．グローバル・ケア・チェーンとは，低所得国の貧困層女性が高所得国に家庭でのケアに従事するための移民することであると定義されている（Soto-Myrian González y Dobrée 2012：16）．これらの研究では，ジェンダー研究の視点も取り入れつつ，移民の要因，その特性や移民後の家内労働の１つとしてのケア労働の状況，さらに移民後の残された家族のケアの状況が分析されている．

　こうしたグローバル・ケア・チェーンの概念を使った研究は，対アルゼンチン移民に限らず，南米からスペインへの女性移民労働者の事例を扱った研究（Cerrrutti y Maguid 2010）等，広範に行われている．グローバル・ケア・チェーンの概念を用いた研究の中には，構造改革政策やネオ・リベラル政策が周辺部女性に危機の中での生存戦略として選択を余儀なくされたものであるというマクロ的分析（Orozco 2007）が，ケーススタディーの中にも共有されている．このようにグローバル・ケア・チェーンの概念は，グローバリゼーションの中で中心部の家族のケアを周辺部からの女性民が担い，それに伴う諸問題を明らかにしようとするものである．その際，女性移民労働者が移民した後の家族のケア，また受入国での公的ケアや家事労働者への社会保障が制度的にどの様に整備されており，それが現実にはどの程度実行されているのかを問題とする視点が含まれている．そこでそれらの問題に対して，移民労働者への人権レジームからの分析視点を適用することにより，より明示的に移民労働者の状況が明らかになることが期待される．

1.2.　課題と分析の視点：移民労働者に対する人権レジームと社会保障

　国際的な人権レジームは，第二次世界大戦以降広範に受け入れられるようになった規範であり，国際化された定着した手続きを内包しているが，その多くは強制力は持たないとされている（Donnelly 1986：613-615）．移民労働者の人権

レジームに関してサッセンは，グローバリゼーションの現象の中に，グローバル資本による国家の役割の変容と超国家的レジームの形成，および国籍を超えた個人の権利を重視した国際人権レジームの形成を見出している（サッセン 2004：162-173）．彼女は，人権レジームを国家による国民の排他的権威を弱体化する，個人の権利を保障する国際法をはじめとした国際的な人権コードと認識している（サッセン 2004：166-167）．また彼女は，グローバリゼーションの中で国際的人権レジームの形成を経済的なグローバル化と並ぶ重要なその構成要素と把握し，その主役が移民と難民であり，彼らの人権の主張が人権レジームの拡張の主要なメカニズムであるとしている．

　一方梶田は，西欧における外国人の定住を考察する上で，国民国家の原則が以下の三段階に変容しつつあると指摘している．その第1は，帰化手続きの簡素化等のナショナルな枠内での対応であり，「国籍モデルの（微）修正」と呼んでいる．第2は，大量の外国人の定住という状況を踏まえ，居住を根拠とした権利が発生するという「国籍モデルからの逸脱」を確認する．第3は，国や居住地ではなく人であることに権利の根拠を求めるものであり「国籍モデルの代替」であるとしている．彼はこうした国際移民労働者の人権レジームの形成過程が，さらにナショナルなレベルで如何にそれが各国に根づいていくのかという問題を提起している（梶田 2001）．ここでは移民労働者に関する国際人権レジームが，ナショナルなレベルでのどの様に定着しているかという点を解明する必要性が述べられている．

　このような移民と国際人権レジームに関して，国際労働機構はその社会保障上の権利の保護のために各種の協約を締結し勧告を実施してきた[1]．こうした国際人権レジームの下に，以下に述べるように移民労働者に対する社会的保護の重要性が認識され，アルゼンチンにおける移民に対する社会的保護に関する研究が実施されている．そこではアルゼンチンにおいて，移民労働者に対して自国民と同等の権利が法制的に保障されているが，場合により移民労働者が不利に扱われていることがある点が指摘されている（Cerrutti 2012）．

　以上のような先行研究を背景に本章では，第1に移民に関する国際人権レジームが，メルコスールという地域レベルで，またアルゼンチンというナショナルなレベルでどのような形態で制度化されているのかを明らかにする．続いて，近年増加傾向にあり，社会保障の受けてであり，かつ私的社会保障の供給者である女性近隣移民労働者に焦点を当て，彼女らに対する国際人権レジーム

を背景としたアルゼンチン国内の移民労働者を保護する制度が，実際のどの様に機能し，どの様な問題を抱えているのかを明らかにする．分析の視点としては，国際人権レジームや地域人権レジームのアルゼンチン国内での制度化についてそれがどのような過程で拡大・定着したのかという点を分析する．また，そうして制定されたアルゼンチン国内での移民保護制度の実効性に関しては，先行研究を参照としつつアルゼンチンに滞在するパラグアイからの女性移民労働者に対するインタビュー調査を実施し，検討を行う．

2　社会保障に関する人権レジームと移民労働者

2.1.　国際機関における移民労働者に対する人権レジーム

　それでは次に，移民に関する国際人権レジームとメルコスールレベルに関する展開を概観してみよう．移民に対する社会的保護は，国際機関においても重要な関心事項となってきている．国連では，1990年に「すべての移民労働者とその家族の権利の保護に関する国際条約（International Convention on the Protection of the Rights of All Migrant Workers and Members of Their Families）以下移民労働者権利条約と呼ぶ」[2]が締結された．同条約では，移民を合法移民とその家族，および非合法移民とその家族まで含めて条約の対象としている．そこでは，移民労働者の出入国の自由，権利が法的に保護されるべきであること，労働条件や社会保障に関して自国民と同等の扱いを受けることなど，移民の権利を幅広く自国民と同等に扱うように求めている．この国際条約普及のために，国連人権高等弁務官，ILO，UNESCO，IOM（国際移住機関），労働組合やNGO等14機関が運営委員会（Steering Committee）を構成している（UNESCO 2005 9）．上記のIOM国際移住機関とは，1951年に欧州移民委員会として設立され，1989年に現在の名称となった移民問題を扱う国際機関である．その主要目標の1つに，国際法に基づいた移民の人権の実効ある尊重を促進することが掲げられている[3]．

　他方，ILOでは，早期から移民労働者の労働条件や生活条件に関心を示しており，1949年には移民労働者条約（Migration for Employment Convention）が，1975年には移民労働者（補足規定）条約（Migrant Workers（Supplementary Provisions）Convention）が締結されている．また1962年に社会保障に関して自国民と非自国民に対して社会保障上の均等待遇を求める均等待遇（社会保障）条約

(Equality of Treatment（Social Security）Convention）が締結されている[4].

このような移民労働者に対する社会保障や労働条件の保障を促進する国際的政策の延長線に ILO では，2005年の専門家会議を経て2006年に「移民労働者に対する権利を基にした非拘束的原則とガイドライン（ILO Mulilateral Framework on Labour Migration: Non-binding principles and guidelines for a rights-based approach to labour migration）」を定めている．そこでは移民労働者に対する国際労働基準の適用と移民労働者への法律制定に際して自国民との同等待遇を求めており，移民労働者に対する社会的保護を権利の視点から捉えている[5].2017年9月に ILO のホームページで発表された「移民労働者に対する社会的保護（Social protection for migrant workers）」という文章においても，国際移民労働者が受入国の経済発展に寄与しているにもかかわらず，社会的保護から最も排除されているグループの中にいる点を指摘し，移民労働者と自国民との均等待遇および移民労働者の権利の維持を呼びかけている[6].具体的には ILO の2017年の文章では，① 自国民と移民労働者の社会保障を含む均等待遇，② 既得権利の維持，③ 移民手続き中における権利の維持，および，④ 海外居住者の権利保持者に対する恩恵に付与，である[7].このよう国連や ILO をはじめとする多くの国際的アクターにより，移民労働者の労働条件や社会保障に関して内国民待遇を求める多くの条約や勧告がなされ，それらが移民労働者に対する国際的人権レジームを構成しているといえる．

2.2. メルコスールにおける移民労働者に関する人権規約

それでは，こうした社会保障に関する移民と自国民を均等待遇するという国際人権レジームは地域レベル，具体的にはメルコスールレベルではどの様な制度が制定されているのかをみてみよう．メルコスールは，アルゼンチン，ブラジル，パラグアイ及びウルグアイという南米南部諸国間で1991年に多国間の自由貿易圏を設立する目的で条約が調印されて成立し，2012年にベネズエラが正式加入している．このメルコスール設立に伴い，域内における財とともに人の自由移動と居住の自由が定められた．しかし，メルコスール結成当初の段階では，移民の促進ではなく，短期の人の往来の自由化の促進を目指したものであった（Aguirre, Mera y Nejamkis 2010 64）と指摘されている．

社会保障に関しては，1997年に「メルコスール多国間社会保障に関する合意」（Acuerdo multilateral de seguridad social del Mercado Común del Sur）が調印された．

230   第Ⅱ部　ラテンアメリカ域内移民

そこでは，加盟国で提供される社会保障は，加盟国内の他国で居住する人に対して自国民と同様の権利を有すること．その社会保障の提供は，加盟国の法律に基づいてなされること．医療サービスの受給は，出身国の担当機関の認証を必要とし，また費用も同様に負担すること．域内各国で支払われた年金保険料を相互に認定すること等が定められ，基本的に域内国民は，居住国で同国民と同様の保障が受給できるように枠組みが形成された．この「メルコスール多国間社会保障に関する合意」は，移民労働者に関する国際的な人権レジームのメルコスールという地域レベルにおける反映であったといえる．

　一方域内移民の居住権に関しては，2002年にメルコスール加盟国にボリビアとチリを加えた諸国で，「メルコスール・ボリビア・チリ市民の域内移民の正規化に関する合意（Acuerdo sobre regularización migratoria interna de ciudadanos del Mercosur, Bolivia y Chile）」が調印された．そこでは合意諸国内では，帰国せずに居住手続きが可能となり，手続きができるものは入国の状況に関係ないとする．すなわち不法滞在状況にある合意調印諸国民は，自国に一旦帰国しなくても現在住んでいる国で居住手続きができるようになったわけである．同じく2002年には，「メルコスール加盟国市民の居住に関する合意（Acuerdo sobre residencia para nacionales de los estados partes del Mercosur）」が締結された．この合意は，加盟国内にこれから移民しようとするもの，および既に加盟国ない他国に居住しているものが当該国への居住を希望すれば，所定の手続きを経れば居住権を得られるというもので，それは一時滞在者にも適用される．このように2002年の2つの合意により，域内加盟国国民は，域内他国に居住することが容易になり，また不法滞在状況でも手続きを経れば居住権が得られるようになった．そしてその目的として，労働の搾取や人権の侵害状況をもたらす人の移動と戦うためであることが明記されており，域内移民の人権を尊重することがその目的だとされていることになる．この2つの合意は表裏一体の関係にあると考えられ，まず域内民に対して居住権の保障し，居住権のある移民に対して自国民と同等の社会保障を提供する構造になっている．

　そもそもメルコスールは，対外共通関税制度をもつ自由貿易圏として発足した．1991年に調印されたアスンシオン条約[8]の第1条には，貿易自由化による共同市場の建設が謳われている．それが2002年の合意では，居住の自由，すなわち労働力の移動の自由にまで拡大している．2002年の「メルコスール加盟国市民の居住に関する合意」における序文には，メルコスールの統合を深化させ

るための手法として，域内における人の自由往来（libre circulación de personas en la región）は，その根幹にかかわると記されている．ここにメルコスールが単なる経済共同体から，労働力の移動の自由を含む地域共同体へ変質していったことが分かる．また，「メルコスール多国間社会保障に関する合意」の調印により，国際的な移民に関する人権レジームが，メルコスールという地域レベルでも制度的に確立されていることが確認された．

3　移民労働者に関する国際的・地域的人権レジームのアルゼンチンにおける反映

3.1.　アルゼンチン移民法における移民の権利

それでは次に，アルゼンチン国内で移民の権利がどの様に保護され，それが国際人権レジームとどのような関係にあるのかをみてみよう．アルゼンチンで最初に制定された移民法は，1876年に制定された通称アベジャネーダ（Avellaneda）法と呼ばれた「移民・殖民法（Ley Núm. 817 de Inmigración y Colonización）」というもので，合法的な移民に関しては居住権とアルゼンチン国民と均等の市民的権利が与えられていたという（Pacecca y Courtis 2008 41）．しかし，20世紀後半，特に1960年以降アルゼンチン政府が奨励してきたヨーロッパ移民が減少することにともない，移民に対する規制が強化される傾向が強まった．軍政下の1981年に制定された通称ビデラ（Videla）法として知られる移民法では，不法移民に市民的権利を与えず，当局に不法移民を告発する義務を国民に課した（Pacecca y Courtis 2008：42）ことが知られている．

こうした状況は，1989年の民主化以降もしばらく続いたが，2003年に成立したキルチネル（Néstor Kirchner 2003-2007）左派政権下の2004年に，国際的人権レジームに対応するラテンアメリカ初の移民法が成立した（Cerrutti 2012：6）．移民の市民的権利を広く認めた新「移民法　25871号（Ley de migraciones Núm. 25871）の制定過程に関する証言として次のようなものがある．内務省の住民登録を監督する部署（Direcciónnacional de Población）に勤務する官僚によると，2001年経済危機時には移民規制が強化される動きがあったものの，危機が過ぎると反対なく採択されたという[9]．実際同法は，上下両院において広範な支持を得て成立した[10]．同法の第3条では，同法が人権，統合，移民の移動に関する国際的な規範に則ったものであること，第4条では移民の権利が平等と普遍

232   第Ⅱ部　ラテンアメリカ域内移民

主義の原則に則っていることが規定されている．第6条では，移民とその家族が保障，保護，諸権利について内国民と同等の扱いを受けることが規定されている．さらに第7条と8条において不法移民を含む移民の形態を問わずに移民は教育や社会保障を受ける権利を有することが規定されている．

　同法が成立すると，「移民の権利を守る団体会議（Mesa de organizaciones para defensa de los derechos de los migrantes）」が違憲状態のビデラ法が廃止され，移民の権利を守る新法が制定されたことに満足を表明した[11]．このように同法の成立に関しては，市民社会組織の働きかけがあり，議会において法案自体には強い反対もなく，多数の賛同者を得て成立した．しかし，法的に移民労働者とその家族の権利が守られるようになったとはいえ，現実にはそれが実行されているのかについては問題が残されている（Cerrutti 2012：7）．

　また2004年のキルチネル政権による政令836号の施行は，2006年4月17日以前にアルゼンチンに居住したメルコスールおよびペルーとボリビアからの非合法移民の非合法状態を合法化させるものであった．この政令は「大いなる祖国プログラム（Programa de Patria Grande）」と呼ばれ，これにより約十万人の非合法移民に永住権が与えられ，12万6000人に期限付き居住権が与えられた[12]．このプログラムは，新移民法の一部を構成すると理解されている（Nejamkis 2016：195）．

　しかしこうした寛容な移民政策は，2015年に成立したマクリ（Mauricio Macri）中道右派政権の下で再度転換する．マクリ政権は2017年に政令60号でキルチネル政権期に制定された新移民法を厳格に解釈し，移民に対してより厳しい姿勢で対応することとなった．同政令ではグローバリゼーションの進展，観光客の増大，犯罪の増大を背景に，各国は移民政策に対して自律性を有すると主張している．そして入国管理を強化し，法令違反者がいれば関係当局は移民局に通報する義務を課した．また，法令違反の移民者は，いかなる者でも国外追放することを定めている[13]．このようにアルゼンチンにおいては，移民の人権を保護する国際人権レジームならびにその地域レベルの反映であるメルコスールの協定が，中道左派政権期に成立した新移民法と政令により法制化された．しかし，2015年に成立した中道右派政権により，その流れは逆転され，再び移民に厳しい政策が採られている．

第 9 章　アルゼンチンにおける女性移民労働者の社会保障　　233

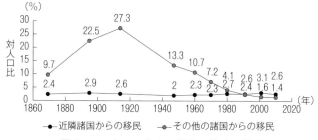

図 9-1　人口に占める移民の比率の推移

出典：国立統計局 https://www.indec.gob.ar/comunidadeducativa/migraciones.pdf（2018年6月22日アクセス）．

3.2.　近隣諸国からのアルゼンチンへの移民の状況

　ここではまず，アルゼンチンに対する移民の推移とその属性を概観する．アルゼンチンへの移民の大量流入は，第二次世界大戦後まで続き，今日のアルゼンチンの人口構成に大きな影響を与えている．アルゼンチン在住の外国籍移民者は，1914年に人口の29.9％とピークに達し，その後2001年の4.2％まで低下を続けた後反転し，2010年は4.5％と微増する．1914年時点で全人口の27.3％が近隣諸国以外からの移民であり，近隣諸国からの移民は人口の2.6％に過ぎない．しかし，近隣諸国からの移民の比率は徐々に増加し，1991年に逆転する[14]（図9-1参照）．

　1980年時において，その他の諸国からの移民で最大多数はイタリア人であり，続いてスペイン人であった．しかし，2001年には最大多数移民はパラグアイ人であり，それにボリビア人が続いている（Texidó 2008：11）．2010年のセンサスによると，アルゼンチンに在住する外国籍移民は人口の4.5％である．そのうち最大多数はアメリカ大陸出身で，81.2％（147万1000人）を占め，かつて主流であったヨーロッパ系移民の16.5％（29万9000人）を大きく上回っている（Benencia 2012：31）．**表 9-1** は，2010年センサスに基づきアメリカ大陸で対アルゼンチン移民を送りだした国を人口の多い順に並べたものである．この6カ国で全アメリカ大陸の対アルゼンチン移民の95％を占めている．そのなかで突出しているのがパラグアイとボリビアからの移民のである．また，この**表 9-1** から女性移民が男性民を上回っていることが分かる．これは歴史的に男性移民が女性移民を上回ってきたアルゼンチンの移民史において特筆すべき転換である．

234   第Ⅱ部   ラテンアメリカ域内移民

表9-1   米州の対アルゼンチン移民主要送り出し国

	男性人数		女性人数		合計人数
合計	684,543	46.40%	815,323	53.60%	1,402,568
パラグアイ	244,273	44.40%	306,434	55.60%	550,713
ボリビア	171,493	49.70%	173,779	50.30%	345,272
チリ	88,973	46.50%	102,174	53.50%	191,147
ペルー	70,899	45.00%	86,615	55.00%	157,514
ウルグアイ	55,486	47.60%	61,106	52.40%	116,592
ブラジル	17,423	42.20%	23,907	57.80%	41,330

出典：Benencia 2012 31より筆者作成.

　こうした近隣移民の就労に関してみると，2003年にける労働力化率は66.6％であり，2013年におけるそれは63.0％となっている．これはアルゼンチン国民のそれぞれ62.2％と60.2％と比較すると高く（OIT 2015 22），近隣移民のより高い労働市場への参入が見て取れる．しかし，近隣移民の就労形態は非登録就労，すなわちインフォーマルセクターでの就労がアルゼンチン国民と比べると高い．近隣移民で就労している非登録労働者，すなわちインフォールセクターでの就労率は2003年において65.2％，その後低下して2013年には52.9％になっている．しかし，アルゼンチン国民のそれは，各々47.4％と32.7％となっており（OIT 2015 24），近隣移民の雇用形態がアルゼンチン国民と比較して劣悪であることが示されている．

　こうした移民労働者が，獲得しやすく最初に就労する業種として男性の場合は建設業，女性の場合は家内労働が知られている（Benencia 2012：39-47）．図9-2は2009年における近隣移民の就労先を示したものであり，そこでは就労先として商業，建設および家内サービスが19％で並んでいる．このうち登録労働者，すなわちフォーマルセクターでの就労は，2009年において商業17％，建設業15％，繊維産業17％，家内サービスが22％，その他が62％である（Benencia 2012：39-49）．その他を除き，インフォーマルセクターでの就労が多いが，2003年と比べるとその比率はわずかに低下している．そのなかで注目されるのは家内サービス業のフォーマルセクターでの就労の上昇であり，2003年にはわずか9％であったものが，2009年には22％に上昇している．その他も2003年には50％であったものが62％に上昇している（Benencia 2012：39-49）．その要因に関しては，次項で検討する．

　それでは，これら近隣移民労働者の教育水準はどうであろうか．全般的に言

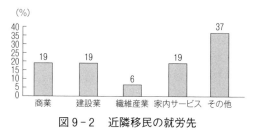

図9-2　近隣移民の就労先
出典：Benencia（2012：48）.

えることは，近隣移民労働者は，アルゼンチン国民より学歴が低いということである．初等教育修了者は，近隣移民就労者は23.0％に対してアルゼンチン人就労者は15.5％と低い．中等教育修了者は，両者ほぼ同じで近隣移民就労者が22.3％であるのに対して，アルゼンチン人就労者は22.9％である．大きな差異が見られるのは高等教育修了者であり，近隣移民就労者が11.2％であるのに過ぎないのに対して，アルゼンチン人就労者は20.1％と前者のほぼ2倍となっている（OIT 2015：67）．

3.3.　近隣諸国からの移民女性労働者の就労と社会保障

次に本章の課題である近隣女性移民労働者の就労状況を統計と先行研究を参照にしてみてみよう．具体的に年金保険料の未納からみた近隣女性移民労働者の就労先と，そのインフォーマル化の状況を内務省の統計を基に検討する．図9-3は，2011年におけるボリビア，パラグアイおよびペルーからの女性移民労働者の職業別年金保険料納入率を示したものである．年金保険料の納入率あるいは未納率は，しばしばフォーマルセクターあるいはインフォーマルセクターでの就労を示す指標として用いられている．サンプル採取地は，ブエノスアイレス市の国家移民局事務所であり，対象者は外国人滞在書申請者の455件である．また対象者の年齢は，再生産年齢の18歳から49歳までとしている．

18歳から49歳までのボリビア，パラグアイおよびペルー生まれの女性移民労働者の年金保険料未納率は，全体で66.6％であるが，職場が自宅96.7％，街頭の露天91.7％，工場89.7％で特に高くなっている（図9-3参照）．工場の場合，年金保険料未納者は零細企業か正式な雇用契約がなく労働組合に未加入のものであると考えられる．全体の45％を占める他人の家での就労は，家事サービス労働者であることは確実であろう．一般に家事サービス労働者のインフォーマ

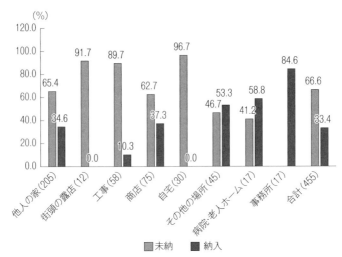

図9-3 ボリビア，パラグアイおよびペルーからの女性移民労働者の職業別年金保険料納入率（2011年）

注：18歳から49歳までのボリビア，パラグアイおよびペルー生まれの女性移民労働者．
出典：Ministerio del Interior（2011：65）．

ル率は，高いことが知られている．これら家事サービス労働者の年金保険料未能率は65.4％である．逆に家事サービス労働者であっても34.6％が年金保険料を納入し，フォーマル化していることは注目すべきことであり，その要因はこの後でもう少し詳細に検討したい．

次にこうした近隣女性移民労働者の社会保障の受給状況を，医療面から検討する．アルゼンチンの医療制度は複雑であるが，財政面から大きく次の三段階に区別できる．まず全国民を対象とした原則無料の公立病院制度である．第二段階は，労働組合に組織された労働者を対象とした，労働組合が主として運営する社会保険である．第三段階が先払い制度（Prepaga）と呼ばれる民間医療保険・施設である．公立病院は，全国民を対象とした無料の普遍的制度であるが，実質的には社会保険や民間保険に未加入の低所得層がその利用者の中心となっている．公立病院に関しては，限られた予算で普遍的医療を目指しているので，長い待ち時間や，無料薬剤の不足等の問題点が指摘されている．

近隣女性移民労働者が受診する期間は，全体で小規模な公立診療所が37.7％と大規模な公立病院が42.6％であり，両者合わせると80.3％に達する（図9-4

第9章　アルゼンチンにおける女性移民労働者の社会保障　　237

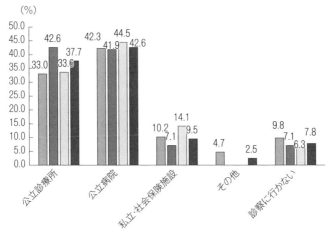

図9-4　ボリビア，パラグアイおよびペルーからの女性移民労働者の機関別受診先（2011年）
注：18歳から49歳までのボリビア，パラグアイおよびペルー生まれの女性移民労働者．
出典：Ministerio del Interior（2011：51）．

参照）．このことは，近隣女性労働者の高いインフォーマル就労率や，年金保険料を支払っていても家内サービス等の就業では労働組合がなく，社会医療保険の対象外の業種に多数が就業しているためと思われる．逆に民間・社会保険利用者は9.5％と低く，近隣諸国からの女性移民労働者は，普遍的であるがサービスが劣る公的医療制度に多く依存していることがわかる．これらのことより，近隣諸国からの女性移民労働者に対する社会保障は，年金保険料の未納率が高くインフォーマルセクターでの就労が多い．その結果，拠出制年金の対象外であり，医療に関しては主として低所得層が利用する無料で全市民を対象とした公立病院の利用が中心となっている．こうした社会保障の需給状況は，アルゼンチン人のインフォーマルセクターでの就労者の状況と同じであるが，インフォーマルセクターでの就業者の比率は，近隣移民労働者の方がアルゼンチン人より高くなっている．

4 女性パラグアイ移民への就労と社会保障

4.1. パラグアイ移民労働者

ここでは最大の移民集団であるパラグアイからの移民労働者の就労の特性を概観してみよう．2010年において対アルゼンチン移民最大集団のパラグアイ移民の75.4%がブエノスアイレス市を中心とする大ブエノスアイレス圏に居住している．図9-5は，2001年における14歳以上の男女別パラグアイ移民労働者の職種別就労率を示したものである．

それによると全国のパラグアイ人就労者は，約12万人であり，そのうち78.3%が大ブエノスアイレス圏で就労している．男女別では全国で男性が51.4%，女性が48.6%と男性の就労者がやや多い．ブエノスアイレス大都市圏のみをみると，男性が48.2%，女性が51.8%と女性の就労者の比率がやや多くなっている（OIM 2013：36）．就業している職種をみると男女で大きな差異がみとめられる．全国で見ると男性の就業は作業員が70.3%と際立って高く，女性は非熟練職種が66.4%と突出している．

その理由として，男性が業種としては建設業31.4%と製造業17.2%に就業しているのに対して，女性は家内サービス58.1%に多く就業していることがある（OIM 2013：34）．また，雇用形態のインフォーマル率も，前述した近隣移民労働者の傾向と一致している．2001年のパラグアイ移民労働者の年金保険料未納

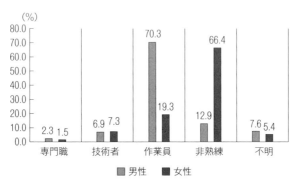

図9-5　全国の男女別パラグアイ移民労働者の就労区別（2001年）

出典：OIM（2013：36）．

率は，全国で男性が41.5%，女性が69.3%となっており，男性も決して低い数値ではないが，女性それはきわめて高い数値を示している（OIM 2013：37）.

4.2. パラグアイ移民家内サービス労働者の雇用と社会保障

　上述したようにパラグアイの移民労働者は，全体的にインフォーマル率が高いが，女性は男性に比べてそれが一段と高くなっている．そのことは，パラグアイ女性移民労働者の半数以上が，家内サービスに就労していることと関係していることは自明であろう．そこで，ここでは介護を含む家事労働に従事するパラグアイ女性移民労働者に焦点を当て，先行研究に基づいて，その労働の状況と彼女ら自身の社会保障の権利の履行状況を検討する．移民の介護労働に関しては，開発途上国からの女性労働者が先進国世帯での介護サービスを賃金を得て代替し，自分の子どものケアを拡大家族など他者が代替するというグローバル・ケア・チェーンという考えが研究上注目されている（Orozco 2007：5）.とはいえ，介護を含む家事労働者の社会的権利の実態は，既存の人口・住居センサスや定点世帯調査からは検出することはできない.

　介護労を含む家事労働者に従事するパラグアイ女性移民労働者の実態を計量的に把握できないのであれば，インタビューに基づいた質的研究を参照する必要がある．まず，ボルジョー・ガルシアンディア（Borgeaud-Garciandia）は，ブエノスアイレス市で介護労働に従事する40人のパラグアイとペルー女性移民労働者にインタビューを行い，その状況を明らかにしている．それによると介護対象者は，主として中流家庭の独居高齢女性である．高齢男性の場合は，妻か子どもに介護される場合が多い．就労に際しては，知人や親族等のネットワークを通じて就労先を確保するが，就労先を確保するシステムは非常に脆弱である．介護の雇用は，通常被介護者の死亡，高齢者施設や病院への移送により終了する．就労状況は，被介護者の家に住み込みで，週１日休みしかない昼夜の全日労働であると認識されている．また，介護の仕事は，実際にその職を得てから介護の実践をしながら会得したのであり，専門的介護教育を受けておらず，体系的な専門知識はない（Borgeaud-Garciandia 2017）．彼女の研究から，高齢者介護に就くパラグアイ移民女性労働者は，事前には介護の専門知識を有せず，その職は不安定である．また雇用は，全日で休みが週１日しかなく，その他の社会的保障のないインフォーマル雇用で条件は悪いものであることが確認された.

240 第Ⅱ部 ラテンアメリカ域内移民

　ソト等の研究は，女性パラグアイ移民労働者の子どものケアに焦点を当てている．彼らによると，多くのパラグアイ移民労働者の場合，その子どものケアは自分の母親によってなされている．しかし，孫のケアを委託された老齢の祖母には，労働の過剰負担によりケアの不足の問題が生じているという．とはいえ，移民により所得を得た女性には一定の「自律」をえることができる．それはカッコつきの自律であり，移民労働の所得は，出身国の家族に仕送りすることが期待され，またその「自律」も雇用された家庭内での権力関係の下に置かれると指摘している．その反面，アルゼンチンにおいては公立病院が利用でき，また子どもを呼び寄せた場合，保育園や学校に通えることが利点とみなされている（Soto, González y Dobrée 2012）．この場合，出身地に残した子どものケアは，自分の母親が担い，母親の負担となっている．他方，アルゼンチンでは公立病院において無料で受診でき，子どもを呼び寄せた場合にはアルゼンチンで教育を受けることができるというメリットがある．この点に関しては，パラグアイにおける医療の状況を後に述べ，アルゼンチンに移民しての社会保障の受給がどの程度のものかを検討する．

　家内サービス労働者の雇用契約に関しては，個人世帯雇用特別契約法（Régimen especial de contrato de trabajo para el personal de casas particulares）という一般の雇用契約法とは別の労働契約法がある．2013年に改正された最新版の個人世帯雇用特別契約法では，雇用時間，労災保険，給与，休暇や育児休暇等が定められている．クルティスとパセカ（Courtis y Pacecca）は，ブエノスアイレス首都圏で家内サービス労働者として働く，ボリビア，パラグアイおよびペルーからの女性移民労働者にインタビューして，ジェンダー研究の視点を交えてその労働過程を分析している．彼女らの研究によると，家内サービスの労働内容の契約は，雇い主の女性と給与との間で仕事内容や賃金についてなされ，その場合条件は雇い主が提示し，交渉はなされない．彼女らの研究対象者では雇用契約は，個人世帯雇用特別契約法に基づくものではなく，そこには雇用主による法規の無視，および雇用者と被雇用者，あるいは社会との合意の不在が指摘されている（Courtis y Pacecca 2016：178-179）．このように移民女性労働者の多くが就労する家内サービス業は，法律に基づいた正式な雇用契約が結ばれず，就労条件や雇用契約は劣悪かつ不安定である．しかし，こうした傾向は家内サービス業において一般的なものであり，移民女性労働者多くが就労する職種が家内サービスであるため，移民女性労働者の労働条件が劣悪かつ不安定になるものと考え

られる.

　しかし，こうした状況にもかかわらず，一定数の家内労働者が年金保険料を支払っている理由に，雇用主が保険料支払による税控除を受けられる制度があることを指摘できる[15]．筆者が2018年8月にインタビューした複数の大学教員も，家内労働者に年金保険料を支払い，税控除を受けているという[16]．問題は，こうした制度が周知されていないか，あるいは知っていても手続きを取らない雇用主が多いことであろう．キルチネル左派政権の非合法移民の合法化政策も，移民家事労働者が年金にアクセスできる前提となったと考えられる.

　アルゼンチンと比較し，パラグアイの社会保障は整備途上にある．2009年に無料の普遍的医療制度が制定されたが，それ以前の2007年には国民の78.3%が医療保険に未加入であった (Soto, González y Dobtrée 2012 : 93)．このようにパラグアイでも普遍的医療制度の整備がはじまったが，その普及にはアルゼンチンと未だ大きな差異がある．例えば2005年から2010年間の平均の1万人あたりの幼児死亡率がアルゼンチンでは17.9人であるのに対して，パラグアイのそれは34.0人とほぼアルゼンチンの2倍となっている[17]．ブエノスアイレス市に所在するパラグアイ移民の組織の1つであるパラグアイ・クラブの代表者は，パラグアイ移民の動機1つにアルゼンチンの教育や医療といったアルゼンチンの進んだ社会政策があるという．そして同団体の最大の要求が非合法移民の合法化であり，2002年の「メルコスール・ボリビア・チリ市民の域内移民の正規化に関する合意」，ならびに2004年の新移民法の制定を評価している[18]．このように先行研究からは，女性パラグアイ移民労働者の就労が多い，家内サービス業，介護サービス業はインフォーマルな契約で不安定であり，労働法の保護も年金保険料の支払いもない未保護の状況にある．そのため，移民に対する国際人権レジームを反映したアルゼンチンの新移民法を多くの女性パラグアイ移民労働者に関しては実効性を持たないと状況が先行研究からうかがえる.

4.3. 女性パラグアイ移民の実態調査から

　それでは次に，より具体的にアルゼンチンに移民した女性パラグアイ移民への筆者が行ったインタビューから，キルチネル左派権下の新移民法の制定とマクリ中道右派政権下の移民への厳格化政策という政策変容の下で，彼女らの権利がどの程度守られ，あるいは守られていないのかをみてみよう．インタビューは2018年8月と9月にブエノスアイレス市内でフォーマルセクター従事

242　第Ⅱ部　ラテンアメリカ域内移民

者とインフォーマルセクター従事者を対象に行われた．

　現在56歳のマリアは，先にパラグアイからアルゼンチンに移民していた姉を頼って移民してから36年が経つ．パラグアイで高校まで終了し，アルゼンチンにはさらなる教育と仕事を求めて移民し，ブエノスアイレスで観光学を学び，その後空軍のホテルに30年間勤め，現在は空軍本部に文民として勤務している．空軍のホテルの職は，姉の知り合いを通して得たものだと述べている．医師のボリビア人の夫との間には子供2人があり，長男も医師となっている．空軍では正規雇用なので，軍の医療保険に加入し，年金保険料も給料から天引きされている．アルゼンチンの社会保障には満足しており，特にパラグアイのそれと比べるとアルゼンチンの制度は素晴らしいという．パラグアイでは「お金がないときは死ぬしかない」という状況と認識している．彼女は，教会の活動でボランティアとして同胞の生活の支援をしており，パラグアイ移民の多くはインフォーマル（スペイン語でブラックを意味するネグロと言う）の職にあり，医療保険に加入していない．医療保険に加入していない場合は，公立病院を利用するが，彼女が同胞の病気で同行した公立病院は施設が古く，医療保険利用者の施設と比べると状況が悪いという．また，年金保険料も多くのパラグアイ移民は未納で，「パラグアイ人は死ぬまで働くものだ」と述べている[19]．彼女の証言からは，フォーマルセクターに就労する者と，インフォーマルセクターに就労する者の社会保障上の格差が認識されていることがわかる．年金に関しては普遍的年金プログラムがあり，保険料未納者でも年金を受給できることになっているが，不法移民には適応されない．そのため同じインフォーマルセクター就労者でも，パラグアイからの不法移民は不利な状況に置かれている．

　ラウラは23歳の時アルゼンチンの奨学金を得てアルゼンチンに移民し，35年が経過している．アルゼンチン政府の奨学金で看護学を学び，現在まで繊維産業医療保険で働いている．彼女自身は，奨学生として移民したためにアルゼンチンの居住許可は容易に取得し，またフォーマルセクターで就労しているために医療保険に加入し，年金保険料を支払っている．アルゼンチンの医療制度は，素晴らしいと率直に評価している．しかし，看護師としてパラグアイ人の不法移民が公立病院を受診するときは困難を感じ，診察はできても無料薬剤は得られないと述べている．この点に関し，パラグアイ移民で多くの社会的活動をしてきた前述のパラグアイ移民組織会長は，マクリ政権下に定められた政令により，不法移民が公立病院を受診した際，公立病院から移民局に通報される恐れ

があるため，不法移民者は公立病院での診察に慎重となっていると述べている[20]．ここに前キルチネル左派政権時代に制定された新移民法により確立された移民に対するアルゼンチン国内での社会権が，中道右派政権への政権交代により再び制限されているとパラグアイ移民が認識していることがわかる．

フリエタは24歳の時アルゼンチンに移民し，45年がたっている．夫には先立たれ，娘が1人いる．アルゼンチンの居住権は，1970年代のペロン政権期に行われた不法滞在者に対するモラトリアムにより獲得することができた．以前は裁縫業や調理の仕事をしていたが，現在は主婦である．医療保険を持っていなかったために，病気の時は公立病院を利用し，その際非常によく対応してくれたと評価している．また年金は，前政権時代の年金モラトリアムにより受給できるようになり，年金が受給できると年金受給者医療保険に加入可能となり，現在医療は年金受給者医療保険を利用している[21]．彼女の場合は，居住権を得ていたために，医療保険を所持しないアルゼンチン人と同等の社会保障を得ることができた．ここにアルゼンチン人と同等の社会権は，居住権を得ている正規移民には問題なく保証されている状況を見ることができる．

アルゼンチンに来て25年経つグラシエラは，パラグアイ人が多く住む地区でのリーダー的役割をしている．パラグアイからは経済的理由で兄弟とともに移民し，不法滞在状態で家事労働者として労働した．不法滞在状態なの家事労働契約はインフォーマルの形でなされ，年金保険料への支払いもしていない．しかし，公立病院は利用でき，パラグアイとは比較にならないとアルゼンチンの医療制度を評価している．居住権を得たのは，キルチネル政権による「大きな祖国」(Patria Grande) プログラムとよばれる不法滞在者への恩赦政策によってであり，インタビューに同席したアナ（アルゼンチン滞在25年）とマグダレナ（アルゼンチン滞在20年）も同様にその時に居住権を得た．それ以来仕事は，フォーマルとなり年金保険料を支払っている．現在この3名は居住権を得ているため，公立病院の利用には何ら問題はないが，居住権のないパラグアイ移民同胞は中道右派政権の移民に厳しい政策のため，公立病院へは行けないという．また，年金保険料未納者への普遍的年金制度プログラムにより年金が受給できるが，それにはアルゼンチン居住20年以上という条件があり，長く不法滞在状況にあったグラシエラは，普遍的年金を受給できないという[22]．彼女らの証言は，移民に関する国際人権レジームを反映したキルチネル政権の不法移民滞在者恩赦により居住権を獲得し，それ以来フォーマルセクターの社会保障を受給でき

244　第Ⅱ部　ラテンアメリカ域内移民

るようになったことが語られている．また，不法滞在状況にあっても公立病院
は利用してきており，現在のマクリ中道右派政権の移民に対する厳しい政策は，
不法移民者にとって大きな負担となっていることが分かる．

　セシリアは20歳の時に勉学を目的にアルゼンチンに移民し，33年に経過して
いる．移民前より居住権を得ることの重要性を理解していたので，移民後は家
政婦として働き，それによりためたお金で業者を介して1年で居住権を得てい
る．その後はレストランで働き，その時期は飲食関係医療保険に加入していた
が，同じパラグアイ人との結婚後自営業となり，その後は公立病院を利用して
いる．やはりパラグアイと比べてアルゼンチンの医療は格段に良いと評価して
いる．夫は8年前に仕事の関係でパラグアイに戻り，2年前に死去した．キル
チネル時代に制定された年金モラトリアム制度があることは理解しているが，
夫が死亡前にパラグアイに居住していたために寡婦年金がもらえないと理解し
ている．その年金モラトリアム制度も，現在のマクリ政権が撤廃したと思って
おり，年金については受給できる展望を持っていない．生活を維持するために
週末3日間泊まり込みで92歳の高齢女性の介護をしている．この仕事のほとん
どはインフォーマルで，自分の場合も同じで年金保険料を支払っていない．自
分は居住権を持っているので公立病院を利用できるが，不法滞在の同胞は，現
政権下において病院で外国人登録証の提示を求められるので受診できないと現
政権の政策を批判している．それまで公立病院で外国人登録証の提示を求めら
れることはなく，現政権は移民に厳しいと証言している[23]．彼女の場合は，早
期から居住権を入手し，公立病院を利用しそれに満足している．しかし，年金
を受給できる見込みがあるとは認識しておらず，また居住権を持たない移民に
対して現政権は厳しい政策をとっていることが伺える証言であった．

おわりに

　アルゼンチンにおける移民の権利は，移民に関する国際人権レジームと地域
人権レジームを反映させたキルチネル左派政権下に一国レベルで法制化された．
その後，2015年に成立したマクリ中道右派政権下でゆり戻しの状況にある．こ
のように国際人権レジームの各国への反映は必ずしも漸増的ではなく，時の政
権の政策に大きく左右されることが分かった．

　パラグアイ人移民は現代アルゼンチンへの最大移民集団であり，そのなかで

女性移民が男性移民を上回っている．全体的に女性移民労働者の最大の就労先である家事サービス業は，インフォーマル労働であることが多い．また，インフォーマル労働への就業は，アルゼンチン人よりも移民の方が比率が高くなっている．

　彼・彼女らの社会保障に関する権利の状況は，居住権の有無により大きく異なる．その居住権が，キルチネル左派政権により移民に関する国際人権レジームが反映された新移民法と，それを実質的に移民に適用可能とさせる非合法移民の合法化を認める政令により大幅な前進が見られた．もちろん，非合法移民も公立病院を利用してきており，アルゼンチンの普遍的医療制度が合法・非合法パラグアイ移民に有益であったことは確かである．しかし，居住権を得ることにより，家内サービス業やケアサービス業に就業する移民女性の中で雇用契約が正規化される場合が見られた．その場合，アルゼンチン人と同じ社会保障が受給できた．女性の就業先で多い他者の家庭での雇用で年金保険料納入率が34.6％（図３）と一定の水準にあったのも，年金保険料の税控除割に加えてこのように非合法移民の合法化政策と，それによる雇用契約の正規化がその要因としてあったものと推定される．

　逆に居住権を得られなかったものは，その国際人権レジームで謳われ，それがアルゼンチン国内においても制度化されている保護が得られない状況にある．さらに2015年の中道右派政権は，国際レベル，地域レベルさらに一国レベルで拡大されてきた移民への保護拡大の流れを押しとどめる状況にある．一国レベルにおける国際人権レジームを反映した制度や政策は，必ずしも漸進的ではなくそのときの政治的情勢の影響を受けて必ずしも安定的でないことが本論により提示された．

注
1）ILO ウェブサイト　http://www.ilo.org/global/topics/labour-migration/policy-areas/social-protection/lang--en/index.htm（2018年 4 月24日アクセス）．
2）http://www.ohchr.org/EN/ProfessionalInterest/Pages/CMW.aspx（2018年 5 月16日アクセス）．
3）http://www.ilo.org/dyn/normlex/en/f?p=NORMLEXPUB:12100:0::NO:12100:P12100_ILO_CODE:C118（2018年 5 月18日アクセス）．
4）http://www.ilo.org/dyn/normlex/en/f?p=NORMLEXPUB:12100:0::NO:12100:P12100_ILO_CODE:C143（2018年 5 月18日アクセス）．

246 　第Ⅱ部　ラテンアメリカ域内移民

5 ）ILO ウェブサイト　http://www.ilo.org/asia/publications/WCMS_146243/lang--en/in dex.htm（ILO Multilateral Framework on Labour Migration: Non-binding principles and guidelines for a rights-based approach to labour migration）（2017年 9 月30日アクセス）.

6 ）ILO ウェブサイト　http://www.ilo.org/global/topics/labour-migration/policy-areas/ social-protection/lang--en/index.htm（2017年 9 月30日アクセス）.

7 ）同上.

8 ）Tratado para la constitución de un Mercado comun entre La República Argentina, La Rpública Federativa del Brasil, La República del Paraguay y La República Oriental del Urguay.

9 ）内務省 国家人口局　Laura Calvelo 氏へのインタビュー　2017年 8 月24日

10）Agencia Diarios y Noticias, 18 de de diciembre de 2003

11）Agencia Diarios y Noticias, 19 de diciembre de 2003

12）file:///C:/Users/宇佐見耕一/AppData/Local/Microsoft/Windows/INetCache/IE/LL MV5OS2/Patria_Grande%20（ 1).pdf（2018年 9 月 4 日アクセス）.

13）http://www.migraciones.gov.ar/pdf_varios/residencias/Decreto_70-2017.pdf（2018 年 9 月10日アクセス）.

14）https://www.indec.gob.ar/comunidadeducativa/migraciones.pdf（2018年 6 月22日アクセス）.

15）*La Nación*, 3de abril de 2006, https://www.lanacion.ar/ 2019年 6 月18日アクセス

16）2018年 8 月24日から 9 月 5 日にかけて複数の大学教員にインタビュー，ブエノスアイレス市

17）CEPAL　https://www.cepal.org/Celade/publica/bol62/BD6206.html（2018年 7 月26日アクセス）.

18）Club Paraguayo presidente の責任者とのインタビュー　2017年 8 月31日　ブエノスアイレス市 Club Atlético Deportivo Paraguayo において.

19）2018年 8 月24日インタビュー，ブエノスアイレス市. インタビュー対象者は全て仮名にしている.

20）2018年 8 月27日インタビュー，ブエノスアイレス市.

21）2018年 8 月27日インタビュー，ブエノスアイレス市.

22）2018年 8 月31日インタビュー，ブエノスアイレス市ボカ地区.

23）2018年 9 月 5 日インタビュー，ブエノスアイレス市.

参考文献

梶田孝道（2001）「国際人権レジームのナショナルな基礎──EU 諸国の外国人の権利保護への政策転換はいかにして生じたのか」『国際政治』第128号.

サッセン，サスキア（2004）『グローバル空間の政治経済学──都市・移民・情報化』田淵太一・原田太津男・尹春志訳，岩波書店（Sassen, Saskia（1998）*Globalization and Its Discontents*, New York: The New Press）.

Aguirre, Orlando, Gabriela Mera y Lucila Nejamkis（2010）"Políticas migratoriass e

第 9 章　アルゼンチンにおける女性移民労働者の社会保障　*247*

integración regional. La libre circulación y los desafíos a la ciudadanía," Novick Susan
(ed.) *Migración y Mercosur: Una relación inconclusa*, Buenos Aires: Catálogos, pp.
51-71.

Benencia, Roberto (2012) *Perfil Migratorio de Argentina*, Buenos Aires: OIM.

Borgeaud-Garciandía, Natacha (2017) *Puertas Adentro: Trabajo de cuidado domiciliario
a adultos mayores y migración en la Ciudad de Buenos Aires*, Buenos Aires: Editorial
Teseo.

Borgeaud-Garciandía, Natacha (2017) *Puertas adentro, Trabajo de cuidado domicilialio a
adultos mayores y migración en la Ciudad de Buenos Aires*, Buenos Aires: Teseo.

Cerrutti, Marcela y Alicia Maguid (2010) Familias divididas y cadenas globales de
cuidado: la migración sudamericana a España, Santiago de Chile: CEPAL・UNFPA.

Cerrutti, Marcela (2012) *Derechos sociales, mercado de trabajo y migración internacional
en Argentina* (issues paper for PNUD), PUND.

Courtis, Corina y María Inés Pacecca (2016) "Género y trayectoria migratoria: mujeres
migrantes y trabajo doméstico en el Área Metrolitana de Buenos Aires," *Papales de
Población*, Núm 63, pp. 155-185.

Donnelly, Jack (1986) "International Human Rights: A Regime Analysis," *International
Organization*, Vol. 40, No. 3, pp. 599-642.

Massé, Gladys (2015) "El alcance de la protección social argentina hacia las y los migranes
suamericanos," OIT (ed.), *Migraciones laborales en Argetina, Protección social,
informalidad y heterogenidades sectoriales*, Buenos Aires: OIT, pp. 29-50.

Ministerio del Interior (2011) *Encuesta sobre Migración, Fecundidad y Familia 2011*
Buenos Aires: Ministerio del Interior.

Nejamkis, Lucila (2016) *Política migratorias en Argentina, 1976-2010*, Buenos Aires:
Prometeo.

Nejamkis, Lucila y Fulvio A. Rivero Sierra (2010) "Patria Grande: Consonancias ¿ y
disonancias? Entre políticas públias, prácticas políticas y discurso," Novick Susan
(ed.) *Migración y Mercosur: Una relación inconclusa*, Buenos Aires: Catálogos, pp.
73-94.

Novic, Susana (2012) "Transformation and Challenges of Argentinean Migratory Policy in
Relation to the International Context," *Migraciones Internacionales*, Vol. 6 Núm. 3, pp.
205-237.

Orozo, Amaia (2007) *Cadenas globales de cuidado*, Santo Dominngo: ONU・instraw,
documento de trabajo 2.

OIM (Organización Internacional para las Migrantes) (2013) *Migrante paraguayos en
Argentina: población, institución y discursos*, Buenos Aires: OIM.

OIT (2015) *Migraciones laborales en Argentina, Protección social, informalidad y
hterogenidades sectoriales*, Buenos Aires: OIT.

Pacecca, María Inés y Corina Courtis (2008) *Inmigración contemporánea en Argentina:
dinamicas y políticas*, Santiago de Chile: CEPAL.

248 第Ⅱ部 ラテンアメリカ域内移民

Soto-Myrian González, Clyde y Patricio Dobrée（2012）*La migración femenina paraguaya en lascadenas globales de cuidados en Argentina*, Santo Domingo: ONU Mujeres.

Texidó, Ezequiel（2008）*Perfil Migratorio Argentino*, Buenos Aires: OIM.

UNESCO（2005）*United Nations Convention on Migrants' Rights*, Paris: UNESCO.

結　　び

　本書は，今世紀のラテンアメリカにおける国際移民の現状を，ジェンダーと
国際労働移動に着目し，まとめたものである．本書で扱う国際移民は，主に労
働を目的として移動する人々を対象とした．したがって，出身国以外の地域に
１年以上居住する正規移民だけではなく，正式な手続きを経ずに海外に居住す
る非正規移民，１年未満の期限付きの労働契約により国際移動する季節労働移
民を対象とした．特に，「南」から「南」への移民といわれるラテンアメリカ
域内の移民とアメリカ合衆国やヨーロッパへの「南」から「北」への移民動向
を取り上げることにより，グローバリゼーションの複層的な状況を明らかにし
た．また，女性移民を主要な対象とすることにより，国籍，ジェンダー，エス
ニシティなどさまざまな要因が重なり合うことで脆弱性を高める人々が移民過
程においてどのような状況におかれ，困難を克服しようとしているのかを事例
をもとに示した．
　序章は，ラテンアメリカの国際移民研究の動向について述べた上で，ラテン
アメリカにおける国際移民の特徴を明らかにした．まず，域外移動に関しては
中米以北の国際移動の主要な目的地は北米のアメリカ合衆国である．しかし，
アメリカ合衆国の景気の後退や移民政策の厳格化により次第に新しい目的地と
してスペインへの移民が2010年以降増加している．一方，南米からの域外移動
はヨーロッパが多くスペインがその入口となっている．農村での季節労働を目
的とした域内移動は20世紀初頭から始まり現在も継続している．また，政治的
危機がきっかけとなり移動する人々が存在する．しかし，一般的特徴として，
ラテンアメリカにおける経済危機とそれに伴う構造調整の影響で，域外・域内
移動ともに変化が生じている．1980年代以降，単身での女性の国際移動が顕在
化してきた．同時に，受け入れ国側の労働需要を反映して，ジェンダーや階層，
ナショナリティにより分断化された労働市場への組入が起こっている．
　第Ⅰ部は，「南」から「北」へのラテンアメリカ域外移民，第Ⅱ部では「南」
から「南」への域内移民を扱っている．「南」から「北」への事例として，ア
メリカ合衆国におけるエルサルバドル移民の移民動機（第1章），アメリカ合衆
国のメキシコ移民女性（第2章），アメリカ合衆国における期限付き移民プログ
ラムで働くメキシコ人労働者（第3章），キューバからスペインへの移民（第4

章），南米からスペインへの女性移民（第5章），そして「南」から「南」の域内移動の事例として，メキシコにおける中米移民の家族統合（第6章），コスタリカにおけるニカラグアの女性移民（第7章），コロンビアからチリへの移民（第8章），アルゼンチンにおける女性移民労働者（第9章）の事例をとりあげた．

　第1章は，中米のエルサルバドルからアメリカ合衆国に移民した人々へのインタビューを通じ，男性移民と女性移民の国際移民の動機を1960年代～70年，内戦期（1979～92年），内戦期以降で比較して論じた．政治的理由，経済的理由を移民の理由として上げる男性移民に比べ，女性移民は個別的な理由が多く語られている．女性の場合，ジェンダー役割に縛られ，伝統的ジェンダー役割と対立する移民という行為を正当化するために理由付けが必要となる．また，女性の移民プロセスでは暴力の犠牲者としての語られることが多いが，経済的困難に立ち向かう主体としての女性の存在が示されている．第2章は，移民女性のエンパワーメントについて論じた．ニューヨーク大都市圏において非正規移民たちの生活改善のために尽力しているNPO法人の活動とその代表女性のアクティビズムに焦点をあて，コミュニティに根を下ろした草の根活動とその延長としてのトランスナショナルな活動を通じて参加する移民女性たちがエンパワーメントする過程を示した事例である．第3章は，アメリカ合衆国に期限付きのH2AとH2Bビザで労働移動するメキシコ移民をテーマとしている．期限付き労働ビザによる移民は，正規移民として入国することを可能にするが，期間限定の労働ビザによって提供されるさまざまな職種に組み入れられる労働者の経験は労働者の社会保障や給与を減らし，労働不安定の状況を生む労働の外部委託と柔軟化という傾向を伴う雇用の再構造化の結果である．第4章は，バルセロナに移住した若い世代のキューバ移民たちが，スペイン社会で自己実現を目指す過程で，キューバ人としてのアイデンティティに目覚め「革命のこどもたち」としての自らを認識する過程をたどったアイデンティティ形成過程の事例である．第5章は，主に南米からの女性移民がスペインの労働市場にどのように統合されているかをグローバリゼーションの観点から論じた．

　第I部からは，以下の知見を得た．域外の移民の場合は渡航のための経済的負担や言語，文化の違いなどにより域内の移民と比べ女性が移民する際の障害が大きい．アメリカ合衆国への移民の場合，移動のための経済的な負担や危険性とともに家族や子どもの世話などのジェンダー役割による拘束を乗り越える必要があり，男性移民と比べると政治的，経済的な理由だけでなく，移民の理

由付けは多様である．アメリカ合衆国での社会統合に関しては，一般に不安定，低賃金，劣悪な労働環境にさらされた最も脆弱な犠牲者としての側面が存在する．しかし，そうした環境の中でも独自のネットワークを作り，エンパワーメントを達成している女性の存在もある．スペインの場合は，スペイン語圏という言語文化の共通性により比較的移民しやすい状況がある．一見，職業でのステップアップがし易く，社会統合が進んでいるように見えるが，滞在が長期化する中で次第にさまざまな問題に直面する．当たり前のことではあるが，移民の社会統合は個人の経験によりさまざまである．しかし，女性であることにより脆弱な労働環境に組み入れられやすく，労働市場だけではなく社会生活においても多元的な統合の局面にさらされている．

　第Ⅱ部は，メキシコにおける中米移民，コスタリカにおけるニカラグアからの移民，チリへ移動するコロンビア移民，そして南米周辺国からの移民受け入れ先のアルゼンチンを取り上げている．第5章では，アメリカ合衆国への移民中継地であるメキシコで，中米の女性移民が一時的状態の長期化に伴い，母親業を遂行するためにメキシコで家族統合を進めていく戦略を明らかにした．第6章は，グローバリゼーションが進む中米コスタリカとニカラグアにおいて，新自由主義経済による貿易自由区の労働需要が女性の労働市場への統合を促進し，さらに国境を越えた安価な労働力需要を生み出し，女性移民が国籍やジェンダーにより差異化され，より脆弱な労働市場に組み込まれる過程を論じた．第7章では，暴力による社会不安や経済の悪化が著しいコロンビアにおいて，移民の動機としては直接あげられていない暴力という要因が，実は経済的な理由の背景にあるが，同時に移民の間の社会的ネットワークの存在が移住にとっては重要な要素であることを明らかにした．第8章では，アルゼンチンにおける移民労働者の労働及および社会保障に関して，パラグアイ女性移民労働者に対するインタビューを行い実態を調査した．その結果として，アルゼンチンにおいて国際社会やラテンアメリカ地域の人権レジームに基づく社会保障が居住権の有無によって大きく左右され，移民労働者に対して必ずしも安定的に実施されていない．

　第Ⅱ部からは以下のような知見を得た．グローバリゼーションが直接的，間接的に生み出すラテンアメリカの貧困格差や貧困を背景とした暴力が，労働市場がより大きな近隣国への国際労働移動を生み出している．ここでも女性移民労働者は，労働市場においても社会保障においても，より脆弱な立場に置かれ

ている．厳しい移民がおかれた状況のなかで，家族に責任を負うというジェンダー規範を内在化する女性は，家族統合を優先して行動する．

　域内，域外労働移動は女性にとってどのような意味をもつのか，どのような動機づけのもとで，どのように労働市場に統合され，さらに社会統合に向かうのだろうか．移民の動機付けに関しては，ミクロレベルの個々人のさまざまな動機づけと並行して，域内，域外ともにグローバリゼーションの新自由主義的労働市場の形成のなかで，新たに形成された労働市場の需要を満たす労働力として女性移民が増加している．また，域外，域内ともに地域レベルあるいは二国間レベルでの労働移動にかかわる協定が移民ルートの決定に大きな影響を与えている．域外移民に関しては，コストとリスクが域内よりも大きいことから，階層や教育レベルがより高い層が移動している．域内移動では，伝統的な農村から農村への季節労働のための国際移動と並行して，都市から都市への移動が増加している．特に，女性移民の場合は，都市でのサービス産業，特にホテルやレストランでの就業や個人宅での有償家事労働などの職種の労働需要が女性移民労働者の受け皿となっている．ここで注目すべきは，豊かな「北」の労働市場であろうと相対的に貧しい「南」の労働市場であろうと，国籍や居住権，ジェンダーにより分断化された労働市場が形成されていることである．移民労働者，ジェンダーという二重の差別が女性移民労働者の脆弱性を高めている．つまり，グローバルな国際労働分業システムが，「北」と「南」を問わず，両方で安価で調整弁となる労働力を作り出し機能しているのである．女性に課されたジェンダー役割やジェンダー規範は，移民女性が越境する世帯保持や家族統合への責任を男性移民と比べ，より強く内在化させることになる．

松 久 玲 子

謝　　辞

　本書は，科学研究費助成事業の基盤研究（B）（特設分野研究）課題番号16KT0096「ラテンアメリカの国際労働移動におけるジェンダー・エスニシティによる国際分業の変容」の研究成果として刊行するものである．出版にあたっては，同志社大学人文科学研究所研究叢書として出版助成をいただいた．同志社大学人文研ならびに事務の皆さまには，出版助成とともに研究会運営にあたり事務手続きや財政面で，一方ならぬ支援をいただいた．この場を借りて，人文研の皆さまのご協力にお礼を申し上げたい．

　また，本書は同志社大学人文科学研究所の第18期・第19期の2期6年にわたる部門研究会「ラテンアメリカにおける国際労働移動の比較研究」の研究活動から生まれたものである．同研究会の研究員として，研究活動を担っていただいた本書の執筆者だけではなく，発表や討論に参加して内容を深めてくださった執筆者以外の部門研究員である黒田悦子氏，戸田山佑氏，渡辺暁氏，山内熱人氏，佐藤夏樹氏，ロサリア・アビラ氏，山蔭昭子氏をはじめとしてご協力をいただいた方々に，この場を借りてこころより感謝の意を表する．研究会では，本書で取り上げたラテンアメリカ移民とジェンダーのほかに，ラテンアメリカ移民とエスニシティをテーマとして取り上げてきた．残念ながら，紙幅の関係でラテンアメリカ移民とエスニシティに関する研究成果は，本書におさめることはできなかったが，人文研紀要に特集号として出版したので合わせてご覧いただければ幸いである[1]．

　また出版に際し，お骨折りいただいた晃洋書房の井上芳郎さん，山中飛鳥さんにお礼を申しあげる．

注
　1）「特集　ラテンアメリカからアメリカ合衆国への移民とエスニシティ」『社会科学』
　　（同志社大学人文科学研究所）第49巻，第1号，2019.5，p.1-113.

松　久　玲　子

《執筆者紹介》（執筆順，＊は編著者）

＊松久玲子（まつひさ　れいこ）［序章・第7章・結び・謝辞］

奥付参照

中川正紀（なかがわ　まさのり）［第1章］

フェリス女学院大学文学部英語英米文学科教授
1989年　筑波大学大学院修士課程地域研究研究科地域研究専攻修了（修士（国際学））
1994年　一橋大学大学院博士後期課程社会学研究科地域社会専攻単位取得満期退学

主要業績
「本国生まれの在米エルサルバドル系二重国籍者に見られるトランスナショナリズムの背景——政治
　意識・行動，米国国籍取得の理由および『本国への永住帰国の夢』の分析から——」，『フェリ
　ス女学院大学文学部紀要』第52号，2017年
「内戦終了後のエルサルバドルからの対米移民の継続的流入とその原因——暴力から逃れて来る移民
　たち——」『フェリス女学院大学文学部紀要』第53号，2018年
「永住権保持者の『帰化』を促すもの，妨げるもの——エルサルバドル系移民女性にとっての米国市
　民権——」『フェリス女学院大学文学部紀要』第54号，2019年

中川智彦（なかがわ　もとひこ）［第1章］

愛知県立大学他非常勤講師
1990年　筑波大学大学院地域研究研究科地域研究専攻修士課程修了（修士（国際学））
2005年　神戸大学大学院国際協力研究科国際協力政策専攻（政治社会発展論講座）博士課程（後期）
　　　　満期退学

主要業績
「『アメリカ合衆国ロサンゼルス地域における在米エルサルバドル系住民の本国政治に対する政治意
　識調査』に向けて」『中京学院大学経営学部研究紀要』第19巻第1号・2号合併号（通巻第30
　号），2012年2月
"Análisis preliminar de los resultados de la encuesta sobre las percepciones politicas de los residentes
　salvadoreños en Los Angeles-EEUU"『中京学院大学経営学部研究紀要』第19巻第1号・2号合
　併号（通巻第30号），2012年2月
「在米エルサルバドル国民の政治意識に関する現地調査の進捗状況と今後の見通し——在外国民の本
　国政治への参加に向けた選挙制度改革の現状と課題——」『社会科学』第45巻第1・2号（通巻
　106号），2015年8月

北條ゆかり（ほうじょう　ゆかり）［第2章］

摂南大学外国語学部教授
1988年　大阪外国語大学大学院スペイン語学専攻修士課程修了（修士・文学）

主要業績
「エレナ・ポニアトウスカ——「愛する国」メキシコの不公正に挑む作家——」加藤隆弘・高橋博幸
　編『ラテンアメリカの女性群像——その生の軌跡——』行路社，2003年
「メキシコからの対米移民——その変容と可能性——」安原毅，牛田千鶴，加藤隆弘編『メキシコ
　——その現在と未来——』行路社，2011年
「在米ラティーノの影響力——求められる新しいラテンアメリカ・米国関係——」〈グローバル・サ
　ウスはいま〉（全5巻）第5巻：後藤政子・山崎圭一編『ラテンアメリカはどこへ行く』ミネル
　ヴァ書房，2017年

Martha Irene Andrade Parra（マルタ＝イレネ・アンドラデ＝パラ）[第3章]

同志社大学大学院グローバル・スタディーズ研究科グローバル・スタディーズ博士課程（後期課程）
2016年　同志社大学大学院グローバル・スタディーズ研究科博士課程（前期課程）修了

主要業績

Andrade Parra, Martha Irene"Ethnic Identity and Locality Production among Nikkei Peruvians in Japan,"『社会科学』第47巻第4号（通巻116号），2018年2月
"We Are Peruvian: Ethnicity and Its Role in the Process of Socialization and Integration in Japan," 同志社大学大学院グローバル・スタディーズ研究科（修士論文）

田沼幸子（たぬま　さちこ）[第4章]

首都東京大学人文社会学部人間社会学科准教授
2004年　大阪大学大学院人間科学研究科博士課程単位取得退学，博士（人間科学）

主要業績

『革命キューバの民族誌——非常な日常を生きる人びと——』人文書院，2014年2月
「映像と人類学」『詳論　文化人類学——基本から最新領域を深く学ぶ——』桑山敬己・綾部真雄編，ミネルヴァ書房，2018年
「＜人類学的＞映像の生成——『Cuba Sentimental』の事例を通じて——」『文化人類学』第80巻第1号，2015年6月

深澤晴奈（ふかさわ　はるな）[第5章]

東京大学大学院総合文化研究科助教，博士（学術）
2014年　東京大学大学院総合文化研究科博士課程単位取得満期退学

主要業績

「スペインへの移民流入と社会政策」小谷眞男・横田正顕編『新・世界の社会福祉　第4巻 南欧』旬報社，2019年
「新しい移民流入国としてのスペイン——社会統合政策の形成と市民社会の反応——」『東京大学アメリカ太平洋研究』第15号，2015年
「スペインの移民政策とラテンアメリカ出身移民——その実態と背景としての法的優遇——」『社会科学』第46巻第1号（通巻109号），同志社大学人文科学研究所，2016年

浅倉寛子（あさくら　ひろこ）[第6章]

Centro de Investigaciones y Estudios Superiores en Antropología Social, Unidad Ciudad de México（社会人類学高等研究所　メキシコシティ支部）教授，博士（学術・お茶の水大学），博士（人類学・CIESAS）
2005年　Centro de Investigaciones y Estudios Superiores en Antropología Social-D. F., Doctorado en Antropología, Doctora（社会人類学高等研究所，人類学博士課程，博士）
2006年　お茶の水女子大学大学院人間文化研究科人間発達科学専攻博士後期課程修了

主要業績

Movimientos en espiral: representaciones y prácticas de la sexualidad y la maternidad en mujeres mixtecas en el contexto migratorio transnacional, México, CIESAS, 2013
Salir adelante: experiencias emocionales por la maternidad a distancia, México, CIESAS, 2014
「移動と再生産労働——メキシコ，モンテレイメトロポリタン地区に住む中米出身家事労働者の事例から——」『社会科学』第46巻第1号（通巻109号），同志社大学人文科学研究所，2016年

柴 田 修 子（しばた　のぶこ）[第8章]

　同志社大学グローバル地域文化学部助教
　1998年　東京大学大学院総合文化研究科博士課程満期退学，博士（グローバル社会・同志社大学）

主要業績

「戦時性暴力とどう向き合うか——グアテマラ民衆法廷の取り組み——」比較政治学会編『ジェン
　　ダーと比較政治学』，2011年
「チアパスのサパティスタ運動——自治区におけるコミュニティ創造の実践——」石黒馨・初谷譲次
　　編『創造するコミュニティ——ラテンアメリカの社会関係資本——』晃洋書房，2014年
「サパティスタ22年の歩み」『ラテンアメリカ・レポート』第33巻第1号，2016年

宇佐見耕一（うさみ　こういち）[第9章]

　同志社大学グローバル地域文化学部教授
　1986年　筑波大学，地域研究研究科修士課程修了，博士（学術）

主要業績

「アルゼンチンにおける福祉国家の変容と連続」，宇佐見耕一編『新興福祉国家論』，アジア経済研究
　　所，2003年
"Re-thinking Argentina's Labour and Social Security Reform in the 1990s: Agreement on Competitive
　　Corporatism," Usami Koichi ed., Non-Standard Employment under Globalization: Flexible Work
　　and Social Security in the Newly Industrializing Countries, Basingstoke: Palgrave Macmillan,
　　2010
『アルゼンチンにおける福祉国家の形成と変容——早熟な福祉国家とネオ・リベラル改革——』，旬
　　報社，2011年

《編著者紹介》

松久玲子（まつひさ　れいこ）

同志社大学大学院グローバル・スタディーズ研究科教授，博士（学術・東京外
国語大学）
1983年　京都大学大学院教育学研究科博士課程単位取得満期退学

主要業績

『メキシコの女たちの声──メキシコ・フェミニズム運動資料集──』，同志社
　大学人文科学研究所研究叢書 XXXVI，行路社，2002年
『メキシコ近代公教育におけるジェンダー・ポリティクス』行路社，2012年
「ニカラグア──新自由主義のはざまで生きる女性たち──」，国本伊代編『ラ
　テンアメリカ──21世紀の社会と女性──』新評論，2015年
「第二次オルテガ政権下のジェンダー平等政策とフェミニズム運動──ニカラ
　グアのジェンダー・クオータと実質的代表をめぐって──」『ラテンアメ
　リカ研究年報』（日本ラテンアメリカ学会）第37号（4），2017年7月

同志社大学人文科学研究所研究叢書 LIV

国境を越えるラテンアメリカの女性たち
──ジェンダーの視点から見た国際労働移動の諸相──

2019年12月15日　初版第1刷発行　　＊定価はカバーに
　　　　　　　　　　　　　　　　　　表示してあります

編著者　　松　久　玲　子

発行者　　植　田　　　実

印刷者　　藤　森　英　夫

発行所　株式会社　晃　洋　書　房

〒615-0026　京都市右京区西院北矢掛町7番地
電話　075（312）0788番㈹
振替口座　01040-6-32280

装丁　野田和浩　　　　　　　印刷・製本　亜細亜印刷㈱
©Doshisha University 2019　　ISBN978-4-7710-3248-4

JCOPY〈（社）出版者著作権管理機構委託出版物〉
本書の無断複写は著作権法上での例外を除き禁じられています．
複写される場合は，そのつど事前に，（社）出版者著作権管理機構
（電話 03-5244-5088，FAX 03-5244-5089，e-mail: info@jcopy.or.jp）
の許諾を得てください．